JN104541

〔第5版〕
差異としてのマーケティング

片山富弘　著

五絃舎

はしがき

　時はじっとしていない。時間とともに，世の中は変化し続けている。変化を起こす人，変化についていく人，変化に対応していく人など様々な人々がいる。ファッション，フードをはじめとする日常品や一般の人になかなか目にふれない産業機器に至るまで，一定に存在していない。鴨長明作の方丈記の冒頭箇所にある「行く河の流れは絶えずして，しかも，もとの水にあらず。よどみに浮ぶうたかたは，かつ消え，かつ結びて，久しくとどまりたる例なし。世の中にある人と栖とまたかくの如し。」まさにこの状況に相当する。しかし，マーケター（Marketer）は悲観的に物事を捉えるのではなく，前向きに捉え，進化させるのである。我々の生きている社会は，無数のマーケターの仕掛けのなかに暮しているのである。

　また，ヒット商品やロングセラー商品にみられるように，日々の改善やイノベーション活動によって，ニーズの変化を起したり，ニーズ対応を実施している，このような変化を差異という観点からマーケティングを論じているのが，本書である。また，本書は，別の角度からは，マーケティングは差異か？ということへの追求でもある。私が大学学部で学んだマーケティングは，この40年間に随分と進化した。この間，マーケティングの差異分化やテクノロジーの進歩などによって，マーケティング自身も変化してきている。マーケティングには終わりはないであろう。変化し続けていくのである。

　私は差異の概念からとしてマーケティングを論じている。差異化とは，差異の起点である「差起」から，差異の変化の方向性である「差進」を経て，「差変」に至るものであり，そのプロセスの連続性のことである，と私は捉えている。

本書の構成として，16の章から構成されている。

第1章「マーケティング定義の変遷にみる差異」では，AMAのマーケティングの定義に関する変遷を取り上げ，差異化の諸相に関する考察を行っている。差異化は単に違いをもたらすことだけでなく，新しい概念として差起，差進，差変によって構成されていることを論じている。

第2章「差異としてのマーケティング戦略」マーケティング戦略における差異化の諸相に関する考察を行っている。一般的にコモディティ商品として扱われる砂糖についてのマーケティング戦略の実証研究をふまえて，マーケティング戦略における差異化戦略を考察している。また，マーケティング戦略における差異化へのインサイトを論じている。

第3章「SWOT分析の差異」では，SWOT分析におけるいくつかの疑問を提示し，その解明を論じている。また，SWOT分析の3つの様式を提示している。SWOT分析への批判と考察を行い，戦略的マーケティングにおける位置づけを検討している。

第4章「差異としてのドメインを考える」では，ビジネスにおける重要な概念であるドメインを差異の観点から検証を試みている。ドメインの定義や考え方，企業の成長とともにドメインの変化がみられるのも差異が生じているからである。また，1企業だけでなく業界もドメインの空間的差異があり，企業の成長につれてドメインの空間的差異がみられ，ライフサイクルとともに時間的差異がみられる。

第5章「顧客満足の差異を考える」では，現在の顧客満足を差異の観点から捉え直して，顧客満足は差異の認識的，空間的，時間的連続であることを論じている。つまり，顧客満足の諸定義や関連概念は認識的差異や空間的差異であり，収益との関係や顧客の進化は時間的差異や認識的差異であることを論じている。

第6章「マーケットセグメンテーションにおける差異を考える」では，マーケティングにおけるマーケットセグメンテーションに関する差異について論じている。事例として，商品としてのあまり特徴がみられないマンゴー，ゴーヤ，ミネラルウォーターの3つを取り上げながら，差異の概念からの考察ととも

に，マーケティング戦略へのインサイトを論じている。マーケットセグメンテーションは消費者の認知的差異であり，空間的差異である。それに応じたマーケティング戦略が望まれる。

　第7章「商品戦略におけるマーケティングは差異か？」では，マーケティングの商品戦略における重要な概念を差異の観点から検証を試みている。重要な概念は，商品コンセプト，商品ライフサイクル，ロングセラー，ポジショニング，PPM，アンゾフの成長ベクトル，ブランドなどである。結果として，マーケティングの商品戦略のいずれの概念も認識的差異，空間的差異，時間的差異ということで説明ができることがわかった。つまり，商品戦略におけるマーケティングは差異であるということが検証できた。また，ブランドの進化系ともいえるパーソナル・ブランディングについても論じている。

　第8章「マーケティング・ミックスの正体を探る」では，マーケティング・ミックスの先行研究や事例を通じて，考察を行い，マーケティング・ミックスの正体について論じている。マーケティング・ミックスは，バリュー・プロポジション（価値提案）であると結論づけている。

　第9章「商品コンセプトの再検討」では，従来の商品コンセプトへの反省から新視点で取り上げている。コア・ベネフィットを問題解決と捉えたとき，コア・ベネフィットは一定ではなく，コア・ベネフィットはいくつも存在することが考えられることや顧客の進化への対応から商品コンセプトの在り方を示した。また，商品コンセプト自体が差異化の要素であることを論じている。

　第10章「ミネラルウォーターにおける脱コモディティ戦略〜美ウォーターの事例〜」では，ミネラルウォーターといった大きな差異のない類似性の高い商品では，差異の観点から，認識的差異と空間的差異がみられることがわかった。美ウォーターにおける脱コモディティ化の報告として，感性的価値の強化とサブカテゴリーの創造に向けての2つのマーケティング展開が考えられる。

　第11章「脱コモディティ化戦略の差異に関する考察」では，脱コモディティ化戦略の実際例や先行研究を踏まえて，差異の程度である大中小と消費者ニーズの明確・不明確による区分での戦略の方向性を提案している。

第12章「地域ブランドの差異化の諸相」では，地域ブランドに関する主な先行研究を行い，地域ブランドの展開を述べ，壱岐焼酎の実態調査から地域ブランドの形成プロセスの構図を提示している。これは，その地域における歴史性や文化性に根付いた，その商品に対するこだわりや品質が消費者ニーズに対応する形で地元貢献につながり，やがて地元という地域だけでなく地域拡大というふうにスパイラル・アップした地域活性化への構図である。

第13章「小売マーケティング戦略の差異について考える」では，差異の観点から小売マーケティング戦略に関するフレームワークを提示し，小売マーケティング戦略は時間的差異の中にあり，小売マネジメントとの共存関係にあることがわかった。

第14章「マーケティング・オーディットにおける差異」では，マーケティング・コントロールの区分の1つとして，マーケティング戦略コントロールの中に位置するマーケティング・オーディットに関する差異について論じる。P・D・C・Aのサイクルの中で，マーケティング戦略に関して論じられることが多いが，C（Check）に着目したものは少ない。マーケティング・オーディットはコントロールを進める有効な手段であるが，その考え方や手法の差異について論じていく。

第15章 「マーケティング4.0と5.0に関する考察」では，マーケティングの変化について，マーケティングの大家であるP．コトラー等のマーケティング4.0に対する考察を行っている。1.0からの比較表，コンセプトの変化，キーワードの視点やマーケティング定義構図からの視点から，従来のマーケティングからデジタル時代のマーケティングへの変化を論じている。

第16章 「マーケティングと諸思想のかかわり」ではマーケティングと諸思想とのかかわりについて論じている。特に，マーケティング4.0とクーン，製品コンセプトとサルトル，製品差異とボードリヤール等がどのようにかかわっているのかについて論じている。このことにより，マーケティングの考え方に諸思想が大きく影響していることがわかった。

なお，補論として，

1）差異の原点，2）モンドセレクションへのマーケティング・インサイト，を取り上げている。

　以上から，「マーケティングは差異の追求である」とは，言い過ぎであろうか？
　私の本著も多数の著書の中における差異の1つであり，マーケティング関係者の肥やしになれば，倖いである。
　なお，同じ内容が繰り返し出てくる箇所がありますが，章としての全体の流れや意味不足を損なう恐れがあるので，ご容赦願いたいと思います。また，この著書は，2015年6月に日本消費経済学会にて学会賞（優秀賞）を受賞しましたことを付け加えておきます。

<謝　辞>
　本著の作成にあたって，五絃舎の長谷雅春社長をはじめ，家のことを顧みなかった私を支えてくれた故父・昇，故母・豊子，妻・はるよ，妹・久視子に感謝する。
　2015年8月

　第3版発行に当たって，新たに第11章として，「小売マーケティング戦略の差異について考える」を加え，旧第11章を第12章に変更した。
　2018年2月

　第4版発行に当たって，新たに第3章「SWOT分析の差異」，第14章 「マーケティング4.0に関する考察」および第15章 「マーケティングと諸思想のかかわり」を加え，旧第3章から第12章までを第4章から第13章に変更した。
　2021年2月

　第5版発行に当たって，新たに第11章「脱コモディティ化戦略としての差

異に関する考察」を追加及び旧第 14 章「マーケティング 4.0 に関する考察」の内容にマーケティング 5.0 を追加した。

2023 年 7 月

著　者

片山 富弘

目　　次

第1章　マーケティング定義の変遷にみる差異

第1節　はじめに

　学問はまず概念を定義することから始まるといってもよい。その学問である
マーケティングにおいて定義が変化してきている。ここでは，マーケティング
の定義の変遷を通じて差異を考える。また，私の差異に対する捉え方について
の考察を行っている。そのことを通じて，マーケティングの定義の変遷をみる
視点としている。

　通称, AMA (America Marketing Association) といわれるアメリカ・マーケティ
ング協会が 2007 年に定義を変えた。2004 年にも定義を大きく変えたにもか
かわらず，3 年後に見直しがなされた。マーケティングにかかわらず，そもそ
も学問における定義は頻繁に変えられるものであろうか？ AMA の定義が重視
されているのは，マーケティングがアメリカで発祥したことと経済発展を遂げ
たからにすぎない。現在では，世界各国でマーケティングが普及し，根付いて
いるにもかかわらずである。日本で JMA (Japan Marketing Association) とい
われる日本マーケティング協会が定義を出しているが，日本にて普及している
とはいえない状況にある。定義はマーケティング論者によって，様々に展開
されているのが実状である。そこで，マーケティングの定義を振り返りながら，
その差異を考察してみたい[1]。

第2節　マーケティング定義の変遷にみる差異

1.　マーケティング定義の変遷

まず，AMA の定義を中心に時代を追ってみてみる。

＜1935年 NAMT (Natoinal Association of Marketing Teachers) 全国マーケティング教師協会＞

Marketing includes those business activities involved in the flow of goods and services from production to consumption.

「マーケティングは，商品やサービスの生産から消費までの流通にかかわるビジネス諸活動を含む」

＜1960年 AMA ＞

Marketing is the performance of business activities that direct the flow of goods and services from producer to consumer or user.

「マーケティングとは，生産者から消費者もしくはユーザーまでの，商品やサービスの流れを方向づける企業活動の遂行である」

＜1985年 AMA ＞

Marketing is the process of planning and executing the conception, pricing, promotion, and distribution of ideas, goods, and services to create exchanges that satisfy individual and organizational objectives.

「マーケティングとは，個人と組織体の目的を満足させる交換を創造するための，アイデア，商品，サービスの企画，価格設定，プロモーション，流通を計画し実行する過程である」

< 1990 年 JMA >

「マーケティングとは，企業および他の組織がグローバルな視野に立ち，顧客との相互理解を得ながら，公正な競争を通じて行う市場創造のための総合的活動である」

< 2004 年 AMA >

Marketing is an organizational function and a set of process for creating, communicating and delivering value to customers and for managing customer relationship in ways that benefit the organization and its stakeholders.

「マーケティングとは，組織とステークホルダーの両者にとって有益となるように，顧客に向けて価値を創造・伝達・提供し，顧客との関係性を構築するための組織的な動きとその一連の過程である」

< 2007 年 AMA >

Marketing is the activity, set of institutions, and processes for creating, communicating, delivering, and exchanging offerings that have value for customers, clients, partners, and society at large.

「マーケティングとは，顧客，依頼人，パートナーおよび一般社会にとって，価値あるものを創造し，コミュニケーションを行い，送り届け，交換する活動，一組の制度およびプロセスである」

以上が多少，表現の違いがあるものの日本における訳であり，時代背景を考慮しながらの解説論文はみられる。1935 年，1960 年と 1985 年における違いは，主体がビジネス組織から個人やすべての組織に範囲が拡大されていること，また，客体としてのアイデアが追加されていること，そして，マーケティング・ミックスといわれる 4P および実施のプロセスが示されていることである。日本において普及しているのは，1985 年 AMA の定義であり，これにそっ

てテキストも書かれていることが多い。

　次に 1985 年と 2004 年の AMA の定義で大きく異なることは，①価値にシフト，②顧客関係性の重視の 2 点である。①価値にシフトとは，1985 年のマーケティング・ミックスの項目が，価格をベースに価値創造・伝達・提供へとシフトしていることである。②顧客関係性重視とは，従来が顧客創造に重点がおかれていたのに対し，顧客維持にシフトしてきたことである。

　マーケティングの本質とも大きくかかわる。マーケティングの本質は，交換とされていたが，関係性へとシフトされてきていることは大きな変化である。それを示すものとして，マーケティングの前に修辞語が付く代表されるものとして，リレーションシップ・マーケティングがある。私はマーケティング・パラダイムに関する一考察の論文の中で，この現象はパラダイムシフトではなく，ウェイトシフトであると考えている [2]。

2.　マーケティングの起源と定義

　アメリカにおいてマーケティングという用語が登場したのは 1900 年から 1910 年の間といわれており，どの文献の中で最初にマーケティングという用語が使われたのは定かではないが，1905 年にはペンシルバニア大学でマーケティングという名称の講座が存在し，1909 年ピッツバーグ大学，1910 年ウィスコンシン大学で確認されている。また，当時のマーケティングという用語の特徴としては，取引や流通や交易が単なる活動を表していたのに対して，マーケティングにはアイデアという要素が含まれており，これがマーケティングの概念の形成に大きな役割を果たしたと考えられている。さらに，マーケティングの父といわれているショー（A. W. Shaw）の「Some Problems in Market Distribution」（日本語訳『市場流通に関する諸問題』）の中には，マーケティングそれ自体の明確な定義は見当たらないが，マーケティングの構成要素として，需要創造活動における商品に関するアイデアの伝達を一番重要なことと考えていたのではないかと推測される [3]。一方，バトラー（R. S. Butler）がマーケティングを最初に用いたともいわれている [4]。

　また，ロバート・バーテルズ（Robert Bartels）によると，マーケティングは実務に関する概念としてみなさなければならないとした上で，マーケティングによって最初意味されたのは，ある販売活動あるいは販売促進的諸活動の仕事に先立ち考慮にいれなければならない諸要素の結合であり，マーケティングのエッセンスは諸要素の結合であったとしている。この諸要素の結合に無知蒙昧であったことが，他の諸言語において，マーケティングに相当する用語が欠如している理由であるとしている[5]。

　次に，日本には，1955 年石坂泰三を団長とする日本生産性本部の視察を契機にマーケティングの導入が進められている。この当時，日本には適訳がなく，カタカナのマーケティングという直訳で輸入されている。その意味では販売管理や市場調査などとも受け取られてきている時期があった。これは，マーケティングの多義性にもよるものであると考えられる。最近では，マーケティングの定義を形式知として捉え，個人やある組織においてはマーケティングを暗黙知で認識・行動しているものと考えられる。

3.　マーケティングにおける概念，本質と定義の関係

（1）マーケティングにおける概念と定義の関係

　マーケティングの考え方をマーケティング・コンセプトと呼んでおり，次の3 つの基本要素から成り立っている。①顧客志向，②利益志向，③統合的努力である。また，マーケティング・コンセプトの発展段階として，①生産コンセプト，②製品コンセプト，③販売コンセプト，④マーケティング・コンセプト，⑤社会志向的コンセプトの 5 つがとりあげられている。しかし，マーケティング・コンセプトは上記でみてきたマーケティングの定義とのかかわりをみるかぎり，別ものであり，定義は主体や範囲を示すのに対し，概念は行動をうながす考え方を示しているといえよう。

（2）マーケティングにおける本質と定義の関係

本質そのものが意味することは，そのものがなにかという問いに答えることであるとすると，本質と定義の関係はかなり濃厚で関係性があるといえる。マー

ケティングの本質が交換であるとする立場であれば，マーケティングの定義に反映されていなければならない。実際に1985年と2007年AMA定義にその文言が記載されているが，2004年には文言が定義に記載されていなかった。また，マーケティングの本質が関係性であるとする立場であれば，これまた，定義に記載されていなければならないことになる。実際には，2004年AMA定義記載にされていたが，2007年AMA定義には記載されていない。さらに，2004年と2007年AMAの定義には価値の言葉が記載されている。これからいえることは，交換と価値提供はマーケティングの本質であり，関係性は時代を背景とする一過性のものであったと憶測される。

4. マーケティングにおける定義への視座

　定義とは，スーパー大辞林によると，ある概念の内容やある言葉の意味を他の概念や言葉と区別できるように明確に限定すること，としている。また，『広辞苑（第6版）』によると，概念の内容を明確に限定すること。すなわち，ある概念の内包を構成する本質的属性を明らかにし他の概念から区別すること。その概念の属する最も近い類を挙げ，さらに種差を挙げて同類の他の概念から区別して命題化すること，としている。

　マーケティングに近いとされる経営学の定義はどうであろうか。『広辞苑（第6版）』では，企業経営の経済的・技術的・人間的側面を研究する学問としている。経営学とは広義には組織体の運営について研究する学問分野であり，対象は企業組織とする場合が多いが，企業組織に限定せずあらゆる組織体（自治体・NPO法人など）が経営学の対象となりうる。狭義には組織体の効率的・効果的な運営のための長期的視野に立った理論の構築を目的とする学問と捉えられ，その際は会計学やマーケティングなどの分野は除外される。また，社会システムを中心とする環境のなかで企業がいかに運営されているかを解明する学問であり，さらに，企業という特定の領域を対象とする領域学としている。領域学とは，変数群や理論的枠組を特定化するのではなく，むしろ対象世界を特定化して，それに対して多面的に接近する学問であることを指している[6]。経

営学も細分化されてきており，機能的な切り口として経営戦略，経営組織，経営管理，技術経営などがあげられ，さらにアジル経営，顧客満足経営といった経営の前に流行の修辞語をともなった○○経営といったようになっている。このことが意味することは，経営学という定義は普遍としながらも，時代の変化に対応した細分化された定義をともなった特殊な経営学が存在していることである。経営学も論者によって定義が異なる，表現が異なることがみられることはいうまでもない。その経営学の体系のなかにマーケティングが位置づけされている。

『広辞苑（第6版）』によると，マーケティングは商品の販売やサービスなどを促進するための活動，市場活動，としている。この定義は 1985 年 AMA の定義に関する意味合いが近い。しかし，この定義では，個人や非営利組織といったものが範囲の対象外となっており，マーケティングを言い表しているとはいえない。

また，バロンのマーケティング用語辞典には，財やサービスの販売促進のプロセスとしている。この定義も先ほど同様のことがいえる面でマーケティングを的確に言い表しているとはいえない。

次に，マーケティングの大家といわれるフィリップ・コトラー（Philip Kotler）は，マーケティングの定義を次のように変化させている。

1976 年　交換過程を通じて，必要と欲求を満たすことを意図する人間活動である。

1996 年　価値を創造し，提供し，他の人々と交換することを通じて，個人やグループが必要とし要求するものを獲得する社会的，経営的過程である。

ここでは，交換を維持しつつ，①価値，②社会的，経営的過程を重視している。

そこで，マーケティング定義の分析視角として，次の3つが考えられる。

1935 年，1960 年，1985 年，2004 年といったアメリカ社会情勢の変化の中で，AMA やコトラーの定義が変わってきているといえる。逆に，定義が社会情勢に合わせているようにも捉えられる。これは，社会が変化しても，その本質が

普遍・不変であるならば，その本質の部分のみを定義することは意味があるのではないだろうか。マーケティングが顧客満足の追究であることを考慮すると，図表1-2-1では，本質の部分はカスタマー・バリュー（Customer-Value）であるとはいえないだろうか。

図表1-2-1　マーケティング定義の構図1

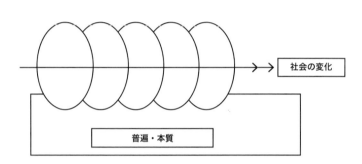

社会の変化

普遍・本質

（筆者作成）

　また，定義は時代に応じて変えられるものではなく，新たな用語を用いるべきではないだろうか。マーケティングの言葉を用いるのではなく，エクスチェンジング（Exchanging），バリューイング（Value-ing）などである。エクスチェンジングとしたのは，バゴッチ（Richard P. Bagozzi）による交換をマーケティングの本質とすることによるものであり，顧客に価値をもたらす意味では「バリューイング」とネーミングしている。しかし，この言葉は株主の投資価値にも使用されていることから，誤解が生じる。また，顧客との接点の段階を強調するのであれば，ボンディング（Bonding），コネクティング（Connecting）などが考えられる。

　次に，主体—市場—社会の相互関係で，マーケティング定義の構図2を捉えてみる。

　主体は個人および組織(非営利組織を含む)である。また,市場とは客体であり，顧客が中心であり，その集団が市場であり，そこには競争が含まれる。さらに社会とはマクロやミクロの動向を指し,この3つは相互に関係を及ぼしている。

この観点からマーケティングは社会情勢とともに定義が変遷していくことは当然ということになるわけであるが，そこには，マーケティングの細分化がなされることにより，マーケティングの定義がそれぞれに存在しうることになる。マーケティングの前に様々な修辞語がつくことで，マーケティングの細分化された定義がみられるようになってきている。例えば，生産財マーケティング，ソーシャル・マーケティング，サービス・マーケティング，リレーションシップ・マーケティングなどである。これは，製品ライフサイクルの成熟段階における製品戦略において，ネーミングはそのままで，商品内容をバージョンアップさせていることに似ている。

図表 1-2-2　マーケティング定義の構図 2

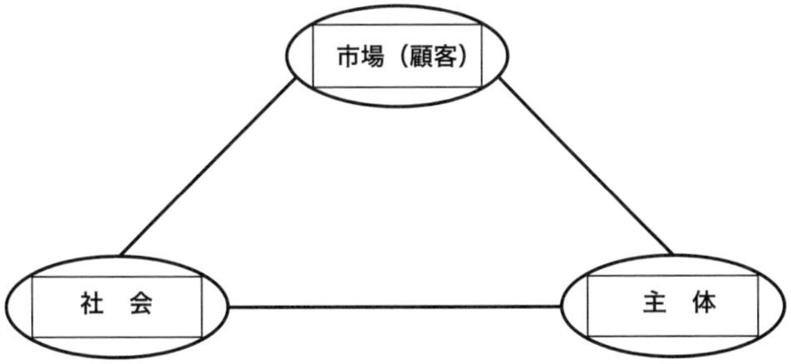

（筆者作成）

　さらに，マーケティングの定義が論者によって異なることへの視座として，ドゥルーズ（Gilles Deleuze）によると，差異は日々もしくは瞬間瞬間の言語活動や思考のなかでおこっており，その小さな差異が蓄積して構造が変化するとされている[7]。ここでの差異の発生は解釈するという行為のなかでおきることで，論者による異なる定義が生じている説明がつくことになる。つまり，マーケティング定義の解釈にズレ，差異がおきていることによるものである。そのことを図表 1-2-3 に示している[8]。ここでのアルシーブは古文書の意味，ラングは言語体系のことである。

図表 1-2-3　マーケティング定義の構図 3

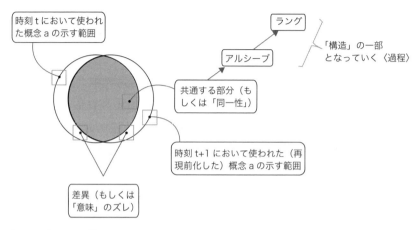

（出所：高田明典『構造主義がよくわかる本』秀和システム，191 頁）

第 3 節　差異について

1.　差異について

　差異とは違いを出すことである。その状態を指している。私の考える差異には，3 つの差異が見出される。認識的差異，空間的差異，時間的差異である。これらの観点からマーケティング分野のものごとをみることができる。

（1）認識的差異

　認識的差異とは，事例を分析や考察する際に，モノやコトをみる際に発生する差異のことである。コミュニケーションギャップなどはこれに相当する。3 つの差異のなかでも，もっとも根幹をなすものである。この背景として，主体と客体がそれぞれに引き起こす認識のギャップであり，差異が常に生じるもととなるものである。例えば，コップというものに対する受け方の捉え方によっては，陶器のコップ，プラスチックのコップ，思い入れのあるコップなど様々であることによることから，このことは認識的差異と考えられる。前節のマーケティングの定義においても差異がみられるのは，この認識的差異に相当する。

（2）空間的差異

　空間的差異とは，同じものごとでも，空間が異なれば，差異が生じていることを意味している。例えば，焼きそばでも，富士宮焼きそばと那須塩原の焼きそばでは，その内容が全く異なっている。同時の異空間ともいうべきものである。この背景として，同じ商品であっても，地域が違う場所で提供されていたり，また，同じ商品が形を変えて提供されていたりすることは，この空間的差異であり，同時的存在ともいえるものとして考える。前節のマーケティングの定義においても AMA と JMA の差異があるのは，この空間的差異に相当する。

（3）時間的差異

　時間的差異は，チャールズ・ダーウィンをはじめとする進化論とも関係しているものであり，同じものであっても，時間とともに変化しているものを意味している。Aの時期からBの時期に，同じ商品が差異ということで進化しているものが考えられる。また，バリエーションや派生してきたものは，この時間的差異に相当する。この背景として，時間的差異に対するインサイトは，同じ人間でも時間の経過ともに発想や考え方が異なってくるというものである。同じ自分でありながら，1年間で細胞が入れ替わるという。体内のなかで変化が常に起きているのである。また，接する仲間や刺激を受けることによって，思想が変化していくことから，時間軸による差異は存在するものと考える。前節の AMA のマーケティングの定義の変遷はまさに時間的差異に相当する。

＜平面の空間でみる3つの差異の関係＞

　3つの差異は，それぞれに存在するが，同時に集合関係でそれぞれの交わりをもっている。つまり，認識的差異，空間的差異，時間的差異，認識的差異と空間的差異，認識的差異と時間的差異，空間的差異と時間的差異，認識的差異と空間的差異と時間的差異の7つのタイプである。

＜3つの差異の軸空間（キューブリック）＞

　上記の3つの差異は個別でも差異をみることができるのであるが，2次元で

も可能であり，3次元でも捉えることができる。差異の程度を大・中・小の3区分し，認識的差異をX軸，時間的差異をY軸，空間的差異をZ軸として，3つの差異の軸空間において，差異の程度が位置づけられることになる。

　差異の程度については，差異の小（同質性），差異の中，差異の大の3つに区分することで，差異の程度の大きさを表現することができる。差異の小から大に向けて，類似商品から大きく異なる商品へと展開されることになる。

＜差異の反対用語は，同質性，パリティ（Parity）か？＞

　また，差異の程度によっては，差がみられないことが考えられる。差異の反対を示す用語として，同質性やパリティがある。植山周一郎（1958）は，パリティを似たような性能，価格，デザインを持った商品が市場に氾濫して差別化ができにくい状態を指す[9]としている。厳密な意味で，差異は一瞬一瞬のなかで生じているのであるから，差異には，同じものとして存在するものはない。しかし，類似したものやことをとらえる場合に，同質性があると語られる。市場地位別戦略のなかで，リーダー戦略の同質化戦略は，市場を構成する各プレーヤーが行ったものやことと同じような展開をすることになるのであるが，大きなくくりでは同質化と表現できても，細かいところでは差異があるのである。その意味では，同質性の差異と呼んでおこう。市場における先発優位に対する後発優位というような時間的差異がみられたり，類似商品が市場に登場することは，同質性の差異となるのである。

＜差異の成立条件＞

　差異の成立条件として，①顧客に支持されること，②競争相手も認めること，③独自の経営資源を有していること，の3つの条件が考えられる。①顧客に支持されることとは，企業が手掛けた商品は企業だけが満足していても，そのターゲットとしての顧客が満足して受け入れなければその価値は存在しないことを意味している。企業の市場に対する提供差異は，顧客に支持されてはじめて差異が成り立つことになる。逆に顧客に支持されないことは，売れないこと

で自画自賛の差異を提供していることになる。また，②競争相手も認めることとは，市場における企業の競合相手も提供されている商品やサービスにかんしてそのすごさを受け入れることで差異が成立するといえる。市場を構成する各プレーヤーが差異化を追求するのであるが，市場でのリーダーに対するチャレンジャー戦略がその例である。③独自の経営資源を有していることとは，その企業でしかもっていない独自の経営資源を活かしていることであり，他社にはまねできない何かしらの経営資源である。これらの3つの条件が成り立って差異が成功しているといえるのである。

　また，差異化とは，差異の起点ともいうべき差起にはじまり，その進むべき戦略方向としての差進を通じて，差異の変化（差変）が生じることになる。そして，差変が再び，差起となり，あらたなる差異が生じていく。マーケティングの定義についてみると，1985年のAMA定義は2000年ごろになると時代にそぐわないという感が出てくる。差変は2007年のAMA定義となって表れている。差進の内容として，交換と価値提供である。その意味で，差異化には終わりはない。差異化が始まった「差起」から「差進」を経て，「差変」にいたる連続性，つまり，「差変」が次の時点では「差起」となっていく。その意味では，AMAのマーケティング定義も変化していくことになる。常にイノベーションを起こしていかなければならないのである。立ちどまっていることは，遅れをとることになるのである。差異の起点である差起の源泉は，①ニーズ対応，②競争心，③危機感によってもたらされると考えられる。①ニーズ対応とは，顧客のニーズは常に変化するものであり，企業はそのニーズへの対応をつかみ，ニーズへの対応を心がけていくことで，現状からの差異が生じていくことになる。また，ニーズ対応の際，顧客が自らのニーズをわかっていない場合が考えられるのであるが，この場合においても，次へのニーズを提供すべくニーズの探索を展開することになる。そのことで，ニーズのさきどりを行っていく。②競争心とは，企業は競合相手を意識することで，競争優位を意識していかなければならない。そのなかで，新たな差異が生じていくことになる。競争心は次のイノベーションを生む源泉である。競争心から現状の差異を変えていく次

の差異へとつながっていく。③危機感とは，企業の存続危機の際に，このままではいけないという危機感が次の差異を生じていく源泉となりうるものである。以上の３つが，差異の起点である差起の源泉であるのである。マーケティングの定義の差異化はこの３つの差起がかかわっていると考えられる。

第４節　まとめにかえて

1.　全体のまとめ

　定義の意味合いに示されていたように，ある集団での共通認識がなされないと，普及もしてゆかない。マーケティングをやさしく言い表しているのは，「売れる仕組みづくり」や「売れ続ける仕組みづくり」である。これは，企業側の立場を強く意識している言葉であるが，個人や非営利組織をイメージしにくい欠点がある。私はマーケティングの定義を顧客に価値を提供することと位置付けており，英語ではカスタマー・バリューイング（Customer Value-ing）と考えているが，これも，顧客を様々な分野に読み替えることがイメージしにくい欠点をもっていると考える。したがって，ひとつのマーケティングの定義でもってすべてを表現することには限界があると考える。その意味では，マーケティングの定義には，細分化されたマーケティングの定義が存在してよいことになる。さらに2007年AMAの定義改定を機に，日本型マーケティングの定義がなされることを期待したい。

2.　マーケティング・インプリケーション

　差異を捉えるには，認識，空間，時間の３つの視点は欠かせない。また，差異化に終わりはない。差異化が始まった「差起」から「差進」を経て，「差変」にいたる連続性，つまり，「差変」が次の時点では「差起」となっていく。このことから常に差異化はマーケターが意識するとしないにかかわらず，差異化現象がみられるようになるのであるが，マーケターとしてはその差異化は顧客対応になっているのかをチェックしておく必要がある。

また，フィリップ・コトラー，ヘルマワン・カルタジャヤ，イワン・セティアワンは，マーケティング3.0の中で，3i（Brand integrity, Brand image, Brand identity）モデルを提示しており，その中に，差別化，ポジショニング，ブランドの3つのバランスとれたものとして定義し直している[10]。ここでいえることは，マーケティングが進化している現段階においても，差異化は重要であるということを示している。

注

1) 片山富弘「マーケティングのネーミングを考える」『日本産業科学学会研究論集』第15号，2010年。本節は日本産業科学学会での報告内容をもとに作成している。

2) 片山富弘『マネジリアル・マーケティングの考え方と実際(増補版)』五絃舎，2005年，「第2章マーケティングのパラダイムシフトに関する一考察」24-33頁を参照のこと。

3) A・W・ショー著，丹下博文訳『市場流通に関する諸問題』白桃書房，1992年，107-109頁を引用。

4) 田内孝一，村田昭治編『現代マーケティングの基礎理論』同文舘，1993年，5頁。

5) ロバート・バーテルズ著，山中豊国訳『マーケティング学説の発展』ミネルヴァ書房，1993年，4-6頁。

6) http://ja.wikipedia.org/wiki で，定義，マーケティング，経営学に関する箇所を参照した。

7) ジル・ドゥルーズ著，飛来啓之訳『差異について』青土社，2004年に詳しい。

8) 高田明典『構造主義がよくわかる本』秀和システム，2007年，188-191頁を参照。

9) 植山周一郎『パリテイの時代』集英社，1985年のなかに，9つの事例が示されている。

10) フィリップ・コトラー，ヘルマワン・カルタジャヤ，イワン・セティアワン著，恩蔵直人監訳，藤井清美訳『コトラーのマーケティング3.0』朝日新聞出版，2011年，62-69頁。

参考文献

・片山富弘『顧客満足対応のマーケティング戦略』五絃舎，2009年。
・金森努『差別化マーケティング』TAC出版，2009年。
・ジル・ドゥルーズ著，平井啓之訳『差異について』青土社，2004年。

第2章　差異としてのマーケティング戦略

第1節　はじめに

　マーケティング分野，特に，マーケティング戦略と経営戦略との関係において
クロスオーバーの状態がみられる。例えば，差異化戦略といわれる箇所である。これは従来，差別化戦略と呼ばれていたもので，最近では差異化といわれるようになっている。今回は，マーケティングにおけるこの差異化の諸相について考察を行う。マーケティング戦略においての差異化がみられるところを取り上げる。

　マーケティングにおけるこの差異化の諸相について考察を行っているが，古田隆彦氏は『人口減少社会のマーケティング』の中で1970年度の差別化，1980年代の差異化，1990年代の差額化，21世紀の差延化と差元化をあげている。差別化とは品質や性能などの商品のもつ物質的特性で他の商品に対する比較優位性を強調することであり，差異化はカラーやで，デザインなど記号的な特性による訴求に重点が移行することであり，差額化は安さや値ごろ感などを強調する金額の差を訴求することで区分されている。また，差延とはあらかじめ作られた差異ではなく，送り手と受け手の間で時間とともに作られていく差異のこととし，差延化は売り手側の差し出す価値や効用に従って消費してもらうのではなく，あくまでもそれを素材としてユーザー自身が様々な工夫を付け加え，より新しい効能を生成していけるように，様々な差を商品につけることとしている。差元はユングの元型的イメージを借りて表層から深層へと垂直

的な移行を意図している¹⁾。本論文での差異化の範囲は広く捉えており，古田氏の提示している関連概念としての差別，差延，差元，差額，などを含んでいる。

第2節　マーケティング戦略

　マーケティング戦略とは，マーケティング目標を達成するために，ターゲット（標的）市場を明確にし，適切なマーケティング・ミックスを構築することである。そして，①環境の分析，②ターゲット市場の決定，③マーケティング・ミックスの構築，という3つの基本ステップによって構成される。図表 2-2-1 にマーケティング戦略の構成を示している。

図表 2-2-1　マーケティング戦略の構成

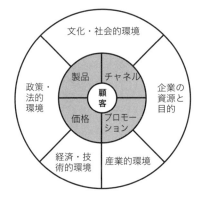

（出所：E. Jerome McCarthy / William D. Perreault, Jr., *Basic Marketing : A Managerial Approach*, Richard D. Irwin, Inc., 10th ed., 1990, p.48）

＜マーケティング戦略の基本ステップ＞

　①　環境の分析

　環境の分析とは，企業を取り巻く環境を文化・社会的環境，政治的・法的環境，経済的環境，産業的環境の外部環境と内部環境としての自社経営資源の5つに区分し，それぞれに，環境の現状や動向を示し，強み・弱み・機会・脅威

の「SWOT（スワット）」分析を行うことである。

②　ターゲット市場の決定

ターゲット市場を選択するために，人口統計学的変数，地理的変数，パーソナリティ変数，心理的変数などの基準で，市場を区分することを「市場セグメンテーション」という。そして，自社を基準軸で構成されるマトリックスに新市場の空間の発見や，他社比較によるポジショニング（位置付け）を行うことによって，ターゲット市場を選定していく。

③　マーケティング・ミックスの構築

マーケティング・ミックスとは，マーケティング手段の組み合わせのことである。これは，Product（製品戦略），Price（価格戦略），Promotion（プロモーション戦略），Place（チャネル戦略）の 4 つのことで，現在その頭文字をとって通称，「4 P」といわれている。つまり，どのような製品を作り，どのような価格をつけ，どのような情報伝達をし，どのような販売ルートを使って販売すれば，標的顧客が買ってくれるかを考えることである。さらに，最近では企業観点の「4 P」から「4 C」という顧客観点も考えられてきている。つまり，Customer Value（顧客にとっての価値），Cost to the Customer（顧客の負担），Communication（コミュニケーション），Convenience（入手の容易性）である [2]。

④　マーケティング戦略の論理体系

また，戦略プロセスの観点からは，マーケティング戦略の論理体系として図表 2-2-2 のようになる。つまり，ターゲット市場を明確にするために，セグメンテーション基準によって市場をいくつかに区分し，そこにマーケティング目標設定との関係，自社の経営資源にマッチしているか，競合他社との差別優位性があるか，などを検討し，最適マーケティング・ミックスの選定を行うことになる。そして，損益分岐点分析などの収益性の検討を加味した上で，ターゲット市場の確定からマーケティング・ミックスの選定までをループしながら，自社に適切なマーケティング戦略を策定していくことになる。

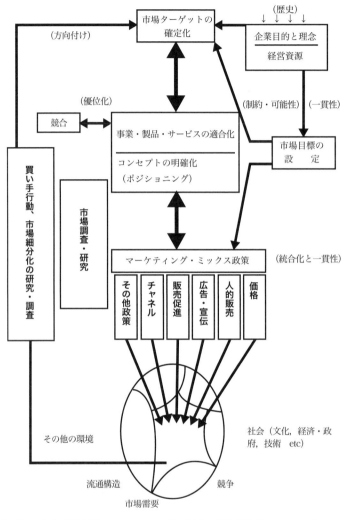

34

図表 2-2-2　マーケティング戦略の理論体系

（出所：嶋口充輝『戦略的マーケティングの論理』誠文堂新光社,1985 年, 136 頁)

例）今，仮にあなたが博多駅近くでビジネス・ホテルを経営しているとしよう。
漠然と東京方面から宿泊客にきてもらいたいと考えているとすると，マーケ
ティング戦略の観点から，どんなことを考えなければならないのだろうか？

　まず，はじめに泊まっていただきたいお客様，ターゲット顧客を考えなければならない。とともに，ビジネス・ホテル業界を取り巻く環境を知っていなければならない。それらを考慮した上で，マーケティング・ミックスを考えることになる。これがマーケティング戦略立案の一応の流れである。以下は，想定のマーケティング戦略である。

　　ターゲット顧客：若手ビジネスマンが中心

　　環境分析：1）経済的環境：ビジネスマンの出張使用可能経費，日本の経済
　　　　　　　　　　　　　　　状況，東京本社・博多支店の数の動向他

　　　　　　　2）法的環境：ホテル税の動向他

　　　　　　　3）技術的環境：インターネットの普及他

　　　　　　　4）社会的環境：東京―福岡間は日帰り可能な距離他

　　マーケティング・ミックス：

　　　　　　商品戦略：満足感の演出（部屋の広さ，清潔感，照明などの設備面の
　　　　　　　　　　　充実，フロントの応対の良さ）

　　　　　　価格戦略：低価格で泊まれる

　　　　　　プロモーション戦略：ポイント・カードによる囲い込み，東京方
　　　　　　　　　　　面でビジネスマンがよく読む雑誌，新聞などへの広告
　　　　　　　　　　　など

　　　　　　チャネル戦略：ホテルまでのアクセスの良さ，インターネット予約

といった具合である。

　まず，ターゲット顧客を若手ビジネスマンに絞った理由が求められることになる。統計データやアンケート調査によってビジネスマンの年代別の出張動向を調べる必要がある。また，マーケット規模がどのくらいあるのか，その内，どれくらい自社にきてもらえそうかなどの調査も求められる。さらに，近隣の競合ホテルの状況もおさえておく必要がある。

　環境分析をもっと深めることによって，ビジネスのチャンスがみえてくるとともに，ビジネスの展開上の脅威もみえてくることになる。そして，マーケティング・ミックスの構築はアート的センスも求められる。

第3節　砂糖におけるマーケティング戦略

　ここでは，砂糖というコモディティ商品を通じて，つまり，差異化の比較的困難な商品を通じてのマーケティング戦略を考える³⁾。本研究は，砂糖の家庭用消費の拡大に向けて，砂糖のブランド調査を実施することにより，砂糖消費の実態と拡大対策を考えることにある。砂糖のターゲットと考えられる主婦と学生を対象としたアンケート調査を実施し，その分析結果から，ブランドを中心としたマーケティング戦略を考えてみる。

1.　顧客満足からブランドへの進化

　ブランドは，顧客満足からブランド・ロイヤルティを経て，ブランド・エクイティの確立に至るプロセスで確立されることになる。基礎になるのは，顧客満足である。ブランドが単なる名前やマークだけを意味すると考えることは，間違いであり，それは表示上のことであり，その裏側にあるものを理解しなければならない。顧客にとって提供される商品やサービスが，顧客満足によって顧客にとって価値あるものへと変化していく。顧客満足の蓄積がブランド・ロイヤルティを形成していくことになり，その結果，ブランド・エクイティとして無形資産が蓄積されていくことになるのである。その意味では，顧客満足を継続的に顧客に提供していくことが大切であり，またそうしていかなければならないのである。

2.　ブランドの本質と構築

　ブランドの本質は消費者にとっての「信頼」につきる。食品でいえば，消費者の「安心」「安全」を意味する。また，ブランドの構築は生涯を要するものであり，終わりがないものといえるが，ブランドの破壊は一瞬である。有名企業が不祥事をはじめ，不正表示などで苦労している事例がいくつも存在する。このようなことが生じないためにも，統合マーケティング戦略が必要である。

なぜであろうか？ブランド構築は，マーケティング部門だけが行うものではなく，企業全体で各部門がブランド構築に貢献しているという意識を持ちながら行動することで，消費者の心の中にブランドが認識されるからである。その意味では，ブランドは広告によってのみ，構築されるものではなく，広報活動や幅広い企業活動全般によらなければならない。すなわち，ブランディングとは，マーケティングそのものでもあるといえよう。

3.　ブランドと購買行動

　ブランドと購買行動については，ヘンリー・アサエルによる消費者の関与水準とブランド間差異によって，次の 4 つに区分される[4]。関与とは，消費者が商品やサービスに対するかかわりの度合いである。

図表 2-3-1　購買行動の 4 タイプ

	高　関　与	低　関　与
ブランド間 差異大	①複雑な購買行動	②バラエティ・シーキング購買行動
ブランド間 差異小	③不協和低減の購買行動	④習慣的な購買行動

（出所：恩蔵直人監修『コトラーのマーケティング・マネジメント』ピアソン・エデュケーション，2004 年，120 頁）

　①複雑な購買行動とは，高価であまり買わないリスクの高い買い物で，自己表現に大きくかかわる物を買う場合にあてはまる。消費者は，まず商品に対する信念を確立し，次に当該商品に対する態度を決定し，それからよく吟味して選択する。

　②バラエティ・シーキング購買行動とは，消費者が不満からではなく，いろいろ試したいという気持ちからブランドをスイッチする場合にあてはまる。消費者は商品に対してある種の信念を持っていて，特に深く考えることもなくあるブランドを選び，消費しながらその商品について評価する。

　③不協和低減の購買行動とは，価格が高く，あまり買わない物で，リスクが高い買い物にあてはまる。消費者は複数の店をまわってどんな商品がある

かを見比べるが，買うのは比較的早い。実際に買った後で，不安や迷い（不協和）を覚える。そこで，自分の購入選択を支持するような情報に敏感になる。

④習慣的な購買行動とは，低価格で頻繁に購入する商品があてはまる。消費者は，信念，態度，行動という普通の購買プロセスをたどらずに，ブランドになじみがあるという理由で購入を決定する。

以上から，砂糖は一般的に④習慣的な購買行動に位置すると考えられる。

4. アンケート調査

アンケート調査設計は，次の通りである。

①主婦及び学生に 900 サンプルをアンケート調査票に直接記入。

②目的：現在の砂糖使用ブランドの実態調査及び満足度調査。

③対象商品は，砂糖各種のうち，家庭で最もよく使用されている上白糖で，ブランド数はスプーン印（三井製糖），ばら印（大日本明治製糖），カップ印（日新製糖），クルル（伊藤忠製糖），スズラン印（日本甜菜製糖のケーン糖，ビート糖），さくらんぼ印（フジ日本製糖）の 7 種類とした。

④満足度調査においては，「満足」を 5 とし，「不満」を 1 とする 5 段階に「わからない」を 0 としたもの調査票とした。また，満足度の調査項目は，マーケティング・ミックスの観点から，プロダクツに該当する項目が「甘味の良さ」，「ダイエットに効く」，「栄養成分の表示」，「銘柄」（ブランドとせずにあえてこの言葉を用いた），「パッケージのデザイン」，「商品の重量」である。プライスに関する項目は「砂糖の価格」で，プロモーションに該当する項目は「友人・知人のクチコミ」，「チラシ」，「TV 広告」，「雑誌広告」，「店員の説明」，「保証の充実」とした。プレイスに関する項目は「近くにお店がある」，「インターネットで取り寄せ」とした。

⑤ブランド選択においては，砂糖のブランド 6 種類（上記で示したスズラン印は 2 種類を 1 種類とした）とその他を加えて 7 種類として，消費者の態度区分を「必ず購入する」，「購入してもよい」「わからない」，「たぶん購入し

ない」,「絶対購入しない」の 5 段階とした。

⑥アンケート調査の実施

(1) 調査日程：2007 年 10 月 11 日（水）〜 18 日（水）の夕方 15 〜 18 時

(2) 調査場所：主婦に対しては, 中村学園大学近隣の食品スーパー 6 箇所, 学生に対しては, 講義終了後。

5.　アンケート結果

(1) アンケート調査結果は, 次の通りである。

①回収 890 のうち, 有効回答 840 で, 有効回答率 94.4%

②男女比率：男女約 2：8 の割合となっている。

③年代別：20 代が多いのは女子学生によるものである。

④職業：学生についで, 専業主婦が多い。

⑤家族構成：「4 人」と「5 人以上」で 55.0% となっている。

(2) 上白糖で主に利用している銘柄は,「ばら印」54.7%,「スプーン印」29.6% の 2 種類で 84.3% となっている。また, 上白糖のブランドを選んだ主な理由として,「いつも買っているから」47.6%,「お店においてあるから」13.4%,「価格が安いから」12.8% で, 全体の 73.8% となっている。

(3) 家庭での利用は,「料理」83.8%,「お菓子作り」7.5% となっている。

(4) 砂糖に関する満足度の重回帰分析結果

決定係数 32.1% は低いが,「甘味の良さ」（係数 0.2704）,「銘柄」（係数 0.1333）,「商品の重量」（係数 0.1037）が統計的に有意となっており, これらの項目が重視されていることがうかがえた。

また, ブランド・ロイヤルティが高い「スプーン印」と「ばら印」における満足度の重回帰分析の結果は, 決定係数 28.8% で,「甘味の良さ」（係数 0.297）,「商品の重量」（係数 0.127）,「パッケージのデザイン」（係数 0.106）という数値が高いことがわかった。

(5) ブランドを購入する際の消費者の態度・ブランド別

①「スプーン印」が「必ず購入する」21.3%,「購入してもよい」41.3%,「わからない」26.6%,「たぶん購入しない」4.5%,「絶対購入しない」6.4%となっている。

②「ばら印」が「必ず購入する」33.4%,「購入してもよい」35.4%,「わからない」23.2%,「たぶん購入しない」2.2%,「絶対購入しない」5.8%となっている。

③「カップ印」が「必ず購入する」1.9%,「購入してもよい」26.3%,「わからない」49.0%,「たぶん購入しない」9.5%,「絶対購入しない」13.3%となっている。

④「クルル」が「必ず購入する」0.9%,「購入してもよい」13.6%,「わからない」56.0%,「たぶん購入しない」14.1%,「絶対購入しない」15.5%となっている。

⑤「スズラン印」が「必ず購入する」0.4%,「購入してもよい」13.4%,「わからない」56.1%,「たぶん購入しない」14.8%,「絶対購入しない」15.3%となっている。

⑥「さくらんぼ印」が「必ず購入する」0.6%,「購入してもよい」12.6%,「わからない」55.9%,「たぶん購入しない」15.4%,「絶対購入しない」12.6%となっている。

⑦「その他」が「必ず購入する」7.3%,「購入してもよい」10.4%,「わからない」55.1%,「たぶん購入しない」10.4%,「絶対購入しない」16.7%となっている。

(6) 砂糖購入時の重視する因子分析の結果

大きく3つの因子が得られた(図表2-3-2)。因子1は,「パッケージのデザイン」(0.637),「銘柄」(0.621),「栄養成分の表示」(0.545) の数値が高いことから「ブランド重視派」とネーミングした。因子2は,「砂糖の価格」(0.733),「商品の重量」(0.569) の数値が高いことから「バリュー重視派」とした。因子3は,「雑誌広告」(0.857),「料理番組」(0.807),「チラシ」(0.717),「店員の説明」(0.702),「友人・知人の口コミ」(0.688) の数値が高いことから「プロモーショ

図表 2-3-2　砂糖購入時に重視する因子分析の結果

	因子 1	因子 2	因子 3	共通度	残業分散
甘味の良さ	0.412	0.380	0.125	0.330	0.670
ダイエットに効く	0.386	0.139	0.276	0.244	0.756
栄養成分の表示	0.545	0.256	0.263	0.431	0.569
銘柄	0.621	0.204	0.181	0.461	0.539
パッケージのデザイン	0.637	0.187	0.243	0.500	0.500
商品の重量	0.413	0.569	0.083	0.501	0.499
価格	0.198	0.733	0.035	0.578	0.422
友人・知人のクチコミ	0.303	0.082	0.688	0.572	0.428
チラシ	0,128	0,231	0.717	0.583	0.417
TV 広告	0.144	0.271	0.807	0.746	0.254
雑誌広告	0.159	0.190	0.857	0.796	0.204
店員の説明	0.297	0.096	0.702	0.591	0.409
保証の充実	0.260	0.352	0.437	0.382	0.618
近くにお店がある	0.122	0.464	0.222	0.279	0.721
インターネットで取り寄せ	0.212	-0.063	0.501	0.300	0.700
二乗和	1.986	1.688	3.620		
寄与率	0.132	0.113	0.241		

ン重視派」とした。つまり，砂糖を購入する消費者は，一様ではなく，3 タイプに区分されることがわかった。

6.　アンケート調査結果

　アンケート調査結果より，次のことが得られた。

①上白糖のブランドを選んだ主な理由として，「いつも買っているから」47.6%，「お店においてあるから」13.4%，「価格が安いから」12.8% の順位で，砂糖の消費は習慣的な購買行動の結果である。

②上白糖のブランドを購入する際の消費者の態度・ブランド別の結果から，「ばら印」が「必ず購入する」33.4%，「購入してもよい」35.4% の両方で 68.8%，「スプーン印」が「必ず購入する」21.3%，「購入してもよい」41.3% の両方で 62.6% となり，この 2 つのブランドは他のブランドに比べ，圧倒的にブランド力を有していることがわかる。また，「カップ印」「クルル」

「スズラン印」「さくらんぼ印」「その他」の「わからない」の数が半数を占めていることが特徴的である。ブランド間の差異があるということである。

③上白糖の関する満足度の重回帰分析の結果から，「甘味の良さ」（係数0.2704），「銘柄」（係数0.1333），「商品の重量」（係数0.1037）が砂糖消費の満足度を向上させる要因であることである。一般的に考えられている価格ではなかった。

④砂糖購入時の重視する因子分析の結果から，「ブランド重視派」，「バリュー重視派」，「プロモーション重視派」の3タイプの消費者の存在が明らかになった。

　それに対応して砂糖の消費拡大をするには，マーケティング戦略が重要になってくる。

7.　消費者購買行動とマーケティング

購買関与度の高低と製品判断力の高低によるマトリックスは次のようになっている[5]。

図表 2-3-3　消費者行動類型とマーケティング

	高購買関与	低購買関与
高製品判断力	・バリュー・フォー・マネーの追求	・特徴付けのマーケティング ・小売店頭スペースの確保 ・試用促進のプロモーション
低製品判断力	・人的プッシュ ・知名度拡大型プロモーション ・不協和削減のプロモーション	・知名度拡大型イメージ訴求型プロモーション ・低価格対応 ・小売店頭スペースの確保

（出所：池尾恭一『日本型マーケティングの革新』有斐閣，1999 年，109-133 頁）

マトリックスの内容は，それぞれマーケティング対応を示している。

購買関与とは，消費者の価値体系における当該購買の重要性で，購買関与度とは，購買決定や選択に対して消費者が感じる心配や関心の程度のことである。また，製品判断力とは，消費者がいかなる情報であれば処理できるかにかかわる概念で，どの程度まで要約された情報ならば，消費者が自分のニーズと関連

付けて処理できるかを表す概念のことである。

　つまり，砂糖の消費拡大に向けて，マーケティング戦略として，次のことが考えられる。消費者のセグメンテーションに応じたマーケティング戦略が重要である。砂糖の消費者は従来，ブランドに関係なく価格を重視している消費者が多いと考えられていた。しかし，今回の因子分析の調査結果から，砂糖の消費者は一様ではなく，「ブランド重視派」，「バリュー重視派」，「プロモーション重視派」の３タイプに区分されることがわかった。そこで，この３つのタイプに対応したマーケティング戦略の方向性は，次のようになる。

　「ブランド重視派」には，低購買関与で高製品判断力を有することから，特徴付けのマーケティング，小売店頭スペースの確保，試用促進のプロモーションの展開となる。例えば，特徴付けのマーケティングにおいては，砂糖の特徴を消費者にわかりやすい表示が求められる。また，試用促進のプロモーションでは，何かの料理に使用できるといった消費者の献立例を示すプロモーションが考えられることになる。

　次に，「バリュー重視派」には，低購買関与で低製品判断力を有することから，知名度拡大型イメージ訴求型プロモーション，低価格対応，小売店頭スペースの確保である。例えば，イメージ訴求型プロモーションにおいて，割安感を重視したプロモーションが重要であり，消費者の目にとまる意味でしっかりと小売店頭においての陳列スペースの確保が大切であると思われる。

　さらに「プロモーション重視派」には，高購買関与で低製品判断力を有することから，人的プッシュ，知名度拡大型プロモーション，不協和削減のプロモーションの展開によるマーケティング対応が必要となってくる。例えば，あるブランドの砂糖を使用していることが消費者にとって何らかの価値を意味するプロモーション展開が重要となってくる。宮古島産砂糖であることが，宮古島のイメージとともに生活文化に根付いているといったことである。また，ＴＶをはじめとするメデイアにおいて，砂糖が料理番組で取り上げられることがこのタイプの消費者を刺激することになる。

8. 小括

砂糖の消費は一般的に習慣的な購買行動の結果であるが，ブランド間の差異があること，また，上白糖の関する満足度の重回帰分析の結果から，「甘味の良さ」，「銘柄」，「商品の重量」が，砂糖消費の満足度を向上させる要因であることである。一般的に考えられている価格ではなかった。さらに，砂糖購入時の重視する因子分析の結果から，「ブランド重視派」，「バリュー重視派」，「プロモーション重視派」の３タイプの消費者の存在が明らかになったことである。３つのタイプの消費者に対応したマーケティング戦略が重要である。

第４節　マーケティング戦略における差異化へのインサイト

マーケティング戦略における差異化を考える場合において，大きく４つみられる。

１つ目は，競争戦略で有名なマイケル・ポーターの基本的な３つの戦略として，コスト・リーダーシップ戦略，差異化戦略，集中戦略である（図表2-4-1）。これは，競争ターゲットの幅を業界全体か業界の一部なのかと低コスト志向か顧客が認める特異性かによって区分されている。その中で，ライバルとの違いを展開することを差異化戦略としている。例えば，イメージ戦略やブランド戦略などである。３つのどのタイプの戦略を選択するのかということが戦略差異を考えることであり，その意味では広義の差異であり，３つのタイプのなかにある差異化戦略は狭義の戦略差異であるといえよう。

図表 2-4-1　競争優位のタイプ

		低コスト	顧客が認める特異性
競 争 タ ー ゲットの幅	業界全体	コスト・リーダーシップ戦略	差異化戦略
	業界の一部	集中戦略	
		（コスト集中）	（差異化集中）

（出所：嶋口他『１からの戦略』碩学舎，2009 年，65 頁）

　2つ目は，経営資源の質の高低と量の多少によって区分される市場地位別戦略ではマーケットプレイヤーがリーダー，チャレンジャー，ニッチャー，フォロワーの4区分されている（図表2-4-2, 2-4-3）。その中で，チャレンジャー戦略は，リーダー企業に対して差異化戦略を取ることが示されている。業界における戦い方の基本戦略として差異化戦略は位置づけられている。市場地位別におけるどの戦略を選択するのかということは広義の戦略差異であり，チャレンジャー戦略は特に狭義の戦略差異であるといえる。

図表 2-4-2　経営資源による類型化

経営資源	量・多い	量・少ない
質・高い	リーダー	ニッチャー
質・低い	チャレンジャー	フォロワー

（出所：嶋口・石井『現代マーケティング』有斐閣，1998年，198頁）

図表 2-4-3　競争優位化戦略の体系

	市場目標	基本戦略方針	戦略ドメイン	政策定石
リーダー	市場シェア 利潤・名声	全方位化	経営理念	周辺需要拡大 同質化 非価格対応
チャレンジャー	市場シェア	差異化	顧客機能と独自能力の絞り込み	リーダーとの差異化
フォロワー	利潤	模倣化	通俗的理念	リーダーやチャレンジャー政策の観察と迅速な模倣
ニッチャー	利潤・名声	集中化	顧客機能・独自能力・対象市場層の絞り込み	特定市場内でミニリーダー戦略

（出所：嶋口他『マーケティング戦略』有斐閣，2004年，48頁）

　3つ目は，マーケティング戦略策定上にみられるSWOT分析，STP（セグメンテーション，ターゲッティング，ポジショニング），マーケティング・ミックスレベルでの差異化の項目である。この場合も，商品やサービスの企画展開上において，無数の差異化が考えられる。例えば，キリンのスパークリングホップの事例（図表2-4-4）では，フルーティと苦味の軸と微発泡と発泡の良さの軸によるポジショニングからフルーティと発泡の良さの象限に位置し，また，エー

図表 2-4-4　キリンのスパークリングホップ

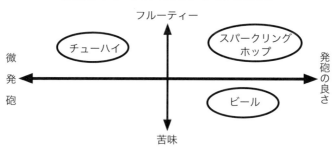

図表 2-4-5　エースコックのはるさめヌードル

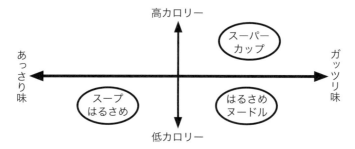

(出所：金森『差別化マーケティング』TAC 出版，2009 年，59，67 頁)

スコックのはるさめヌードルの事例 (図表 2-4-5) では，高低カロリーの軸とあっさり味とガッツリ味の軸によるポジショニングでは低カロリーでガッツリ味の象限に位置させている[6]。このようにポジショニング・マップは差異化を表現するためのものである。

　4 つ目は，マーケティングの大家であるフィリップ・コトラーのマーケティング・マネジメントに示されている製品に関する差異化変数である。製品による差異化の箇所の中で，製品，サービス，スタッフ，チャネル，イメージに関する項目だけで示されており，製品の箇所では，形態，特徴，性能，適合性，耐久性，信頼性，修理可能性，スタイル，デザインが取り上げられている (図表 2-4-6)[7]。しかし，実際上は差異化変数に関するものは，企業により異なり，製品だけでも無数にあるものと考えられる。例えば，商品コンセプトでは，コ

アベネフィット，実態商品，付加サービスのそれぞれのレベルで差異化の項目が出てくることになる。例えば，清涼飲料でも，パッケージやボトルのサイズといった実態商品レベルでの差異である。また，企業と顧客からの新規性の高低によって，4 区分されるなかの 1 つであるリポジショニングでは，企業にとっての新規性は低くても，顧客側からの新規性が高ければ商品に息を吹き込むことになる。例えば，レトロ商品や復刻版商品などである。このように，差異化戦略はマーケティングにおいて，無数ともいえるほど用いられているものであり，マーケティング戦略を考える上で重要なものである。

図表 2-4-6　差異化の変数

製品	サービス	スタッフ	チャネル	イメージ
形態	注文の容易さ	コンピタンス	カバレッジ	シンボル
特徴	配達	礼儀正しさ	専門技術や	メディア
性能	取り付け	安心感	専門知識	雰囲気
適合性	顧客トレーニング	信頼性	パフォーマンス	イベント
耐久性	顧客コンサルテイング	迅速な対応		
信頼性	メンテナンスと修理	コミュニケーション		
修理可能性	多様なサービス			
スタイル				
デザイン				

(出所：フィリップ・コトラー著，恩蔵監修『コトラーのマーケティング・マネジメント』ピアソン・エデュケーション，2004 年，218 頁)

第 5 節　まとめにかえて

1.　全体のまとめ

　第 2 節でベーシックなマーケティング戦略の考え方を取り上げた。第 3 節では差異化しにくい砂糖の商品を対象としたマーケティング戦略の事例を取り上げ，砂糖消費者のセグメンテーションによって，つまり，マーケティング戦略における差異化の可能性があることがわかった。第 4 節マーケティング戦略における差異化へのインサイトについては，いたるところで考慮されなけれ

ばならないことであるとともに，重要な概念であることが改めて認識された。

2. マーケティング・インプリケーション

　マーケティング戦略を考える際に，差異化は避けて通れないほど重要で新鮮な切り口であることがわかった。コモディティ商品の場合でも，新商品でも差異化を考えることからスタートするといっても過言ではない。

3. 残された課題

　1つ目は，顧客にとって差異化の価値伝達はどのように展開すればよいのか，また，顧客はその差異化を正しく認識するかといったことが限界として残る。2つ目は，顧客にとっての差異化の程度はどのくらいならよいのかである。3つ目は，差異化の程度と売上高の関係や収益性を示す実証的な展開がなされていないことである。

注

1) 古田隆彦『人口減少社会のマーケティング』生産性出版，2006年に詳しい。
2) フィリップ・コトラー著，木村達也訳『コトラーの戦略的マーケティング』ダイヤモンド社，2000年，154頁。
3) 片山富弘「砂糖のブランド選択に関する考察」『日本消費経済学会年報』第29集，2007年に詳しい。
4) 恩蔵直人監修『コトラーのマーケティング・マネジメント』ピアソン・エヂュケーション，2002年，120頁。
5) 池尾恭一『日本型マーケティングの革新』有斐閣，1999年，109-133頁。
6) 金森努『差別化マーケティング』TAC出版，2009年，58-59頁と66-67頁に詳しい。
7) 恩蔵直人監修『コトラーのマーケティング・マネジメント』ピアソン・エヂュケーション，2002年，217-223頁。

参考文献

・ 池尾恭一『日本型マーケティングの革新』有斐閣，1999年。
・ 片山富弘『顧客満足対応のマーケティング戦略』五絃舎，2009年。
・ 金森努『差別化マーケティング』TAC出版，2009年。
・ 嶋口充輝『戦略的マーケティングの論理』誠文堂新光社，1984年。

・嶋口充輝『柔らかいマーケティングの論理』ダイヤモンド社，1997 年。
・嶋口充輝，内田和成，黒岩健一郎編『1 からの戦略』碩学舎，2009 年。
・古田隆彦『人口減少社会のマーケティング』生産性出版，2006 年。
・和田充夫，恩蔵直人，三浦俊彦『マーケティング戦略』有斐閣アルマ，1996 年。
・フィリップ・コトラー著，恩蔵直人監修『コトラーのマーケティング・マネジメント』
　　ピアソン・エヂュケーション，2002 年。

第3章　SWOT分析の差異

第1節　問題意識

　戦略立案の際に，企業の置かれた環境を分析することから始まる。その際に用いられるのがSWOT分析である。そして，戦略を立案し戦略実行のための組織編制へとつながっていく重要な分析手法である。つまり，環境分析⇔戦略⇔組織といった流れである。また，マーケティング戦略においても，マッカーシー（McCarthy）の図表3-1-1に示されるように自社を取り巻く環境を分析することが示されている。それだけ重要なSWOT分析であるが，いくつかの問題が指摘され，改善されてきているのがSWOT分析の現状である。例えば，嶋田利広（2017）によると，クロス分析がないSWOT分析，教科書どおりにSWOTの順番で進めること，PEST分析・3C分析・5フォースのマクロ分析でリアル感がない，良い点を混同した曖昧な強み分析，目にみえるものしか強みにできない，弱みと脅威に時間を割いて自信をなくしてしまう，優先順位をつけないクロス分析，クロス分析による対策で概算数値を出さない，クロス分析の戦略が具体的な名前で記載されていない，クロス分析の結果をメンテナンスしていない，といった具体的な問題点が指摘されている[1]。実務上ではこれらの改善が常に実施されているが，その普及や浸透がなされていないままに，環境分析といった場合にSWOT分析を安易に用いられているのが現状である。

図表 3-1-1　マーケティング戦略の構図

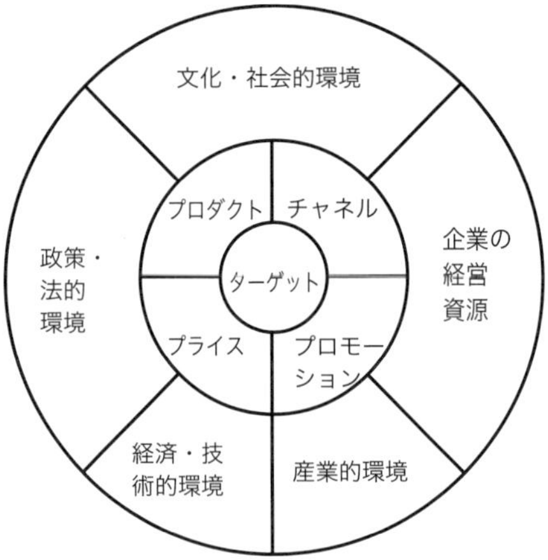

（出所：E・ジェローム・マッカーシーより）

　SWOT 分析とは，戦略立案する際に企業や組織を取り巻く環境を分析する
際に役立つ手法として用いられている。S（Strength）は強み，W（Weakness）
は弱み，O（Opportunity）は機会，T（Threat）は脅威である。もともとヘ
ンリー・ミンツバーグ（Henry Mintzberg）が提唱し，ハーバードビジネスス
クールのゼネラルマネジメントグループのケネス・R・アンドルーズ（Kenneth
Andrews）らによって書かれた『Business Policy: Texts and Cases』（1965 年）
からであるとされている。また，SWOT 分析の前にスタンフォード研究所で
は 1960 年代にアルバート・ハンフリーらが企業の長期計画がなぜ失敗したの
かを明らかにするという研究プロジェクトを行っており，そこで「SOFT 分析」
が考案された。SOFT 分析は企業活動の良し悪しを明示する仕組みとして，現
状における良いという評価を満足（S=Satisfactory），将来における良いという
評価を機会（O=Opportunity），現状における悪いという評価を失敗（F=Fault），
将来における悪いという評価を脅威（T=Threat）に分類するものである。これ
が 1964 年に F が W に変更され，「SWOT 分析」という言葉が生まれたとさ
れている [2]。

　しかし，筆者の SWOT 分析の作成経験からこの SWOT 分析にはいくつかの疑問が残る。1 つは，どこまでの環境を認識し取り上げるべきなのかといった環境範囲の問題である。現状の事業範囲，ドメインに関する関係する環境要因を取り上げるだけでなく，今後，大きく影響しそうな環境要因を見つけ出すことが可能かである。一言でいえば，「環境範囲の問題」といえる。2 つ目は，SWOT 分析を作成した段階から環境が大きく変化した場合に，既存の SWOT 分析を修正し戦略変更に結びつけることができているのかといった戦略変更の問題である。これは，「戦略変更の問題」である。3 つ目は，SWOT 分析における「強み×機会」は事業機会として強化していくべきであるのであるが，そのあり様も戦略手段として多岐にわたり，SWOT 分析の認識如何によっては戦略に差異が生じてくることが考えられる。「認識的差異の問題」といえよう。4 つ目は戦略適合である。SWOT 分析の結果と立案される戦略との適合性があるのかということである。「経営戦略との適合性」である。

第 2 節　SWOT 分析の 3 つの様式

　ここでは，SWOT 分析の 3 つの様式についてふれ，SWOT 分析への批判と考察を行っている。SWOT 分析を実施する場合に，いくつかのやり方がみられる。基本的に自社内部の強みと弱み，外部のプラス要因とマイナス要因の掛け合わせで SWOT 分析は成り立っている。SWOT 分析の作成には大きく 3 通りがみられる。変換パターン，SWOT 分析テンプレート，クロス SWOT 分析である。そして，事例として，佐賀県呼子朝市の簡易な SWOT 分析事例を作成した。3 つの SWOT 分析における作成形式の良し悪しをみてみる。

1.　変換パターン

　これは，自社企業における内部と外部の環境要因を好影響（プラス要因）と悪影響（マイナス要因）に区分することから始まる（図表 3-2-1）。この図表の情報をもとに，図表 3-2-2 の SWOT 分析表に変換していく。そして，図表 3-2-3

のSWOT分析表に示されているように，強み×機会では，自社の強みを使って，優位に進められる事業は何かというように戦略を考えていくことになる。強み×脅威，弱み×機会，弱み×脅威も同様である。

図表 3-2-1　環境の区分表

	強　み	弱　み
内部環境		
外部環境		

図表 3-2-2　SWOT 分析表

	機　会	脅　威
強　み	＊自社の強みを使って，優位に進められる事業は何か？	＊自社の強みで脅威に打ち勝つ方法はないか？
弱　み	＊自社の弱みを改善して，機会を取り込むことはできないか？	＊最悪の事態を回避する方法は何か？

次に佐賀県呼子朝市の変換パターンによるSWOT分析を実施する。

図表 3-2-3　呼子朝市の環境分析

	強　み	弱　み
内部環境	＊日本三大朝市をもっている ＊呼子はイカで有名である	＊朝市の後継者が減少 ＊町としての魅力ある特産品が少ない ＊午後は閑散としている
外部環境	＊観光客が年間約110万人	＊都市の福岡からのアクセスが弱い ＊町としての魅力が少ない

（筆者作成）

　次に，上記の環境分析をもとに，図表3-2-3を参考にしながら，SWOT分析による戦略を考えることになり，図表3-2-4呼子朝市のSWOT分析が出来上がる。これは，変換作業の中で，SWOT分析作成者の戦略方向性への意図が現れる。

図表 3-2-4　呼子朝市の SWOT 分析

	機　会	脅　威
強　み	＊朝市の観光客に新鮮なイカ 　を提供する	＊イカを中心とした PR 展開 　を実施する
弱　み	＊夕市（夕方の市場）を開催 　する	＊テナントの誘致

（出所：片山富弘編『地域活性化への試論』五絃舎，2018 年，14-15 頁）

2.　SWOT 分析テンプレート（十字チャート）

　この図表 3-2-5 は内部環境，外部環境と好影響（プラス要因），悪影響（マイナス要因）の要因を取り上げ，強み・弱み・機会・脅威に区分するものであり，十字チャートとも呼ばれている。

図表 3-2-5　SWOT 分析

	好影響（プラス要因）	悪影響（マイナス要因）
内部環境	強　み	弱　み
外部環境	機　会	脅　威

（出所：山本直人『マーケティング企画技術』東洋経済，2005 年を参考に筆者作成）

　この SWOT 分析テンプテート（十字チャート）は，最近の可視化傾向に伴って表現された分析シートであると思われる。このシートを用いて，呼子朝市の SWOT 分析を行うと，図表 3-2-6 のようになる。

図表 3-2-6　呼子朝市の SWOT 分析

	好影響（プラス要因）	悪影響（マイナス要因）
内部環境	＊日本三大朝市をもっている ＊呼子はイカで有名である ⬇ ＊朝市の観光客に新鮮なイカを提供する	＊朝市の後継者が減少 ＊町としての魅力ある特産品が少ない ＊午後は閑散としている ⬇ ＊イカを中心とした PR 展開を実施する
外部環境	＊観光客が年間約 110 万人 ⬇ ＊夕市（夕方の市場）を開催する	＊都市の福岡からのアクセスが弱い ＊町としての魅力が少ない ⬇ ＊テナントの誘致

（筆者作成）

しかし，これでは，項目は整理されているが，強み・弱み・機会・脅威の4つの
セルの中で，それぞれにおいて戦略立案への変換作業を実施していくことになる。

3. クロス SWOT 分析

この図表 3-2-7 はクロス SWOT 分析と呼ばれ，内部環境の強み・弱みと外
部環境の機会・脅威を明示する要因を明らかにすることで，戦略の方向性が見
えてくる。例えば，強み×機会は積極攻勢の戦略を立案することになる。他
のセルもクロスするセルの戦略を立案することになる。

図表 3-2-7　クロス SWOT 分析

		外部環境	
		機会	脅威
内部環境	強み	積極攻勢	差別化
	弱み	弱点克服	防衛・撤退

（出所：原尻淳一『マーケティング・フレームワーク』日経文庫，2016 年，36-37 頁）

次に図表 3-2-8 のように呼子朝市のクロス SWOT 分析を実施する。

図表 3-2-8　呼子朝市のクロス SWOT 分析

		外部環境	
		＊観光客が年間約 110 万人	＊都市の福岡からのアクセスが 弱い ＊町としての魅力が少ない
内部環境	＊日本三大朝市を もっている ＊呼子はイカで 有名である	（積極攻勢） ＊朝市の観光客に新鮮なイカを 提供する	（差別化） ＊イカを中心とした PR 展開 を実施する
	＊朝市の後継者 が減少 ＊町としての魅力ある 特産品が少ない ＊午後は閑散と している	（弱点克服） ＊夕市（夕方の市場） を開催する	（防衛・撤退） ＊テナントの誘致

（筆者作成）

　SWOT 分析の作成の３通り（変換パターン，SWOT 分析テンプレート，クロス SWOT 分析）の中では，図表の見易さや図表上での使用の容易さを考慮すると，クロス SWOT 分析が良いと考えられる。

第3節　SWOT 分析への批判

1．SWOT 分析の問題点

　この SWOT 分析にはいくつかの批判がみられる。

　佐藤義典（2005）によると，SWOT 分析より 3C 分析がより重要であり，この２つから BASiCS という経営戦略の５つの要素を提示している[3]。SWOT 分析の SW は競合や顧客を意識したときに区分できるもので，外部環境の OT も競合や顧客を考えることで，重要な環境要因を選択できるとしている。競合は C（Competitor）であり，顧客は C（Customer）であり，内部環境の SW は自社の C（Company）であることから 3C 分析が重要であるとしている。また，SWOT 分析を実施するタイミングとして，戦略の仮説を考えた後に，戦略を評価するのに使用するのが最も強みを発揮するタイミングとしている。そして，競合（Battlefield），自社の独自資源（Asset），自社の差別化（Strength），顧客（Customer），メッセージ（Selling Message）を分析すればよいと主張している。これらの頭文字が BASiCS となっている。これは，環境分析を実施してから戦略立案を展開することの一般的な流れと順序が逆になっている。また，SWOT 分析だけではなく，3C 分析を組み合わせたところに新たな戦略立案のスタイルを構築しているところに特徴がある。

　また，四象限九々瑠によると，環境要因項目は内部か外部かといった明確な区分ができない場合があり，あいまいさを残していると指摘している。と同時にコントロールできるかどうかによって，区分ができるとも指摘している[4]。環境要因も外部要因なのか内部要因なのかは同じ項目でも変わることがある。例えば，既存顧客の減少は，自社の商品やサービスの魅力が失われてきているのであれば，内部環境になるし，顧客ニーズの多様化により既存顧客の減少が

みられるのであれば，外部環境になる。この内部か外部かの境目は自社企業の
コントロールできるか否かによっての区分となる。

次に，前述の問題意識で示した嶋田利広（2017）によると，PEST 分析・
3C 分析・5 フォースのマクロ分析でリアル感がない等といった具体的な問題
点が指摘されている。

2. SWOT 分析の SWOT 分析

SWOT 分析のメリットとデメリットをまとめる意味で，SWOT 分析自体に
ついて，SWOT 分析テンプレート（十字チャート）を使用しながら，SWOT 分
析したものが次の図表 3-3-1 である。

図表 3-3-1　SWOT 分析の SWOT 分析

	好影響（プラス要因）	悪影響（マイナス要因）
内部環境	（強　み） ＊長年使用されてきた実績 ＊わかりやすさ ＊知名度とブランド力 ＊他のフレームワークとの融和 　性の高さ，結合性の高さ	（弱　み） ＊簡単さの故におろそかになりがち ＊単なる図表になる可能性がある ＊結論ありきの恣意性
外部環境	（機　会） ＊行き先不透明なビジネス環境に 　よる現状分析ニーズへの高まり ＊ロジカルシンキング等の流行に 　よるフレームワーク利用機会の 　増加	（脅　威） ＊他の有効な分析ツールや 　フレームワークの存在 ＊分析者のスキル不足

（出所：四象限九々瑠「SWOT 分析の SWOT 分析」より）

SWOT 分析手法における SWOT 分析としての強みは，ビジネス社会で
SWOT 分析が長年にわたって使用されてきた実績であり，SWOT 分析のわ
かりやすさである。また，様々なビジネスにおけるフレームワークの中で，
SWOT 分析の知名度とブランド力は高いと考えられる。そして，他のフレー
ムワークとの融和性や結合性の高さがある。内部環境分析の際にかかわるバ

リューチェーンや 3C 分析，外部環境分析の際にかかわる 5 フォーシーズなどとの結合性があることである。逆に SWOT 分析の弱みは，SWOT 分析のシートに記入するだけで作成できるといった簡単な面と同時に簡易な資料作成となるとともに，その結果単なる図表となってしまう可能性がある。また，SWOT 分析の結果から意図的な方向への戦略を導くために結論ありきといった SWOT 分析の作業上における恣意性が考えられる。

　そして，SWOT 分析の機会として，行き先不透明なビジネス環境に対しての現状分析を実施したいという企業や組織の企画部門や経営企画部門のニーズの増加やロジカルシンキング等の流行によるフレームワーク利用機会の増加が考えられる。逆に SWOT 分析の脅威として，佐藤の BASiCS のように他の有効な分析ツールやフレームワークの存在 SWOT 分析の分析者のスキル不足が考えられる。

第 4 節　戦略的マーケティングにおける位置づけ

　ここでは，戦略的マーケティングにおける SWOT 分析の位置づけを考えることでその役割を確認する。戦略的マーケティングの構成は，環境分析，ターゲット市場の決定，マーケティング・ミックスの構築というものであり，この 3 つが相互に試行錯誤しながら戦略的マーケティングを立案していくことになる。戦略的マーケティングのフレームワークが多く存在する中で，1 例をあげると，井上崇通（1996）による戦略的マーケティングのフレームワークは図表 3-4-1 のとおりである。これは，状況分析（環境分析・自社分析）を行い，SWOT 分析を実施し，戦略策定を行い，戦略の実施という基本的なフローになっている [5]。ここで重要なことは，状況分析の中に環境分析というものが含まれており，これは顧客分析，産業分析，競合分析，マクロ環境分析となっている。そして状況分析の中に自社分析が含まれ，資源と能力分析，過去の成果分析を対象としており，3C 分析の自社の C（Company）といえよう。図表では環境分析と自社分析がともに事業の定義（ドメイン）とかかわっていること

図表 3-4-1　戦略的マーケティングのフレームワーク

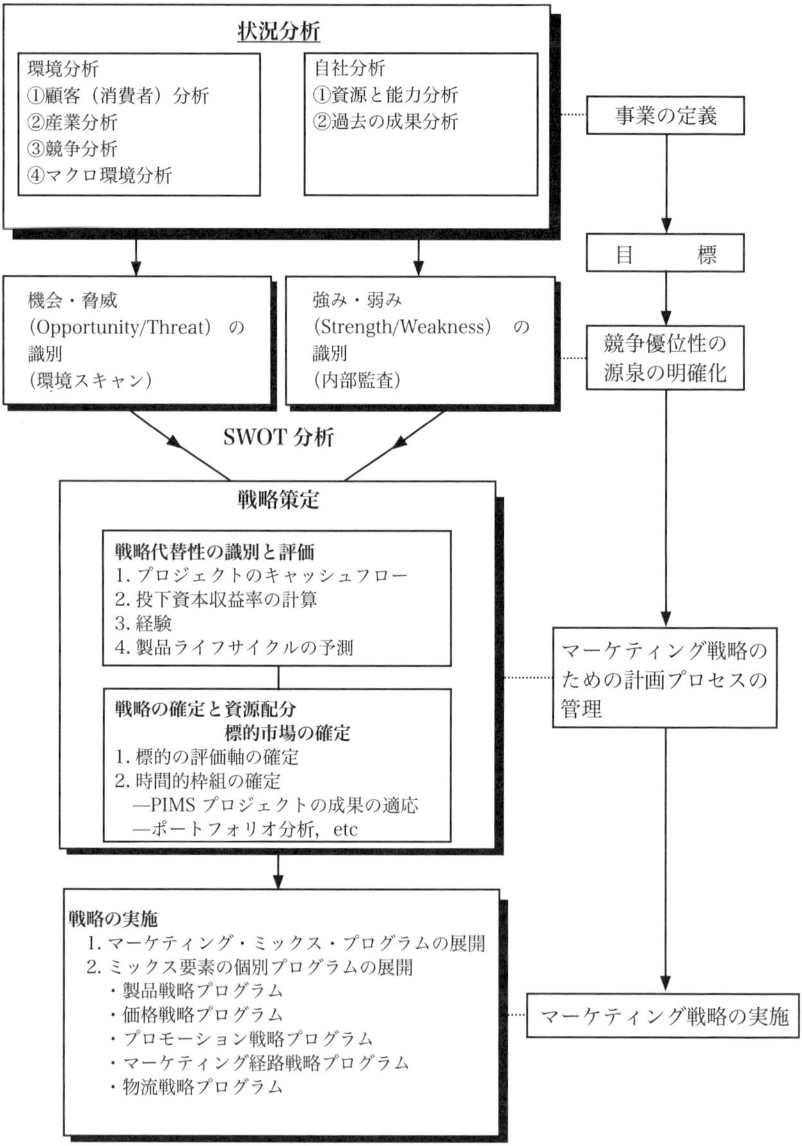

状況分析

環境分析
①顧客（消費者）分析
②産業分析
③競争分析
④マクロ環境分析

自社分析
①資源と能力分析
②過去の成果分析

…… 事業の定義

目　　　標

機会・脅威
(Opportunity/Threat)　の
識別
（環境スキャン）

強み・弱み
(Strength/Weakness)　の
識別
（内部監査）

…… 競争優位性の
源泉の明確化

SWOT 分析

戦略策定

戦略代替性の識別と評価
1. プロジェクトのキャッシュフロー
2. 投下資本収益率の計算
3. 経験
4. 製品ライフサイクルの予測

戦略の確定と資源配分
　　　　標的市場の確定
1. 標的の評価軸の確定
2. 時間的枠組の確定
　　—PIMS プロジェクトの成果の適応
　　—ポートフォリオ分析, etc

…… マーケティング戦略の
ための計画プロセスの
管理

戦略の実施
1. マーケティング・ミックス・プログラムの展開
2. ミックス要素の個別プログラムの展開
　・製品戦略プログラム
　・価格戦略プログラム
　・プロモーション戦略プログラム
　・マーケティング経路戦略プログラム
　・物流戦略プログラム

…… マーケティング戦略の実施

（出所：井上『マーケティング戦略と診断』同友館, 1996 年, 61 頁）

を示している。それだけ状況分析を行うことが次の SWOT 分析を実施する際に重要であり，この SWOT 分析により競争優位の源泉になりうるということを明示している。

　また，佐藤義典の SWOT 分析を実施するタイミングとして，戦略の仮説を考えた後に，戦略を評価するのに使用するのが最も強みを発揮するタイミングとしていることについては，環境分析や自社分析を行う際に，戦略の方向性を事前に有していることによって，情報の収集が行われやすくなることが考えられる。そうでないと，意味のない情報を多く収集しても役に立たないからである。かつ，戦略立案がし易くなると考えられる。

　次に，SWOT との類似した分析に，PEST 分析があり，これは P（Politics：政治），E（Economics：経済），S（Society：社会），T（Technology：技術）の頭文字をとったものであり，自社を取り巻く環境要因を示したものである。この PEST 分析には，この 4 つの環境要因だけでよいのかという問題もあり，例えば，災害や気温変化などの自然環境を加える必要がある。また，PEST 分析だけでは戦略立案につながっていかない欠点がある。

第 5 節　SWOT 分析への考察

　ここで，SWOT 分析に対するいくつかの批判や問題に対する考察を試みることにする。

1.　環境範囲の問題

　SWOT 分析で取り上げる環境要因の項目範囲は，自社に影響を及ぼす要因であることにまちがいないのであるが，それはある意味で無限にあるわけである。自社に影響を及ぼす要因となるのは，自社のお客様のニーズ変化にかかわるもの，競合他社の商品やサービスや技術が直接・間接にかかわるもの，自社の戦略の方向性・思いであると考える。これらにより必然的に自社に影響を及ぼしそうな環境要因を選択していくことになる。

　また，SWOT 分析を実施する立場，つまり，商品企画レベルや事業レベルや企業レベルのそれぞれの置かれた状況によって SWOT 分析を実施しないと戦略が見えてこない。このことを「レベル別 SWOT 分析」と呼ぶことにする。前述の呼子朝市の SWOT 分析は大枠では SWOT 分析されているが，商品企画をする立場に立つと，呼子におけるイカの漁獲高の減少や町の有名な特産品がないことを取り上げる必要がある。つまり，ポストイカの商品戦略を考えることに集中する SWOT 分析を作成しないといけない。

　次に，環境要因項目についての情報収集やアイデアの収集に関しては，企画マンのみならず，営業や製造といった関係者から幅広い意見を求めることが重要であると思われる。企画マンのみだと情報の限界があり，偏りのある分析に陥ってしまう可能性があるからである。

　さらに，環境要因項目の時間の長さをも意識することである。例えば，高齢化による後継者不足といった場合に，緊急なのか比較的時間に余裕があるのかといった，短期と長期の区分が必要なのではないか。それによって，戦略への反映が変わるからである。そこで，環境要因項目を従来，一括りにしていたが，「短期環境要因」と「長期環境要因」に区分することで SWOT 分析を充実させることができると考えられる。SWOT 分析シートには，短期と長期の記入欄を設定するのが望ましいと考える。

2. 戦略変更の問題

　これは，SWOT 分析を作成した段階から環境が大きく変化した場合に，既存の SWOT 分析を修正し戦略変更に結びつけることができているのかといった戦略変更の問題のことである。これへの対処として，企業規模によるが，経営者の戦略実行への思いが重要である。SWOT 分析の作成時点はある 1 時点を切り取って作成されたものであり，想定外の事象が発生した場合には，迅速な SWOT 分析の見直しが必要である。先述の呼子朝市の事例でみると，もし他の近隣での朝市や道の駅などで新鮮なイカの提供がなされている場合には，呼子朝市として次に次善の策を考えておく必要がある。これは不測事態対応計

画の立案につながっていくことになる。コンティンジェンシープランと言われるものである。その意味では，日頃から経営者や企画マンのスタッフは環境要因に対する情報ネットワークを広げておくとともに，その情報の確からしさを見る目を養っておくことが大切になってくる。また，大手企業の場合では業務監査やマーケティングオーディットがなされている場合はよいが，そうでない小規模事業者や中小企業では定期的な見直しを行うことが求められる。

3.　認識的差異

　これは，SWOT 分析における「強み×機会」は事業機会として強化していくべきであるとなっているが，そのあり様も戦略手段として多岐にわたり，SWOT 分析の認識如何によっては戦略に差異が生じてくることが考えられる。これは認識的差異[6]といえよう。これは，企業の置かれた状況によるが，特に競争環境の厳しさと経営資源の豊富さ程度で，戦略の在り方や方向性が異なると考えられる。前述の呼子朝市の事例では，朝市の観光客に新鮮なイカを提供するとしたが，提供者が誰なのかによっても，朝市出店者か飲食店か商店街なのかといった提供者によって戦略手段が異なってくる。

　また，四象限九々塩が指摘しているように，環境要因項目が同じ項目で内部にも外部にも取れる項目には，対処が必要である。環境要因項目を単なるキーワードで示すのでは多義性の存在があるので，自社商品の魅力減少による既存顧客の減少といったように「原因＋現象」の表現が重要である。そうでないと，SWOT 分析にあいまいさが残る分析となってしまう。

4.　経営戦略との適合性

　これは，環境分析を行った SWOT 分析が戦略との適合性があるのかどうかという問題である。伊丹敬之（1984）によると，経営戦略の構成要素として，企業環境，経営資源，企業組織の 3 つを選択し，それぞれの要素と戦略との間に存在すべき適合関係を，環境適合，資源適合，組織適合と呼んでおり，本内容は環境適合になる。適合という概念は静的な概念で，ある時空間において，

経営システムの各構成要素間の関連性を分析しそれがマッチする場合に適合性があるという。この適合性を中心に考察するパラダイムを適合パラダイムと呼び，どの時点における適合を適合というのか，静的な概念では常に変化している環境に対応できないのではないか，予測できないような事態に対応できるのかなどの欠点が指摘されている。しかし，岸川善光（2007）は環境−戦略−組織の適合性を診断することで「不均衡こそが存続・発展のバネになるのではないか」という次の課題も見えてくるとしている。

　今回の SWOT 分析によって，戦略の方向性が見出されていくことになるが，SWOT 分析の 4 つのセルの中におけるどの戦略を選択していくかによって戦略の有効性や効果に差異が生じていくものと考えられる。戦略との適合を測定することは困難である。その意味では経営者や企画スタッフの戦略的な思いや戦略の実現可能性といった観点から，戦略の実行優先順位付けなどを決めていかなければならない。環境分析の SWOT 分析を実施しただけでは絵に描いた餅になる。

第 6 節　まとめにかえて

　SWOT 分析は環境分析として，かつ，次の戦略立案のために役立つ手法として用いられてきている。SWOT 分析手法の 3 つの形式パターンの中で，クロス SWOT 分析が作成・理解し易いこともわかった。しかし，SWOT 分析にもいくつかの問題の所在が明らかになった。

1.　実務的インプリケーション

　SWOT 分析は実務者の方々には利用し易い反面，作成が簡単である故の単なる図表作成になってしまう恐れがある。また，レベル別 SWOT 分析の展開や環境要因項目を「原因＋現象」表現にすることや「短期環境要因」と「長期環境要因」に区別する必要がある。そして，ともすれば作成段階から恣意性があるデメリットを理解した上で，経営戦略への反映に戦略の優先順位付けが

必要となる。企業の企画マンや組織運営者への教育のために，SWOT 分析のアナリストやプロフェッサーの育成が望まれるとともにその教育機関も必要になっていくと考えられる。

2.　学術的インプリケーション

　SWOT 分析を実施した環境分析が戦略立案につながり組織編成が行われるプロセスの中で重要な位置を SWOT 分析が占めていることになる。企業の置かれた状況の中で，経営者は戦略の選択を行い組織編制といったマイルズとスノー（Raymond E. Miles & Charles C. Snow）の研究に影響を及ぼす可能性がある SWOT 分析である。防衛型，探索型，分析型，受身型の 4 つのタイプの組織における類型化によって，SWOT 分析の在り方，つまり，環境要因項目の取り上げ方も変わってくるであろう。いずれのタイプにしても，環境要因項目として取り上げる要因となるのは，自社のお客様のニーズ変化にかかわる要因か，競合他社の商品やサービスや技術が直接・間接にかかわる要因か，自社の戦略の方向性・思いにかかわる要因であると考える。これらにより必然的に自社に影響を及ぼしそうな環境要因を選択していくことになる。このことは戦略を考慮する経営者からすれば，経営者の戦略選択のみならず，「環境選択」といったことになる。また，ワイク（Karl E. Weick）は，「環境規定」の概念で，組織はあらかじめ定められた環境条件に対応するのではなく，市場や製品，技術，望ましい活動規模などについての一連の選択を通じて，自らの環境を創造しているとしている [7]。今回は環境分析の手法である SWOT 分析そのものについて論じているが，戦略や組織との関係性とその深さにつながっていることが様々な文献からうかがえることから，戦略変更への適合を行える仕組みづくりの必要性が大切である。そして，環境と戦略の適合性をみる経営診断への反映が重要である。

　残された課題として，今回は経営者や企画マンに SWOT 分析に関する実態調査を実施していないことである。インタビューやアンケート調査を通じて SWOT 分析の有効性と限界を実証研究していく必要がある。

注

1) 嶋田利広『SWOT 分析コーチングメソッド』マネジメント社，2017 年，44-54 頁に詳しい。

2) マーケティング用語集 Wiki を引用。2018 年 8 月 28 日付。

3) SWOT 分析の正しい使い方を参照。www.sandt.co.jp/swot.htm 2018 年 8 月 28 日付。また，佐藤義典（2005）『実践マーケティング戦略』日本能率協会マネジメントセンターに詳しい。

4) 内的要因と外的要因：SWOT 分析を参照。http://SWOT.72jp.com/00200/naigai.php 2018 年 8 月 28 日付。

5) 井上崇通『マーケティング戦略と診断』同友館，1996 年，61 頁。

6) 認識的差異については,片山富弘『差異としてのマーケティング』五絃舎,2018 年,20 頁。3 つの差異を提示している。

7) R・E・マイルズ，C・C・スノー著，土屋守章，内野崇，中野工訳『戦略型経営』ダイヤモンド社，1983 年，7 頁，248 頁。ワイクは組織の環境は経営者の発見というよりは経営者の創造行為であると述べている。

参考文献

・伊丹敬之『新・経営戦略の論理』日本経済新聞社，1984 年。

・伊藤達夫『これだけ！SWOT 分析』すばる舎リンケージ，2017 年。

・井上崇通『マーケティング戦略と診断』同友館，1996 年。

・片山富弘『差異としてのマーケティング（第 3 版）』五絃舎，2018 年。

・片山富弘編『地域活性化への試論〜地域ブランドの視点〜（増補改訂版）』五絃舎，2018 年。

・岸川善光『経営戦略要論』同文舘出版，2006 年。

・佐藤義典『実践マーケティング戦略』日本能率協会マネジメントセンター，2005 年。

・嶋口充輝・内田和成・黒岩健一郎編『1 からの戦略論（第 2 版）』碩学舎，2016 年。

・嶋田利広『SWOT 分析コーチングメソッド』マネジメント社，2017 年。

・中野昭『コトラーのマーケティング戦略 54』朝日新聞出版，2011 年。

・野口智雄『マーケティングの基本（第 2 版）』日本経済新聞社，2005 年。

・原尻淳一『マーケティング・フレームワーク』日経文庫，2016 年。

・松下芳夫編 TeamMaRIVE『マーケティング戦略ハンドブック』PHP 研究所,2001 年。

・山本直人『マーケティング企画技術』東洋経済，2005 年。

・R・E・マイルズ，C・C・スノー著，土屋守章，内野崇，中野工訳『戦略型経営』ダイヤモンド社，1983 年。

第4章　差異としてのドメインを考える

第1節　はじめに

　私は「差異としてのマーケティング」の論文のなかで，マーケティング戦略における差異化の重要性を認識してきた[1]。また，マーケティングにおける重要な概念であるドメインについても，後述するように「ベンチャー企業におけるマーケティングの役割に関する実証研究」論文[2]でその重要性を指摘し，かつ「ドメインの新地平〜パーソナル・ブランデイングへの活用に向けて〜」論文において，パーソナルなドメインについての展開を行ってきた[3]。ドメインはビジネスにおける重要な概念であり，経営者にとって欠かせないものである。今回は，ドメインの再考察ともいえる差異としてのドメインについて論じていく。

第2節　ドメインとは

1．ドメインとは

　ドメインとは事業領域や活動領域のことで，企業などの組織が対象とする事業の広がりのことを意味している。例えば，マクドナルドやモスバーガーのようなファーストフード店は地域の人々に基本的にハンバーガーをタイムリーに提供しているということが，ファーストフード店のドメインである。また，ファミリーレストランでは，家族向けに食事メニューを提供していることがド

メインである。このようにドメインを考えるということは，誰に（Who），何を（What），どのように（How）提供するのかを考えることになる。このドメインが企業をはじめとする組織活動の特徴を言い表しているともいえることになる。また，ファーストフード業界における個別の企業においてもドメインがある。例えば，マクドナルドでは，若者や家族向けにアメリカンハンバーガーを待たせることなくスムーズにお客様に提供している。モスバーガーでは若者や家族向けに和風テイストのハンバーガーをお客様が注文してから提供している。この２つのことは，同じハンバーガー業界においても，企業レベルでドメインが異なることを意味しているとともに，生存領域が異なることを示していることにもなる。すなわち，企業レベルでの差異化戦略につながっていることである。このようにドメインは，業界や企業やその組織の活動領域を示していることになる。

2. ドメイン設定の意義

　ドメインを設定することによる意義を考えてみる。１つ目は，事業範囲が明確になることにより企業組織のメンバーに意識集中させることができることである。自社の取り組んでいる事業範囲について，組織のトップから下位の従業員にいたるまで理解することができるとともに，逆に何を行ってはいけないかを明確にすることになる。

　２つ目は，事業展開を行う上での必要な経営資源が明確になることで，ムダなことをしないで済むというメリットがある。例えば，温泉で有名な大分県にある湯布院の温泉宿も，男性の団体客を対象とした別府温泉との違いを出すために，多少立地が不便であったとしても女性客を対象としたことで，取り扱う内容が異なっている。大都市圏の女性をターゲットに地元の食材や盛り付け，露天風呂を風情のある一流のおもてなしや季節感のある演出を行っている。この例から，過剰な設備投資をする必要性はなく，別府温泉との差異化が図られていることになる。

　３つ目は，内外に向けた自社の存在感の形成がなされるということである。

ドメインが明確に提示されている場合とそうでない場合とでは事業展開に大きな差が出てくることになる。これは，経営者がドメインを定義することによって企業組織のメンバーの一体感を促すことにつながるとともに，企業の社会的な存在意義を社会に知らしめることを指している。榊原清則は著書『企業ドメインの戦略論』のなかで，企業内外の存在感の形成を「ドメイン・コンセンサス」と呼び，組織の勢いを生み出す源泉となることを示している。このことは，ドメインの定義において，共感性や納得性が重要であることを意味している。

3.　ドメイン定義の考え方

　企業がどのような事業をしているかを説明する時に，どんな製品やサービスを取り扱っているのかを説明することがある。例えば，マツモトキヨシは薬を販売していることから薬屋であり，マクドナルドはハンバーガー屋であるといったことである。このようにドメインを考える際に，企業が取り扱っている製品に着目し，ドメインを定義することは物理的定義と呼ばれている。しかし，このドメインの定義の仕方では，限界がある。

　ドメインの定義を考える際に，よく引用されるレビットの機能的定義がある。例えば，アメリカの鉄道企業を輸送サービス，映画企業をエンターテイメントといったように，である。企業の成長が停滞するのは，市場が飽和したからではなくドメイン定義に失敗しているからであるとしている。例えば，アメリカの鉄道企業が斜陽化したのは，旅客や貨物輸送の需要が減少したからではなく，ドメインを鉄道事業として規定してしまい，航空機，自動車，トラックなどの輸送手段を考慮していなかったことにあるとしている。また，アメリカの映画企業は映画産業と考え，娯楽産業と規定できなかったことに不振の原因があるとしている。このようにドメインの定義の失敗により，斜陽化の道を辿ったことをマーケティングにおける近視眼のことで，「マーケティング・マイオピア」と呼んでいる。つまり，製品やサービスだけにドメインを定義することは事業範囲を限定しすぎて危険なことである。逆に，広すぎる規定は遠視眼のマーケティングのことで，「マーケティング・マクロピア」に陥る危険がある。

　そこで，ドメインを市場と技術からの２次元でとらえる。これは，製品志向から顧客志向への事業規定であり，物理的定義よりも広い概念である。顧客の集合である市場と製品を作るのに必要な技術との組み合わせとしてイメージされるものであり，それぞれの奥行きによって規定されるドメインがよいとされている。この場合の市場はセグメンテーションされた顧客層によって区分され，また，技術は顧客の問題解決を実現する方法を意味している。

　さらに，エイベル（Abell）が３次元によるドメイン規定を提唱している。それは顧客層，顧客機能，技術である。最近ではこの定義がよいとされており，平易にいえば，誰に，何を，どのように提供するのかを意味している。例えば，家電量販店業界において，コジマやヤマダ電機は家電製品を低価格で店舗販売しているが，ジャパネットたかたは同じ家電製品を通信販売で提供している。そこには，同じ家電製品を取り扱っていても，ドメインの定義に差異がみられ，ビジネス展開に違いがみられる。つまり，ドメインの広がりと差異化である。

　ドメイン設定の要件として，上記の内容と合わせて考慮すると，①適度な広がりをもち，②将来の発展方向を視野にいれ，③自社が形成すべき中核となる能力を活用し，④企業内外の人々の共感を得られるということが重要である。

4.　企業成長とドメインの変化

　ドメインは一度，設定したら終了といえるであろうか。アメリカのゼロックスの例をみてみよう。設立当初は「コピー機の製造」であり，その後「未来のオフィッス」に変更しており，さらに「ザ・ドキュメント・カンパニー」へと定義し直している。これは，ビジネス・ユーザーのために文書を作り出すというゼロックスがもつ強みを活かしたことで，ドメインを進化させたものであるといえる。また，セコムも「ガードマン事業」から「顧客の安全を守る事業」そして「社会の安全サービスの提供」へとドメインを拡大させている。これらのことが意味していることは，ドメインの見直しが必要であることである。企業のライフサイクルの位置づけとも関係があり，ライバルとの競合状況によってドメインの有効性が異なるものと考えられる。企業の成長にはドメインの見

直しが必要である。

　また，ドメインには企業ドメインと事業ドメインがある。ビジネスが小規模な場合は，企業ドメインと事業ドメインは同じと考えてよいが，通常，企業が成長してくると，事業部制といった組織にみられるように，いくつかの事業が展開されている。この場合，企業ドメインは包括的なドメイン定義を行い，事業ドメインは個別のドメイン定義を行うことになる。その際に重要なことは，ドメインにおける一貫性と統合性をもつことが必要とされる。

第3節　ベンチャー企業におけるドメインに関する実証研究

1. 概要

　ここでは，ベンチャー企業におけるマーケティングの役割について，商品コンセプトに関する顧客との関わりや新規性，顧客満足，戦略ドメインの差異化，マーケティング・ミックスの有効性に関する実態調査を行い，それをもとに仮説検証・判別分析を行うことによって，ベンチャー企業経営者への知見を得る目的で実証研究を行っている[4]。

2. ベンチャー企業におけるマーケティングの役割に関する若干の考察

　ここでは，ベンチャー企業におけるマーケティングの役割について論じる。ベンチャー企業論の中でのマーケティングの位置付けは，ビジネスプランの中での販売促進を意味しており，また，新規事業における営業計画・活動を指している[5]が，本来のマーケティングの定義やその戦略からはそれらは一部にすぎないといえよう。すなわち，1985年 AMA「個人や組織体の目的を満足させるために，アイデアや商品やサービスを企画し，価格設定し，販売促進を行い，流通を計画・遂行することである。」の定義からは，既存事業の展開だけにかかわらず，新規事業にもその範囲を適用できるものであるからである。さらにマーケティング戦略の視点では，新規事業を展開する場合に，環境分析や SWOT 分析など戦略展開を行うのに必要な項目はカバーされているからで

ある。その観点からすれば，ベンチャー企業に CS（Customer Satisfaction）の
考え方は必要か？という問いには，シーズ（Seeds）主導型であろうとニーズ
（Needs）主導型であろうと [6]，図表 4-3-1 にみられるように，事業継続のため
には事業運営の基本構造の観点からも CS がやはり必要不可欠であると考えら
れる。CS が事業推進のドライバーにもなっていると思われる。

　次に，ベンチャー企業におけるマーケティング・ミックスのあり方につい
て論じる。

図表 4-3-1 ベンチャー企業のマーケティング戦略

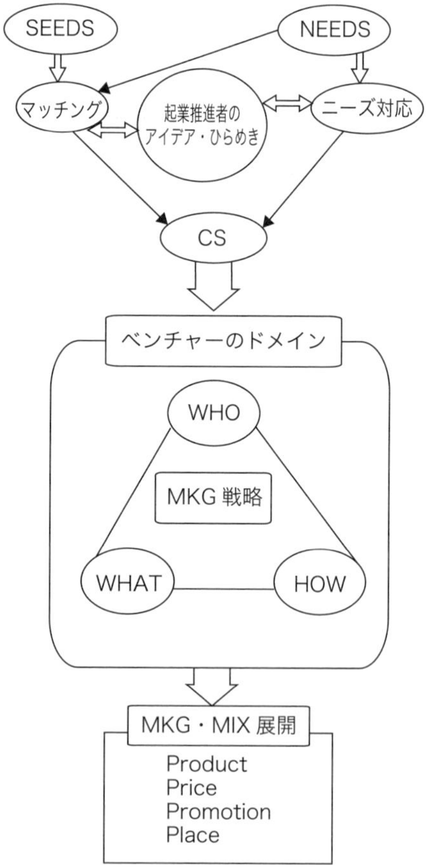

（筆者作成）

　図表 4-3-2 のように主な論者によって，マーケティング・ミックス内容が示されている。例えば，コトラーは通常の 4 P に加え，2 P（politics, public opinion）を提案しており[7]，さらにロバート・ローターボーンは顧客の観点から 4 C（Customer-Value, Cost, Communication, Convenience）を提示している[8]。私はベンチャー企業においては，特に起業推進者の情熱が重要なのではないかと考えている。そこで，通常の 4 P に passion（情熱）を加え，5 P を提案する。

図表 4-3-2　マーケティング・ミックスの構成要素

ボーデン	ハワード	マッカーシィ	レイザー	1985 年 AMA 定義
1　商品計画	1　商　　品	1　商　　品	1　商　　品	1　商品構想化
2　価格設定	2　販売経路	2　売　　場	2　流　　通	2　価格設定
		（販売経路）		
3　ブランド設定	3　価　　格	3　促　　進	3　情報伝達	3　促　　進
4　流通経路	4　広　　告	4　価　　格		4　流　　通
5　人的販売	5　人的販売			
6　広　　告				
7　促　　進				
8　包　　装				
9　陳　　列				
10　サービス提供				
11　物的処理				
12　調査分析				

（出所：江尻　弘『マーケティング思想論』中央経済社，1994 年，100 頁）

　また，マーケティング戦略における市場地位別競争で論じられているように，ニッチャーが取り得る戦略がベンチャー企業の戦略に該当するものと思われる。ここでのニッチャーは質レベルでは高く量では少ないといったようにマーケット・プレイヤーを区分したときに意味するものである。そこでのマーケティング戦略は次の通りである[9]。

　ニッチャー企業戦略方針は，限られた力を強い技に徹底して集中することである。競争の優位性が生かせる特定セグメントに集中・専門化することによって，そこでの利潤と名声・イメージが可能となる。また，ニッチャー企業は，棲み分けされた市場内での一種のミニ・リーダーであるため，その戦略原則は，

ニッチ市場そのものの周辺需要拡大化，同市場内での非価格競争，他の参入企業の成功に対する改善同質化の実行である。

また，ニッチ戦略とは大企業が進出しない隙間市場を開拓し，シェアを確保することによって地位を確立する戦略である。ニッチ戦略を実施する企業は，他企業にはない独自の研究開発能力や特許，あるいは流通・販売網を保有している場合が多いとされている。

さらに，コトラーの理想的なニッチの特性[10]をあげると次のようになっている。

①利益が得られるだけの大きさと購買力があること，②潜在的な成長性があること，③企業があまり関心を持っていないこと，④自社の卓越した能力が効率よく発揮できること，⑤大手の参入を防止できる独自の強みがあること，の以上をニッチの特性としている。

このニッチャーの企業マーケティング戦略とニッチ戦略の両方からいえることは，ニッチのドメインを確立することである。ドメインとは生存領域のことで，WHO（誰に），WHAT（何を），HOW（どのように提供するのか）を考えることである。

ベンチャー企業において，商品コンセプトはベンチャー企業の顔であり，存在そのものである。つまり，ベンチャー企業は，商品がベンチャーであり，企業ドメインをあらわしているのである。商品（ここでの商品は，前述で示したようにサービスも含む）は，商品特徴を競合他社との違いを示す商品差異化を有し，商品の提供方法も差異化されており，また，当然，ターゲットとする顧客も差異化されているのである。これらの集合体が，ドメインの差異化であり，ベンチャー企業のドメインであるからである。

3. 仮説設定と検証方法

(1) 仮説の設定と背景

仮説1：ドメインにおける差異化の程度が強いほど業績がよい。

ベンチャー企業のドメインにおいて，競合企業との差異化がみられるほど，

業績がよいものと考えられる。

　＜作業仮説＞

　Ｈ１－１：顧客差異化の程度が強いほど業績がよい。

　Ｈ１－２：提供物の差異化の程度が強いほど業績がよい。

　Ｈ１－３：提供方法の差異化の程度が強いほど業績がよい。

　仮説２：マーケティング・ミックスの有効性がみられるほど業績がよい。

　マーケティング展開において，マーケティング・ミックスが有効であれば，業績がよいものと考えられる。

　＜作業仮説＞

　Ｈ２－１：商品特徴が有効であるほど業績がよい。

　Ｈ２－２：価格が有効であるほど業績がよい。

　Ｈ２－３：販売促進が有効であるほど業績がよい。

　Ｈ２－４：流通チャネルが有効であるほど業績がよい。

　(2) 仮説検証方法について

　＜測定する概念＞

・業績は売上ベースでの計画達成度合の３段階区分で，計画より下，ほぼ計画通り，計画を上回るという３区分でとらえた。

　＜アンケート調査方法＞

・対象は 2002 年度ベンチャー年鑑に登録されている流通系と情報サービス系のベンチャー経営者又は商品企画者又は起業推進者とした。

・郵送法 200 社

・実施期間 2003 年 4 月下旬から 5 月中旬

4．考　察

　ここでは，アンケート集計結果の集約や仮説検証について，さらに，判別分析を実施した結果についての考察を行う。

　(1) アンケート調査結果の集約

・回収は 37 社で回収率 18.5％，その内，有効回答 35 社で有効回答率 17.5％

図表4-3-3　ベンチャーアンケート集計結果

	項目／段階	ない	あまり	普通	少しある	非常にある
Q 16	顧客との関わり	3	5	8	10	9
Q 17	自社の新規性	0	0	4	13	18
Q 18	市場の新規性	0	2	3	11	19
Q 19	商品内容の変更	2	3	4	7	19
Q 20	情熱	0	0	1	1	33
Q 21	顧客満足	0	0	3	2	30
	マーケティング・ミックス					
Q 22-1	商品特徴	0	0	2	5	28
Q 22-2	価格	1	2	8	10	14
Q 22-3	販売促進	0	2	5	9	19
Q 22-4	流通チャネル	0	1	7	12	15
	差別化					
Q 23-1	顧客	—	—	9	14	12
Q 23-2	提供物	—	—	4	11	20
Q 23-3	提供方法	—	—	7	11	17
Q 25	業績		16	13	6	

| Q 24 | 差別化の種類
（複数回答） | 特定需要
1 | 顧客サイズ
4 | 特定顧客
7 | 特定地域
2 | 特定製品
9 |
| | | 製品機能
9 | 注文生産
2 | 特定品質
4 | サービス
15 | チャネル
5 |

（アンケート調査より筆者作成）

・単純集計結果は図表4-3-3の通りである。

（2）仮説検証について

仮説1：ドメインにおける差異化の程度が強いほど業績がよい。

作業仮説として，次の3点を設けた。

○H 1-1：顧客差異化の程度が強いほど業績がよい。

図表4-3-4にみられるように，顧客による差異化はみられるものの，必ずしも業績がよいわけではないことがうかがえる。

○H 1-2：提供物の差異化の程度が強いほど業績がよい。

図表4-3-5にみられるように，提供物（商品やサービス）による差異化の程度は強いことがみうけられる。しかし，業績の良し悪しは提供物の差異化の程

度が強いからといって，必ずしも業績がよいわけではない。

○H 1-3：提供方法の差異化の程度が強いほど業績がよい。

　図表4-3-6にみられるように，提供方法による差異化の程度が強いのは「同じ」場合に比べ，倍以上みられる。しかし，差異化が強いからといって，必ずしも業績がよいわけではない。以上の3つの作業仮説から，ドメイン差異化の程度が必ずしも業績に関係しているとはいえないことがわかった。

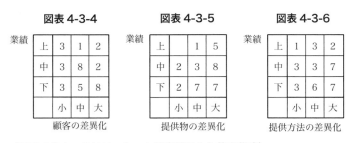

図表4-3-4		
業績		

上	3	1	2
中	3	8	2
下	3	5	8
	小	中	大

顧客の差異化

図表4-3-5		
業績		

上		1	5
中	2	3	8
下	2	7	7
	小	中	大

提供物の差異化

図表4-3-6		
業績		

上	1	3	2
中	3	3	7
下	3	6	7
	小	中	大

提供方法の差異化

（図表4-3-4〜6はアンケート調査結果より筆者作成）

（3）判別分析の結果

　計画の達成度合に対する判別分析を実施した。顧客との関わり，商品内容の変更，情熱，顧客満足，マーケティング・ミックスの有効性，ドメインの差異化の6項目で，計画の達成度合に対する判別分析の結果は，次の通りである。図表4-3-7の誤判別表にみられるように，62.9％が正答であり，37.1％が誤答となっている。すなわち，正答率がいい数値とはいえないが，ベンチャー企業における6項目で計画を上回るか下なのかがわかる結果となっている。これは，6項目に関して数値を入力すると，3分の1はまちがいであるが，3分の2は当たることを意味している。なお，6項目以外に項目を変化させてシミュレーションを試みたが，判別率がよかったのは6項目であった。

　また，業績とドメインとの関係についてみると，誤判別率（12.468％）と低いのは，業績が計画より上と下に対する判別係数において，顧客（2.803），提供物（△3.607），提供方法（2.043）と他の2つのカテゴリ比較において，大きな係数となっているばかりでなく，11係数のなかでも大きな数値となっている。これらのことから，業績とドメインの関係において，重要な項目である

図表 4-3-7　誤判別表

正　答	22	62.86%		
誤　答	13	37.14%		
観測／予測	カテゴリ 1	カテゴリ 2	カテゴリ 3	合計
カテゴリ 1	10	4	2	16
カテゴリ 2	3	8	2	13
カテゴリ 3	1	1	4	6
合　計	14	13	8	35

IN		群 1 －群 2	群 1 －群 3	群 2 －群 3
37		判別係数	判別係数	判別係数
	マハラノビス距離	3.207	5.308	4.173
	誤判別率（%）	18.530	12.468	15.353
	定数	△9.720	7.577	17.298
No. 16	顧客との関り	0.129	△0.894	△1.022
No. 19	商品内容変更	0.793	△0.313	△1.107
No. 20	情熱	5.460	1.650	△3.810
No. 21	顧客満足	△1.842	△1.971	△0.129
No. 22-1	商品特徴	△2.967	0.528	3.495
No. 22-2	価格	△0.369	△1.393	△1.024
No. 22-3	販売促進	0.973	0.033	△0.939
No. 22-4	流通チャネル	△0.002	0.082	0.084
No. 23-1	顧客	1.793	2.803	1.010
No. 23-2	提供物	△1.498	△3.607	△2.109
No. 23-3	提供方法	△0.289	2.043	2.332

（アンケート調査結果より筆者作成）

と考えられる。

5.　小　括

（1）ベンチャー企業経営者へのインプリケーション

　ドメインと業績との関係において，仮説検証では必ずしも有効であるとはい
えないことがわかった。しかし，判別分析からは，ドメインと業績のかかわり
が重要であることがみられた。このことが意味していることは，マーケティン
グ戦略実行面のミスが考えられる。例えば，有能な人材が得られていないこと
や商品の認知不足などが考えられる。また，広告宣伝をはじめとするプロモー
ション力の弱さなどである。

しかし，顧客満足を考え，マーケティング戦略としての差異化を行い，マーケティング・ミックスを展開している限り，業績に貢献していくものと思われる。

(2) アンケート調査に対する反省

今回のアンケート調査に関して問題がなかったわけではない。アンケート調査のサンプル数が少なかったことである。また，業績の良し悪しは，マーケティングの役割が大きいとはいえ，企業環境に左右されやすいことである。さらに，業績の良し悪しに関して，計画の立案そのものに問題がなかったかどうかまで踏み込めなかったことである。

第 4 節　差異について

1.　差異の概念整理

この節では，差異の概念整理をしておく。差異は差違であり，差別が最近使用されなくなってきていることから，例えば，差別化戦略というより，差異化戦略というように，差異という言葉を用いる。差異の反対語は同質であり，パリティ（Parity）である。

また，差異と類似している言葉を確認しておく（図表 4-4-1）。差異のなかで，

図表 4-4-1　差異化の構造

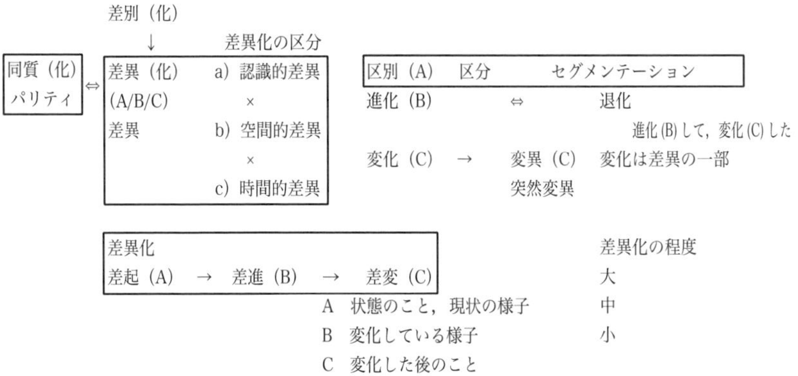

```
            差別（化）
              ↓
                   差異化の区分
 ┌──────┐   ┌─────────────────┐   区別（A）    区分      セグメンテーション
 │同質（化）│⇔│差異（化）  a) 認識的差異│
 │パリティ │   │（A/B/C）      ×      │   進化（B）     ⇔        退化
 └──────┘   │差異      b) 空間的差異 │                       進化(B)して，変化(C)した
              │                ×      │   変化（C）  →  変異（C）  変化は差異の一部
              │          c) 時間的差異 │              突然変異
              └─────────────────┘
          ┌──────────────────────┐
          │差異化                      │           差異化の程度
          │差起（A） → 差進（B） → 差変（C）│           大
          └──────────────────────┘
                        A  状態のこと，現状の様子          中
                        B  変化している様子               小
                        C  変化した後のこと
```

（著者作成）

区別は異なり，区別は差異のある状態を指しており，区分を意味しており，マーケティングでは市場セグメンテーションというように用いられる。また，進化は変化している様子を指しており，退化がその対をなしている。さらに，変化は変化した後のことであり，差異とのかかわりのなかで，変異として用いられる。変化は差異の一部である。これらの言葉を用いるとすると，例えば，ある状態が進化して変化した，となる。

　次に差異化であるが，差異に化がついたものは，差起から差進を経て，差変の一連の流れを差異化とみることができる。その際に，差異化の程度として大・中・小が存在することになる。差異化の程度が小さい場合や同質化がみられる場合は，「同質化のなかの差異化」ということになる。差異の程度については，差異の小（同質性），差異の中，差異の大の３つに区分することで，差異の程度の大きさを表現することができる。差異の小から大に向けて，類似商品から大きく異なる商品へと展開されることになる。また，差異化の区分として，認識的差異，空間的差異，時間的差異の３つが考えられる[11]。

2.　認識的差異

　認識的差異とは，事例を分析や考察する際に，モノやコトをみる際に発生する差異のことである。コミュニケーションギャップなどはこれに相当する。３つの差異のなかでも，もっとも根幹をなすものである。

＜背景＞

　主体と客体がそれぞれに引き起こす認識のギャップであり，差異が常に生じるもととなるものである。コップというものに対する受け方の捉え方によっては，陶器のコップ，プラスチックのコップ，思い入れのあるコップなど様々であることによることから，このことは認識的差異と考えられる。

3.　空間的差異

　空間的差異とは，同じものごとでも，空間が異なれば，差異が生じていることを意味している。例えば，焼きそばでも，富士宮焼きそばと那須塩原の焼き

そばでは,その内容が全く異なっている。同時の異空間ともいうべきものである。

＜背景＞

　同じ商品であっても，地域が違う場所で提供されていたり，また，同じ商品が形を変えて提供されていることは，この空間的差異であり，同時的存在ともいえるものとして考える。

4.　時間的差異

　時間的差異は，チャールズ・ダーウィンをはじめとする進化論とも関係しているものであり，同じものであっても，時間とともに変化しているものを意味している。Aの時期からBの時期に，同じ商品が差異ということで進化しているものが考えられる。また，バリエーションや派生してきたものは，この時間的差異に相当する。

＜背景＞

　時間的差異に対するインサイトは，同じ人間でも時間の経過とともに発想や考え方が異なってくるというものである。同じ自分でありながら，1年間で細胞が入れ替わるという。体内のなかで変化が常に起きているのである。また，接する仲間や刺激を受けることによって，思想が変化していくことから，時間軸による差異は存在するものと考える。

第5節　考　察

　ここでは，いままでの流れを踏まえて，ドメインの諸相を論じることにする。
　第2節で論じたように，ドメインの定義や考え方が時間を経るにつれて変化してきている。また，企業の成長とともに，そのドメインも変化してきている。このことの意味合いを論じることにする。
　1）ドメインは時間の経過とともに空間の広がりを伴ってシフトしていくと考えられる（図表4-5-1）。これは，時代の変化に従って，企業はドメインをシフトさせることで，生き残りを図っていかなければならないのである。この現

象を「ドメインのシフト」と呼ぶことにする。顧客の変化, 例えば, 顧客層の高齢化に伴い, 提供物や提供方法を変化させることを意味している。また, 競合企業との関係でもドメインのシフトが考えられるのである。ドメインの3つの構成要素が, すべてシフトすることばかりではなく, 1つだけのシフトで対応可能な場合もある。以上から, ドメインの差異化がみられることになり, ドメインの空間的差異といえるものである。

2) 企業レベルのドメインの集合体が業界レベルのドメインと考えられる (図表4-5-2)。これは, 1つの企業の成長が業界のドメインを形成していくことで, 多くの類似企業が同様なドメインを形成することで○○業界となっていくのである。ドメインの空間の広がりともいえるものであり, 空間的差異といえるものである。

図表4-5-1　ドメインのシフト

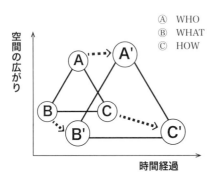

Ⓐ WHO
Ⓑ WHAT
Ⓒ HOW

図表4-5-2　業界レベルのドメイン

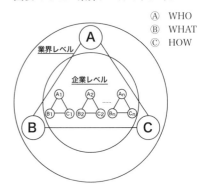

Ⓐ WHO
Ⓑ WHAT
Ⓒ HOW

(著者作成)

3) ドメインとライフサイクルの関係は, 企業の成長とともに拡張していくと考えられる (図表4-5-3, 4-5-4)。これは, ベンチャー企業レベルでスタートしたドメインが提供物の豊富さや製品ラインの拡張によって成長期を経て, 成熟期や衰退期へと, ドメインの膨張と縮小のシフトが展開されることによるものである。これは, ドメインの時間的差異に相当する。なお, ライフサイクルの各ステージにおいて, ドメインは一貫していることが重要である。

図表4-5-3　ドメインとライフサイクル

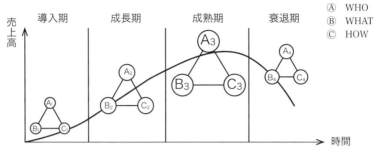

図表4-5-4　ドメインとライフサイクルの関係

	導入期	成長期	成熟期	衰退期
ドメインの目的	周知又は認知	確立又は拡張	拡張又は変更	見直し
WHO	ターゲットの明確化	ターゲットニーズの掘り起し	ターゲットへの価値提供	ターゲットの変更・見直し
WHAT	独自性の確認	価値提供	優位性	優位性の掘り起し
HOW	同上	同上	同上	同上

（著者作成）

第6節　まとめにかえて

　第2節のドメインでは，設定の意義，定義の考え方，ドメインの変化について述べ，第3節のベンチャー企業におけるドメインに関する実証研究では，ドメインと業績とのかかわりについての分析結果についてふれ，第4節の差異については，差異の概念を示してきた。それらを踏まえて，第5節の考察では，企業レベルにおけるドメインのシフト，企業レベルのドメインの集合体が業界レベルのドメインであること，ドメインとライフサイクルの関係は企業の成長とともに拡張していくことなどをみてきた。

　マーケティング・インプリケーションとして，経営者の立場としてドメインの重要さを考慮していかないといけないと考える。ドメインについて，常に経営者がチェックを怠ってはいけないことがわかった。ドメインにも差異があり，差異化を追求していくことの大切さを論じてきた。残された課題として，考察

の箇所のいくつかの事例研究を蓄積していく必要がある。

注

1) 片山富弘「差異としてのマーケティング」『流通科学研究』中村学園大学 Vol.11, No.2, 2012 年, 25-37 頁。

2) 片山富弘「第 10 章ベンチャー企業におけるマーケティングの役割に関する実証研究」『顧客満足対応のマーケティング戦略』五絃舎, 2009 年, 130-148 頁。

3) 片山富弘「ドメインの新地平〜パーソナル・ブランデイングへの活用に向けて〜」『流通科学研究』中村学園大学 Vol.9, No.1, 2009 年, 25-33 頁。

4) 片山富弘「第 10 章ベンチャー企業におけるマーケティングの役割に関する実証研究」『顧客満足対応のマーケティング戦略』五絃舎, 2009 年, 130-148 頁の中より, ドメインに関する箇所について抜粋した。

5) 例えば,『ベンチャー創業』の中で, マーケティングは営業計画書の位置付けであり, 『ベンチャー企業の経営と支援』の中で, ビジネスプランとしてのマーケティング戦略が記述されているにすぎない。

6) シーズ主導型とは, 企業における技術優先による商品開発（サービスを含む）のことであり, 例えば, ○○の技術を活用してビジネス展開を図ることである。また, ニーズ主導型とは, 顧客ニーズを優先する商品開発（サービスを含む）のことであり, 顧客の抱える問題解決に役立つことが多い。

7) Philip Kotler, *Kotler on Marketing*, FREE PRESS, 1999, p.95.
   P. コトラーはグローバル展開に必要なものとして提唱している。1 つは, politics で, 政治活動上は売上高に大きな影響を与える。また, public opinion は一般の人が寄せる関心はその時代の雰囲気や流れに左右されるので, その対応が必要であること。

8) *ibid.*, pp.96-97. 4C は, ロバート・ローターボーンの提唱である。

9) 嶋口充輝・石井淳蔵『現代マーケティング〔新版〕』有斐閣, 1998 年, 203-204 頁。

10) フィリップ・コトラー著, 村田昭治監修, 三村優美子他訳『マーケティング・マネジメント（第 7 版)』プレジデント社, 1999 年, 398 頁。

11) 著書論文「差異としてのマーケティング」のなかで, 空間の視点, 地域の視点, 時間の視点という差異化の視点を 3 つ取り上げていたが, ここで, 認識的差異, 空間的差異, 時間的差異という用語に修正をしたい。

参考文献

・石井淳蔵訳『事業の定義』千倉書房, 1984 年。(Abell, D. F., *Defining the Business: The Starting Point of Strategic Planning*, Prentice Hall, 1980.)

・片山富弘『顧客満足対応のマーケティング戦略』五絃舎, 2009 年。

・金森努『差別化マーケティング』TAC 出版, 2009 年。

・熊野純彦『差異と隔たり』岩波書店, 2003 年。
・榊原清則『企業ドメインの戦略論』中公新書, 1992 年。
・嶋口充輝『戦略的マーケティングの論理』誠文堂新光社, 1984 年。
・鈴木貴博, 宇治則孝『進化する企業のしくみ』PHP 研究所, 2007 年。
・ジル・ドゥルーズ著, 平井啓之訳『差異について』青土社, 2000 年。
・高橋宣行『差別化するストーリーの描き方』PHP 研究所, 2011 年。
・中山元『思考の用語辞典』筑摩書房, 2000 年。
・牧野真『マーケティング大進化論』中経出版, 2006 年。
・吉村孝司編『経営戦略』学文社, 2006 年。
・エイベル著, 小林一, 二瓶喜博訳『デュアル・ストラテジー』白桃書房, 1995 年。(Abell, D. F., *Managing with Dual Strategies*, The Free Press, 1993.)
・フィリップ・コトラー著, 恩蔵直人監修『コトラーのマーケティング・マネジメント』ピアソン・エデュケーション, 2002 年。

第5章　顧客満足の差異を考える

第1節　はじめに

　顧客満足はマーケティングにおいて重要であることは周知のとおりである。ここでは，差異の概念から顧客満足の差異について論じることにする。差異の捉え方については，既に第1章第3節「差異について」で論じている。本論文では，顧客満足の定義には，様々な定義が存在すること，つまり，認識差異であり，そのことを確認することから始まり，顧客満足の関連概念は顧客満足の派生概念であり，進化したものであることを論じている。また，顧客満足と収益性の関係や顧客の進化は，時間軸における差異であることを理解することを示している。すなわち，顧客満足は差異の空間的，時間的連続であることを論じている。これらのことを通じて，顧客満足の広がりを差異の観点から捉え直している。

第2節　顧客満足の諸定義と差異

　ここで，顧客満足の定義についての検討を行う。顧客満足の諸定義は論者によって様々論じられている[1]。しかし，顧客満足の統一されている定義はない。アメリカ・マーケティング協会（1985年）の定義の中に顧客満足を意識させる文言がある。「個人や組織体の目的を満足させるために，アイデアや商品やサービスに関する企画，価格設定，販売促進，及び流通を計画し，遂行する過

程である」[2]。

　フィリップ・コトラー（Philip Kotler）は，マーケティング・マネジメントの中で，満足とは，ある製品における知覚された成果（あるいは結果）と購買者の期待との比較から生じる喜び，又は失望の気持ちである。とした上で，満足度は，知覚された成果と期待との相関関係で決まる。成果が期待を下回れば，顧客は不満を覚える。成果が期待通りであれば，顧客は満足する[3]。

　リチャード・オリバー（Richard Oliver）は，満足は顧客の達成感のことである。それは，製品やサービスの特徴やそれ自身が，消費に関連した達成感の喜びのレベルのことである[4]。言語学者によると，Satisfaction はラテン語の Satis と facere に区分され，前者は enough の意味で，後者は to do or make の意味である。関連した用語に Satiation と Satiety がある。十二分に満足することを意味し，後者は飽満なことを意味している。

　また，最初に TQC（Total Quality Control）の名をとなえたアーマンド・フィーゲンバウム（Armand Feigenbaum）は，その定義の中に消費者満足を提示していた[5]。TQC は，消費者の完全な満足を得るに足る最も経済的な水準で生産及びサービスを可能ならしめるよう，品質の開発，品質の維持及び品質の改善に対する企業内各種グループの努力を統合化するための効果的なシステムである。現在は TQC から TQM（Total Quality Management）へと発展してきていることはご存知のとおりである。そこで，日本における品質管理研究者たちが顧客満足について次のように論じている[6]。

①日本能率協会では，CS 経営におけるお客様の満足度とは，その企業から購入した製品やサービスに対して満足し，その満足感によって，これからも購入，利用を期待できるか否かの程度を表すとし，満足度というのは製品やサービスを買う時におけるお客様の事前期待と実績評価の関係のこととしている。

②池澤辰夫は，満足度＝充足度（値）÷期待度（値）としている。

③持本志行は，購入意志決定時という制約をもうけた上で，その時点での顧客満足を

$$Vp \ = \ Qp \ \div \ Cp \quad と定義している。$$

Vp：価値指数＝顧客満足度

Qp：商品の価値（顧客の取得価値）

Cp：商品の代価（顧客の犠牲価値）

④高桑郁太郎は，顧客が購入した有形，無形（サービス）の製・商品によって，どの程度，顧客ニーズが充足されているかを示す度合いの大きさが顧客満足度であるとしている。

⑤ JD パワー社では，顧客は商品の購入サービスの利用を行うにあたり，事前にもった期待感と，購入・利用したあとの充足感とのギャップを統計的に測定し指標化したものとしている。

　以上より，期待に対する充足を考えるのか，要求に対する充足を考えるのかには大きな違いがある。期待とは，将来そのことが実現するだろうと心待ちにすることであり，要求とは必要である，当然であるとして強く求めることであり，現時点で実現されていなければクレームや不満に結びつく事柄である（『広辞苑』）。上記でも，期待との関係で満足度を捉えようとしているといえよう。しかし，期待と実績との比較で満足度を論じることは可能であるが，実際，顧客自身も自分のニーズがわからない場合が存在するし，その尺度の値を調査することは一般的に困難であると考えられる。

　また，顧客満足を測定する顧客満足度そのものに差異がある。例えば，その尺度を5段階で示される，満足・やや満足・普通・やや不満・不満であっても，同じ商品やサービスに対する顧客の受け取り方の差異が発生しているのである。このことは顧客における顧客満足に対する認識的差異を示していることになる。

　従って，満足度においては，顧客が目にみえる，又は実感できるものを対象にしたものでなければならないと思われる。その意味では，本論文において，満足度というのは製品やサービスを買う時における顧客の事前期待と実績評価との関係として取り扱っている。ここで，顧客満足の諸定義は論者による認識的差異であることを意味している。どの定義が正しいというのではなく，顧客

満足に対するアプローチにおける認識的差異であり，進化論における自然淘汰の視点，実用的に役立つものが定義として存在し続けることになると考えられる。また，同時に顧客満足に関する諸定義が存在することから，空間的差異があるともいえる。

第3節　顧客満足に関する関連概念と差異

　ここでは，顧客満足に関連する諸概念を検討し，顧客満足がどのようにかかわっているのかを確認し，差異の観点からみてみる。

1.　顧客歓喜（Customer Delight）

　顧客歓喜は，一般的な顧客満足概念を限定，希少化させることで，歓喜概念をきわだたせる意味をもつが，①マイナス満足をゼロ満足へ，②ゼロ満足をプラス満足へ，③プラス満足をロイヤル満足へのうち，特に③にあたるテーマと考えられる[7]。顧客満足の上位概念を表現したものであるが，顧客歓喜が理論化されない限り，顧客満足に含まれるものといえよう。

2.　顧客満足保証（Customer Satisfaction Guarantee）

　顧客満足保証は，企業が自らの提供する製品やサービスに対し，100％の顧客満足を保証しようとする試みのことである。LL. ビーン社やノードストローム社では，無条件，無交渉の返品や取替えに応じたり，遅配に対する料金を無料にするなどの保証を与えるものである。その行為の根拠は，顧客が常に正しいと仮定し，もし顧客が気に入らなかったり不満であったならば，粗悪な品質やサービスを提供したことになると捉え，満足を保証する対応を行うことになる[8]。顧客満足の追求の極みであると捉えられるが，顧客がすべて正しいとはいえないという考え方も存在し，企業収益への貢献という面から検討の余地があるといえよう。

3. 顧客価値（Customer Value）

　顧客価値は，顧客到達価値（Customer Delivered Value）ともいわれ，顧客が製品やサービスから期待するベネフィットの束と，その製品・サービスを評価・獲得・使用・廃棄することに伴う費用の束の差である。ベネフィットの束とは，購買にあたって，そこに介在する製品，サービス，イメージなどから得られる利便の総体であり，費用の束とは，顧客が支払う金額の他，購買・消費プロセスに費やす時間，エネルギー，心理負担などの全体費用を指している[9]。また，類似概念として，顧客の生涯価値があり，顧客の生涯を通じてその企業との取引を継続した場合の価値のことであり，その価値を高めるにはリレーションシップ・マーケティングの考え方に通じている。

4. 顧客ロイヤルティ（カスタマー・ロイヤルティ（Customer Loyalty））経営

　顧客ロイヤルティ経営とは，顧客を経営の中核において，顧客の評価にもとづいてすべての構造，組織，戦略を組み立てている企業経営，継続的かつ長期的な利益の確保と維持を企業存続の目的にして，その前提条件に顧客満足，さらに顧客感動を与える経営のことである[10]。また，顧客維持率として測定された顧客ロイヤルティと企業収益性との間に強い相関性があることが示されている[11]。その中で顧客満足の概念がかかわっているのは，まさに顧客満足の概念を中心に企業経営を考えていることを意味している。

5. サービス・プロフィット・チェーン（Service Profit Chain）

　サービス・プロフィット・チェーンとは，サービス組織を内部と外部に区分し，成長へのサイクルを示したものである。サービス組織の内部的活動と組織が対応している外部市場をつないでいるのは，顧客にとってのサービス価値である。内部活動によって生み出された高いサービス価値が高い顧客満足を生み，高い顧客満足が顧客ロイヤルティを喚起する。この顧客ロイヤルティが顧客のリピートをうながし，企業に売上高と利益をもたらすという流れを示している[12]。この中で，顧客満足はロイヤルティを高める要素と位置付けられ，顧客満足は提供され

るサービス価値によって影響を受けるとされている。サービス・プロフィット・チェーンの考え方はサービス業のマネジメントを考える上で，重要な視点を示しているといえよう。

6. 顧客資産（カスタマー・エクイティ（Customer Equity））

顧客資産とは，顧客を企業にとって最大の資産として考え，高い顧客維持率の創造がねらいである[13]。顧客資産は無形資産であり，その測定アプローチは会計手法などを活用しながら試行錯誤しており，現段階では確立されていないが，企業ではマネジメントに適用しようとしてきている。顧客満足は，顧客ロイヤルティへ展開され，顧客資産に発展してきているものと考えられ，顧客満足はその流れの源といえる。

7. CRM（Customer Relationship Management）カスタマー・リレーションシップ・マネジメント

カスタマー・リレーションシップ・マネジメントとは，顧客の生涯価値の拡大による顧客資産の増大を目指すことになる[14]。One-to-One Marketing（ワントゥワン・マーケティング）の経営手法として用いられるものである。顧客との信頼関係確立のためには，自社にとって大切な顧客は誰かを明らかにすることが重要である。顧客をよりセグメントする手法で，RFM 分析がある。顧客別の最終購入日（Recency），来店頻度（Frequency），購入金額（Monetary）によって顧客を区分し，具体的なアクションプランを実行していくことになる。

8. バランス・スコアカード（Balanced Scorecard）

バランス・スコアカードとは，マネジメント手法として用いられるものである。それは，目標と業績評価指標は，企業のビジョンと戦略から導き出し，財務的視点，顧客の視点，社内ビジネスプロセスの視点，学習と成長の視点という4つの視点から企業の業績をみるもので，バランス・スコアカードのフレームワークを作っている[15]。これまでの財務的業績評価指標を超えた形で，バ

リュー・ドライバー（価値創造要因）を明らかにするものである。顧客の視点に関する業績評価指標については，顧客満足度，新規顧客獲得率，顧客定着率，顧客の利益性，マーケットシェアが上げられている。特に，顧客満足については，顧客への価値提案プログラムを測定評価する重要な指標となっている。

9.　カスタマー・コンピタンス（Customer Competence）

　カスタマー・コンピタンスとは，顧客を企業の新たなコンピタンス（企業独自の競争力）の源泉にしていこうという考え方である。つまり，顧客のアイデアやニーズを企業の中に取り込んで，それらによって企業自身の競争優位を構築していこうとするものである[16]。例えば，伊勢丹と顧客のコラボレーションによるネット上でのエプロンの PB 商品開発がある。顧客は以前に比べ，情報を有しており，顧客の声やパワーをカスタマー・コンピタンスへ昇華させることで企業の活力を生み出そうと変化してきている。

10.　代理顧客満足

　顧客満足は，直接本人にその満足度を調査することができることが前提にある。しかし，介護サービスの利用者にみられるように，本人の意思が確認しづらい場合や，赤ちゃんのようにその提供されている意味が理解できない場合がある。その場合には，顧客満足を受けている本人に代わり，代理の顧客満足を考えなければならないと思われる。介護サービスの利用者の場合には，その支援者であり，赤ちゃんの場合には，その母親が，代理としての顧客満足をあらわすことになる。そのような顧客満足をここでは，代理顧客満足と位置付けることにした。これは，本人からの直接の顧客満足ではなく，間接の顧客満足を示していることになる。本人からの直接の意志表示が困難な場合には，この代理顧客満足をデータとして取らざるを得ないと考えられる。

　上記でみてきた顧客歓喜，顧客満足保証，顧客価値，顧客ロイヤルティは，顧客満足からの派生概念であり，顧客資産，サービス・プロフィット・チェーン，CRM，バランス・スコアカード，カスタマー・コンピタンスについては，

顧客満足が経営マネジメントレベルに用いられている手法である。それらの概念は，顧客満足が基礎となりその発展系であることにかわりはない。つまり，顧客満足の進化，時間的差異であるといえよう。また，発展系概念も同時に存在することから，空間的差異によるものといえる。

第4節　顧客満足と収益の関係と差異

　事業運営の基本構造において，顧客満足は事業理念として位置付けられ，顧客の創造と維持は事業目的として重要であると嶋口充輝は提唱している。米国の調査では，新しい顧客を獲得するには現在の顧客にサービスする5倍の経費がかかる，また，満足できない顧客の91％は不満足にした会社の製品を2度と買わず，少なくとも他の9人にその不満をもたらすという結果報告がなされている。従来，ドラッカーは顧客の創造こそが事業の目的であると指摘しているが，事業の永続性を考慮すると，顧客の創造だけでなく，顧客の維持も必要なのである。

　「顧客維持率を高めれば，企業収益は高まる」ということを主張した代表的研究者のライクヘルドとサッサールは「サービス業のZD運動」の中で，製造業ではゼロ・ディフェクト（欠陥ゼロ）運動という品質向上運動が行われていたのに対して，サービス業ではゼロ・ディフェクション（顧客離脱ゼロ）を目指すべきであると主張した。顧客との関係が長期化すればするほど企業収益に貢献する理由としては，①開拓コストが不要になる，②営業コストが低減する，③顧客1人当りの購買額が増加する，④顧客が高価格を許容する，⑤他の顧客に紹介する，という5点が上げられている。ヘスケット，サッサール，シュレシンジャーは，顧客ロイヤルティを生み出すためのフレームワークとして，Retention（顧客維持），Related　Sales（関連販売），Referrals（紹介・クチコミ）の「3R」を提示し，顧客維持の重要性を強調している。

　また，クランシーとシュルマンは顧客満足と収益性の関係について，製品やサービスにおいての顧客満足はある点までは利益の増加をもたらすが，その点

を超えると利益が減少に転じるとしている。これは，顧客ニーズの要望度合い
が高いとペイしなくなることを意味している。しかし，事業目的である顧客の
創造と維持は重要であり，顧客満足の存在を忘れてはならないということであ
る。これも，第3節同様，顧客満足の進化，時間的差異であるといえよう。

第5節　顧客の進化と差異

　顧客は進化していく。顧客満足も一定ではない。関係性マーケティング研
究者のペイン（Payne）は，顧客の進化の状態を見込み客から信者に至るまで
8階のはしごのように指摘している[17]。どのビジネスも初めは，「見込み客」
（Prospect）や「新規顧客」（First-time　Customer）の獲得に重点をおいた展開
をすることになる。新規顧客を獲得すれば，その顧客を「リピート顧客」(Repeat
　Customer）にしようとする。リピート顧客の上には「クライアント」（Client）
があり，広告業界では「得意先」のことを意味している。顧客の方から企業に
注文してくれる「お得意さん」である。クライアントの上には「サポーター」
（Supporter）がいる。サポーターはサッカーでおなじみであるが，「支援者」
ということで，企業が困ったときに助けてくれるありがたい顧客である。サポー
ターの上には「アドボケイト」（Advocate）がいる。これは，「鼓吹者」で，商
品・サービスの良さを他人に吹聴，宣伝してくれる顧客である。アドボケイト
の上には，「パートナー」（Partner）がいる。これは，「仲間」，「協力者」であり，
信頼の絆で結ばれており，商品・サービスの開発に当たっても積極的に参加し
てくれる。パートナーの上には，「ビリーバー」（Believer）がいる。これは「信
者」であり，宗教的帰依の境地である。

　顧客のはしごを上らせるように，各種ビジネスに対してマーケティングを展
開しなければならない。つまり，顧客をゲット（Get）する一方で，キープ（Keep）
していかなければならないのである。現代マーケティングの展開は新規顧客獲
得と顧客維持活動の2つの方向を考慮することになる。このように顧客の進
化は，結果であり，それを促進するのは顧客満足である。逆に，顧客退化もあ

りうるので，顧客満足によって阻止しなければならない。

また，顧客満足を形成する消費者の心理の面からも，例えば，ハワード・シェス・モデルにはじまり，今日のベットマン・モデルにみられるような消費者の購買状況や過去の経験などによっても，顧客は学習し顧客満足の変化はみられることになる。

これらのことが意味しているのは，顧客満足の認識的差異であり，時間的差異であることを意味している。

第6節　顧客満足に対する批判的検討と差異

ポストモダン・マーケティング[18] では，顧客志向を否定している。顧客を完全に無視しているわけではない。企業の過度な顧客志向に一石を投じている。その急先鋒のスティーブン・ブラウン（Stephen Brown）は "Free Gift Inside !" の中で次のように論じている。

「私は，アンチ顧客志向の哲学を支持しており，売り手企業は，成功するためには，顧客をからかってじらして苦しめなければいけないと推奨している。

私は，顧客そのものに反対しているわけではありません。私は，マーケティングの主要原則が顧客志向であることに反対しているのです。企業には，顧客が必要です。問題は，企業が顧客をひきつける最も優れた方法は何か？です。

マーケティーズは，企業は顧客を追いかけるのをやめて，その代わりに顧客に追いかけられるようにすべきであると主張します。顧客は，じらされ，からかわれ，苦痛を与えられるべきでなのです。なぜなら，ないがしろにすることによってのみ，彼らを，取引を促すに充分なだけ魅了することができるからです。」

　そして，ぬいぐるみのビーニー・ベイビーとハンドバックのエルメスのバーキンをアンチ顧客志向の成功例として取り上げている。なお，マーケティーズのティーズ TEASE は，Trikery, Exclusivity, Amplification, Secrecy, Entertainment の 5 つの言葉の頭文字をとっている。

　ポストモダン・マーケティングに対する私の批判は，次の通りである。

1) ポストモダン・マーケティングは，まず，モダン・マーケティングに代わる新しい提示を行っているわけではない。解釈レベルでの批判にすぎない。現代マーケティングは実践を伴うものであるからである。

2) ニーズとシーズの振り子の間に，真実があるとしても，ニーズとシーズのマトリックスを作成して，ニーズ志向で新商品は開発すべきである。ターゲット顧客がすべて，新商品のベネフィットを理解しているとは思えないのは確かであるが，顧客がニーズとして潜在化・顕在化しているニーズを形にすることによって，商品開発の糸口にしていく必要がある。逆にそうでなければ，ポストモダン・マーケティングの考え方では，新商品は世に出てこなくなる。

3) エルメスのハンドバックは入手の困難さが基本的マーケティングとしての作戦とあるが，マーケティングの 4P の 1 つである Place 戦略のことであり，顧客の視点からは流通チャネル戦略はコンビニエンス性の中に含まれることであり，特別にアンチ顧客志向というほどではない。

4) 商品内容を知ってプロモーション展開をするのではなく，顧客をじらせるのも，プロモーションのひとつである。従って，顧客志向を無視しているものでもなく，顧客は商品を手にするまでが不満足な状況にあるだけである。入手できたものは高い満足を有し，入手できなかったものとは，差別化，識別化を図っているにすぎないのである。

5) 顧客志向の発展段階であると位置付けると，一般的には社会志向ということになるが，アンチ顧客志向ということは，振り子のように顧客志含まれるものである。顧客は過去の消費経験や口コミによって，顧客は学習し，レベル向上してきているからであり，企業サイドのマーケティング・コミュニケーションにもなれてきているからである。

6) 何事にも光と影の部分があって，社会科学のマーケティングにおいても，
同じである。しかし，アンチ顧客志向は影の部分を示しているにすぎない。
それへの対応を実践しているのが，現代マーケティングである。

ポストモダン・マーケティングにおける顧客志向を否定していることに対する差異の意味合いは，時間的差異の現象として捉え，進化論における突然変異ともいえるものである。つまり，差異化のなかで起きる「差起」が「差進」のなかで，ポストモダンの影響を受けて変化したものである。認識的差異であり，時間的差異によるものと考えられる。

第7節　まとめにかえて

これまで，顧客満足対する差異をみてきた。顧客満足の概念は存続し続けるものの，時間的差異を有しながら変化をとげていくものと考えらえる。差異化に終わりはない。差異化が始まった「差起」から「差進」を経て，「差変」にいたる連続性，つまり，「差変」が次の時点では「差起」となっていく。その意味では，顧客満足も常時変化していくであろう。その変化の途中で新しい顧客満足の概念が生じてくることが予想される。例えば，差異化の流れのなかで，「差起」としての顧客満足が「差進」としての顧客満足志向のなかで，「差変」の顧客感動へと動いていく。そして，顧客感動が「差起」となり，「差進」の顧客満足志向のなかで，次の新たな概念としてのサムシング・ニューとしての「差変」が生じることになる。マネジリアル・マーケティング・インプリケーションとしては，直接的には役立つものでないが，間接的には顧客満足の差異を経営者が理解することで，顧客満足の次の新しい概念が生まれる可能性があることを知ることにつながるのである。

注

1)　今日では顧客満足と呼ばれているが，1970 年代のソーシャル・マーケティングがクローズアップされた時期は消費者満足と呼ばれていた。

2)　2004 年と 2007 年にアメリカ・マーケティング協会はマーケティングに関する新定義を出している。

3)　Philip Kotler, *A Framework for Marketing Management*, Prentice-Hall, 2001 の訳，恩蔵直人監修，月谷真紀訳，『コトラーのマーケティング・マネジメント』ピアソン・エデュケーション，2002 年，28 頁を引用した。

4)　Richard Oliver, *SATISFACTION*, McGRAW-HILL, 1997 の pp.11-14 を参考にした。

5)　筆者は論文「TQC とマーケティングの接点」日本財務管理学会編で記述しているが，Armand Feigenbaum, *TOTAL QUALITY CONTROL*, McGRAW-HILL, 1991 を参考にしている。

6)　日本科学技術研修所編「企業競争力を高める顧客満足データの解析と活用」2002 年の一部を参照した。

7)　嶋口充輝『マーケティング・パラダイム』有斐閣，2000 年，52 頁を参考にした。

8)　同上，136 頁を参照した。

9)　同上，119 頁を参照した。

10)　佐藤知恭『顧客ロイヤルティの経営』日本経済新聞社, 2000 年, 104 頁を引用した。

11)　Keki Bhote, *Beyond Customer Satisfaction to Customer Loyalty*, AMACOM, 1996 の訳, ケキ・ボウト著, 三田昌弘訳『実践顧客ロイヤルティ戦略』ダイヤモンド社, 1999 年。

12)　James L. Heskett, W. Earl Sassar Jr. & Leonard A. Schlesinger, *The Service Profit Chain*, FREE PRESS, 1997. の訳, ヘスケット, サッサー, シュレシンジャー著, 島田陽介訳『カスタマー・ロイヤルティの経営』日本経済新聞社, 1998 年。

13)　Robert Blattberg, Gary Getz & Jacquelyn Thomas, *CUSTOMER EQUITY*, Harvard Business School, 2001. の訳, ロバート・ブラッドバーグ, ゲイリー・ゲッツ, ジャクリーン・トーマス著, 小川孔輔, 小野譲司監訳『顧客資産のマネジメント』ダイヤモンド社, 2002 年。

14)　アンダーセン・コンサルティング 村山徹, 三谷宏治, CRM 統合チーム『CRM 顧客はそこにいる』東洋経済新報社, 1999 年をはじめ, CRM に関する著書が多く出版されており, 基本的な内容は同じである。

15)　Robert Kaplan & David Norton, *THE BALANCED SCORECARD*, Harvard Business School, 1996 の訳, ロバート・キャプラン&デビッド・ノートン著, 吉川武男訳『バランス・スコアカード』生産性出版, 1997 年が詳しい。近年では会計分野で関連書が多く出版されている。

16) Prahalad, C.K. & V.Ramaswamy, "Co-opting Customer Competence"*HBR*, 1-2, p.79-87.「カスタマー・コンピタンス経営」『DIAMOND ハーバード・ビジネス・レビュー』11 月号，ダイヤモンド社，2000 年。

17) 石原照敏，吉兼秀夫，安福恵美子編『新しい観光と地域社会』古今書院，2001 年，21-22 頁を参照した。顧客の進化に関するこの梯子の図表は，ペインの考えが元になっている。

18) モダン・マーケティングと対比すると，ポストモダン・マーケティングは，意味合理的，非検証的，定性・発見型の色彩が強く，「脱」モダンより「非」モダンの総称になっていると考えられる。

参考文献

・佐野良夫『CS（顧客満足）の実際』日経文庫，1996 年。
・嶋口充輝『顧客満足型マーケティングの構図』有斐閣，1994 年。
・嶋口充輝『マーケティング・パラダイム』有斐閣，2000 年。
・ケキ・ボウト著，三田昌弘訳『実践顧客ロイヤルティ戦略』ダイヤモンド社，1999 年。
・ヘスケット，サッサー，シュレシンジャー著，島田陽介訳『カスタマー・ロイヤルティの経営』日本経済新聞社，1998 年。
・ロバート・キャプラン＆デビッド・ノートン著，吉川武男訳『バランス・スコアカード』生産性出版，1997 年。
・ロバート・ブラッドバーグ，ゲイリー・ゲッツ，ジャクリーン・トーマス著，小川孔輔・小野譲司監訳『顧客資産のマネジメント』ダイヤモンド社，2002 年。
・Armand Feigenbaum, *TOTAL QUALITY CONTROL*, McGRAW-HILL, 1991.
・Richard Oliver, *SATISFACTION*, McGRAW-HILL, 1997.

第6章　マーケットセグメンテーションにおける差異を考える

第1節　はじめに

　市場を区分するというマーケットセグメンテーションは差異の概念から考察するとどうなるのかというのが，今回の論文の趣旨である。

　また，マーケティング戦略の立案プロセスの中で，STP（セグメンテーション，ターゲッティング，ポジショニング）として，重要なキーワードに位置するセグメンテーションである。それについての事例として，商品としての特徴があまりみられないマンゴー，ゴーヤ，ミネラルウォーターの3つを取り上げながら，差異からの考察を試みていく。とともに，マーケティング戦略へのインサイトを論じている。

第2節　セグメンテーションについて

1.　セグメンテーションとは

　マーケティング戦略の立案プロセスの中に，SWOT分析し，STP（セグメンテーション，ターゲッティング，ポジショニング）を行い，マーケティング・ミックスを構築していく流れの中に，キーワードとしてセグメンテーションが位置し，重要な役割を果たしている。ターゲット市場を選択するために，人口統計

学的変数，地理的変数，パーソナリティ変数，心理的変数，行動変数などの基準で，市場を区分することをマーケットセグメンテーションと呼ばれている。

　また，品質管理，特に統計的品質管理のなかの4原則の1つに，層別化の原則がある。層別とは母集団をいくつかの層に分けることを意味している。層別して，より細かな単位での特色を鮮明にすることができれば，PDCA におけるアクションを取る対象が狭まり，効果的な対応ができるとされている。この層別の考え方は，QC7つ道具の1つとして捉えられており，QC ストーリーにおける現状把握の段階や効果測定などに用いられる。品質管理は工場の現場での問題解決からスタートしているが，今や TQM（総合品質経営）として，マネジメント分野にも応用展開されてきている。その意味では，セグメンテーションというのは，マーケティングでいうところの市場のみならず，すそ野が広い考え方といえよう。

2.　セグメンテーションに関する先行研究

　セグメンテーションに関する先行研究に先立ち，2人の著書の坂本賢三『「分ける」こと「わかる」こと』と三中信宏『系統樹思考の世界〜すべてはツリーとともに〜』は，わけることに関する内容とともに，後述する差異の思考形成に役立ったので，以下に示しておく。

　わかるためには，分けなければならない[1]。

　分類は認識や行動のために人間がつくった枠組みであって，存在そのものの区別ではない。同じ対象（群）であっても，分類の仕方は限りなくあって多種多様である。われわれはそのなかで，当面の目的のために適したものを選ぶのであって，たった1種類だけの分類で処理したり認識したりしていない[2]。

　分類は絶対的なものではなく，ある採用された分類基準（類似性の尺度）にしたがってグループ分けをしているにすぎません。もちろん，得られた分類体系が私たちにとって認知的に役に立つかどうかという実用性のフィルターを通して，分類の善し悪しは判定されます。（文略）分類基準を変えれば，分類体系はどのようにでも変わる，この単純な理屈はいつでも有効です[3]。

分類することの中にある区分は,同時的であり空間的差異であるということ,樹形図や系統樹という切り口から時間的差異を確認した。また，同じものを分類するにも，認識が異なれば，描かれる系統樹も異なることで，認識的差異を確信した。そして，分類の選定は市場セグメンテーション基準の選定にもかかわることを再度，確認することに繋がった。

和田充夫（2006：a）によると，市場空間を細分化することの前提は，市場がひとつではない，市場需要が同質ではないということである。そして，市場細分化の基本原理は，「違って同じ」ということで，つまり，細分化された市場間では消費者需要，消費者特性，行動パターンなどは明らかに違っていなければならず，同一細分化市場内ではこれらは同じでなければならないということになる。また，市場需要の把握は，まず需要が同質であるか異質の場合であるかによって始まる。今日の我が国の消費者像は異質需要の塊りとみたほうがよく,市場細分化が重要な切り口となるのはまちがいないだろうとしている[4]。

池尾恭一（2010:a）も，和田と同様な視点で，市場セグメントとは，当該製品のマーケティングの視点から類似した特性を持つ部分市場と考えてよいとしている。市場細分化が描いての特性に応じて，効率を考えながら，マーケティング手段をきめ細かく適応させるものであることを考えれば，市場細分化のあり方は厳密にはマーケティング手段によって異なる[5]。

3.　マーケットセグメンテーションとマーケティング戦略

マーケットセグメンテーションとそのマーケティング戦略の関係についてみてみる。

和田（2006:b）によると，市場空間の選択の分類として，市場空間全体を対象とするマス・マーケティング，市場空間を細分化し，それぞれをターゲットとする分化型マーケティング，細分化した市場空間のなかからひとつの市場細分のみを選択する集中型マーケティング，個々の顧客に個別に対応するテイラード・マーケティング又はワントゥワン・マーケティングの４つのタイプがあるとしている[4]。そして，今日は市場細分化ののち，分化型マーケティン

グと集中型マーケティングの実行の2つのタイプとなるとしている。

　池尾（2010:b）は，無差別マーケティング戦略，差別的マーケティング戦略，集中マーケティング戦略を市場細分化の程度の高低と標的範囲の広さと狭さとで位置付けると，市場細分化の程度が低く標的範囲が狭いには無差別的マーケティング戦略で対応し，市場細分化の程度が高く標的範囲が広いのには差別的マーケティング戦略で，市場細分化の程度が高く標的範囲が狭いのには集中マーケティング戦略で対応するとしている[5]。

　2人の論者の視点は同じであり，類型化の段階でマーケティング戦略のネーミングが異なっていることがわかる。

　また，マーケットセグメンテーションは，市場細分化のために基準を設けて，区分するのであるが，ターゲットは表面上のことで，その裏側にあるニーズへの対応でなければならない。つまり，ニーズ⇔ターゲット⇔マーケティング・ミックスの関係である。このことから，マーケットセグメンテーションはニーズ・セグメンテーションと捉えなければ，マーケティング戦略は適応できないことになる。

第3節　3つの事例

1．3つの事例を取り上げた理由

　3つの商品ともに，大きな差別化の要因がみられないもので，かつ，身近な農産物であることからマンゴーとゴーヤと生活に欠かせないミネラルウォーターを取り上げた。そして，3つの商品に対するイメージ分析を行うために，因子分析を実施した。その結果が第3節2.，3.，4.である。アンケート調査は2014年6月上旬に中村学園大学の近くにある食品スーパーにて実施し，ミネラルウォーターは大学生を中心に実施した。

2.　マンゴーの因子分析結果

図表6-3-1　マンゴーの因子分析結果

マンゴー	因子1	因子2	因子3	共通度	残差分散
1)　栄養成分	△0.214	0.496	△0.153	0.315	0.685
2)　糖度	△0.271	0.650	△0.256	0.561	0.439
3)　食べやすさ	△0.415	0.649	△0.183	0.626	0.374
4)　原産地	△0.225	0.775	△0.128	0.672	0.328
5)　形	△0.160	0.647	△0.468	0.683	0.317
6)　色・ツヤ	△0.214	0.631	△0.597	0.800	0.200
7)　サイズ（大きさ）	△0.243	0.654	△0.536	0.773	0.227
8)　知名度	△0.385	0.715	△0.121	0.674	0.326
9)　価格	△0.368	0.431	△0.614	0.698	0.302
10)　割引・特売	△0.451	0.269	△0.597	0.633	0.367
11)　おまけやキャンペーン	△0.661	0.073	△0.415	0.615	0.385
12)　広告で見た	△0.751	0.264	△0.108	0.645	0.355
13)　友人等からの口コミ	△0.686	0.263	△0.201	0.580	0.420
14)　POP広告	△0.756	0.345	△0.079	0.697	0.303
15)　店員の説明	△0.707	0.350	△0.108	0.634	0.366
16)　自宅から近くにお店がある	△0.551	0.227	△0.325	0.461	0.539
17)　インターネットで購入	△0.509	0.146	△0.216	0.327	0.673
18)　農産物直売所で購入	△0.537	0.281	△0.190	0.403	0.597
二乗和	4.358	4.241	2.200		
寄与率	0.242	0.236	0.122		
累積寄与率	0.242	0.478	0.600		

固有値1以上で因子数を区分した。（サンプル197）

因子1は，POP広告（△0.756），広告で見た（△0.751），店員の説明（△0.707），友人等の口コミ（△0.686）の数値が高いことから，「プロモーション反応」とした。

因子2は，原産地（0.775），知名度（0.715）の数値が高いことから，「ブランド志向」とした。

因子3は，価格（△0.614），割引（△0.597），色・ツヤ（△0.597）の数値が高いことから，「価格志向」とネーミングした。

3. ゴーヤの因子分析結果

図表 6-3-2　ゴーヤの因子分析結果

ゴーヤ	因子 1	因子 2	因子 3	因子 4	共通度	残差分散
1）栄養成分	0.093	△0.488	0.483	△0.065	0.485	0.515
2）味	0.188	△0.347	0.721	△0.294	0.762	0.238
3）食べやすさ	0.202	△0.192	0.612	△0.323	0.557	0.443
4）原産地	0.190	△0.566	0.365	0.013	0.490	0.510
5）形	0.255	∧0.809	0.109	△0.160	0.757	0.243
6）色・ツヤ	0.197	△0.736	0.193	△0.112	0.631	0.369
7）サイズ（大きさ）	0.186	△0.653	0.200	△0.224	0.551	0.449
8）知名度	0.293	△0.518	0.145	△0.192	0.412	0.588
9）価格	0.273	△0.439	0.397	△0.446	0.624	0.376
10）割引・特売	0.265	△0.278	0.272	△0.748	0.781	0.219
11）おまけやキャンペーン	0.367	△0.088	0.189	△0.765	0.763	0.237
12）広告で見た	0.667	△0.247	0.041	△0.436	0.698	0.302
13）友人等からの口コミ	0.786	△0.192	0.123	△0.188	0.706	0.294
14）POP 広告	0.861	△0.224	0.078	△0.219	0.845	0.155
15）店員の説明	0.714	△0.323	0.168	△0.164	0.669	0.331
16）自宅から近くにお店がある	0.498	△0.266	0.328	△0.057	0.430	0.570
17）インターネットで購入	0.446	△0.073	0.177	△0.153	0.259	0.741
18）農産物直売所で購入	0.455	△0.220	0.419	△0.082	0.437	0.563
二乗和	3.592	3.261	2.005	1.998		
寄与率	0.200	0.181	0.111	0.111		
累積寄与率	0.200	0.381	0.492	0.603		

固有値 1 以上で因子数を区分した。（サンプル 200）

因子 1 は，POP 広告（0.861），友人等の口コミ（0.786），店員の説明（0.714）の数値が高いことから，「プロモーション重視」とした。

因子 2 は，形（△0.809），色・ツヤ（△0.736），サイズ（△0.653）の数値が高いことから，「形態志向」とネーミングした。

因子 3 は，味（0.721），食べやすさ（0.612）の数値が高いことから，「味志向」とした。

因子 4 は，キャンペーン（△0.765），割引・特売（△0.748）の数値が高いことから，「特売・キャンペーン重視」とした。

4. ミネラルウォーターの因子分析結果

図表 6-3-3　ミネラルウォーターの因子分析結果

ミネラルウォーター	因子 1	因子 2	因子 3	因子 4	因子 5	共通度	残差分散
1) 効能・効き目	0.042	△0.227	△0.091	△0.473	0.293	0.371	0.629
2) 味	0.071	△0.040	0.142	△0.784	0.146	0.663	0.337
3) 飲みやすさ・のど越しの良さ	0.075	△0.058	0.070	△0.803	0.068	0.664	0.336
4) 原産国・採水地	0.157	△0.269	△0.008	△0.312	0.128	0.211	0.789
5) パッケージの形	0.150	△0.877	0.126	△0.109	0.126	0.835	0.165
6) パッケージの色	0.218	△0.854	0.117	△0.119	0.148	0.827	0.173
7) ボトルのサイズ (大きさ)	0.051	△0.298	0.467	△0.080	△0.014	0.315	0.685
8) 知名度	0.278	△0.210	0.332	△0.135	△0.042	0.252	0.748
9) 価格	0.076	0.027	0.773	0.079	0.054	0.614	0.386
10) 割引・特売	0.245	0.025	0.616	0.008	0.108	0.452	0.548
11) おまけやキャンペーン	0.417	△0.132	0.391	0.039	0.137	0.365	0.635
12) 広告で見た	0.841	△0.215	0.143	△0.107	0.122	0.801	0.199
13) 友人等からの口コミ	0.541	△0.087	0.266	△0.142	0.339	0.506	0.494
14) POP 広告	0.654	△0.184	0.118	△0.138	0.412	0.664	0.336
15) 店員の説明	0.260	△0.075	0.108	△0.194	0.784	0.738	0.262
16) 自宅から近くにお店がある	0.146	△0.079	0.262	△0.116	0.435	0.299	0.701
17) インターネットで購入	0.106	△0.204	△0.003	△0.146	0.273	0.149	0.851
18) 自動販売機で購入	0.019	△0.026	0.264	△0.116	0.142	0.105	0.895
二乗和	1.956	1.919	1.777	1.776	1.400		
寄与率	0.109	0.107	0.099	0.099	0.078		
累積寄与率	0.109	0.216	0.315	0.414	0.492		

固有値 1 以上で因子数を区分した。(サンプル 349)

因子 1 は，広告で見た (0.841)，POP 広告 (0.654) の数値が高いことから「広告重視」とした。

因子 2 は，パッケージの形 (△0.877)，パッケージの色 (△0.854) の数値が高いことから，「パッケージ反応」とした。

因子 3 は，価格 (0.773)，割引・特売 (0.616) の数値が高いことから，「価格重視」とした。

因子 4 は，飲みやすさ (△0.803)，味 (△0.784) の数値が高いことから「飲みやすさ反応」とした。

因子 5 は，店員の説明 (0.784) と高い数値から「店員説明重視」とネーミングした。

第4節　差異からの考察

　先行研究にみられるように，論者によるセグメンテーションに対する認識的差異があることがわかる。

　第3節における3つの商品に対する因子分析結果から，それぞれにおけるセグメンテーションの基礎になるセグメントの存在があることがうかがえる。例えば，マンゴーでは3つのタイプ，ゴーヤでは4つのタイプ，ミネラルウォーターでは5つのタイプの消費者の存在である。このことが意味しているのは，同じ商品に対する消費者の認識的差異がみられることである。もとより，因子分析の固有値1以上で因子数を区分しなければ，その他の消費者の存在もいることになる。しかし，経営資源の限られている企業のマーケティング戦略を展開するには，市場の消費者像を明らかにし，そこに資源を集中していくことになる。この場合に，認識的差異が類似してればよいのであるが，全く異なる消費者に対しては，因子数のすべてに対応するのではなく，どれかに焦点をあて，マーケティング戦略を展開するのが適合であると考える。このことは，先行研究でみた池尾の市場細分化のあり方は厳密にはマーケティング手段によって異なるということに符号する。

　また，マンゴーといっても，消費者によって認識的差異が生じる要因は，宮崎産マンゴーを想起する消費者とフィリピン産マンゴーを想起する消費者とでは，同じマンゴーといっても，差異が生じるのは当然のことである。

　次に，3つの商品における市場空間において，同時にマンゴーでは3つのタイプ，ゴーヤでは4つのタイプ，ミネラルウォーターでは5つのタイプの消費者の存在であることから，空間的差異が読み取れる。つまり，違うタイプの消費者が同じ空間にいることを意味している。大きな差異のない類似性の高い商品では，認識的差異と空間的差異がみられることがわかった。

　次に，第2節3.での2人の論者は同じ視点でもって執筆された時代背景を考慮すると，マーケティング戦略の各ネーミングが異なっていることは，時間

的差異が生じているといえよう。

第5節　マーケティング戦略へのインサイト

　ここで，セグメンテーション，3つの事例，差異の考察からマーケティング戦略へのインサイトを論じる。

1.　消費者行動の視点

　3つの事例における因子分析結果から，市場はいくつかのセグメンテーションに区分されていることが明らかになった。それをよりターゲット消費者の行動として，ヘンリー・アサエル（Henry Assael）の観点から捉える。

図表6-5-1　消費者購買意思決定の分類

	高い関与	低い関与
意志決定	複雑な意思決定	衝動的購買
慣習	ブランド・ロイヤルティ	慣習

（出所：Henry Assael, *Marketing Management: Strategy and Action*, Kent,1985, p.127.）

　図表6-5-1は消費者購買意思決定を示したものであるが，今回取り上げた3つの事例は，いずれも低い関与で慣習による意思決定としての対象となる商品である。すなわち，慣習で購入しているものと考えられる。しかし，ヘンリー・アサエルは，図表6-5-2のようなブランド間の差異による関与を提示している。

図表6-5-2　ブランド間の差異による関与

	高い関与	低い関与
ブランド間に重要な差異	複雑意思決定あるいは ブランド・ロイヤルティ	多様な探索 （無差別選択）　（経験）
ブランド間に差異少なし	不協和の削減あるいは 帰因	慣習 （ランダム選択） （見せかけのロイヤルティ）

（出所：Henry Assael, 2nd ed., op.cit, p.84.）

　この図表は，マンゴー，ゴーヤ，ミネラルウォーターの３つの商品が慣習による購買意思決定として位置づけられるのではなく，ブランド間に差異があれば，購買意思決定が変わってくるといえることを提示している。３つの商品の中にブランドが構築されていれば，慣習からブランド・ロイヤルティか多様な探索になってくるのである。それによって，マーケティング戦略のあり方が異なってくる。例えば，マンゴーでは因子２がブランド志向のセグメントに該当し，ゴーヤでは因子１のプロモーション重視のセグメントであり，ミネラルウォーターでは因子１の広告重視のセグメントが該当することになってくる。マーケティング・ミックスのプロモーション展開で，ブランド間に差異を及ぼし，その結果，消費者のセグメントの一部がマーケティング戦略に反応することが考えられる。

2.　脱コモディティへ向けて

　あまり商品の差別化のみられない３つの商品はコモディティと呼ばれるカテゴリーであり，脱コモディティへ向けたマーケティング戦略を考える。

図表 6-5-3　脱コモディティ化の方向性

価値次元の変容	感性的価値 (暗黙・定性)	② 感性的価値の強化 (デザイン・使用感など)	④ 新たな経験価値による 新カテゴリーの創造 (真の脱コモディティ化)
	機能的価値 (形式・定量)	① コモディティ化	③ サブカテゴリーの創造 (用途開発・価値転換)
		既存 (顕在的)	新規 (潜在的)
		価値前提の変容	

(出所：池尾恭一他 (2010)『マーケティング』有斐閣，408 頁)

　脱コモディティ化に向けた取り組みは，1) 価値の類型における軸足のシフト (機能的価値から感性的価値)，2) 価値の前提における軸足のシフト (既存の顕在的価値から潜在的価値)，3) その両方向での軸足のシフトという３つの方向性で考えられるべきものとしている [6] (図表6-5-3)。コモディティ化は，差異の程度については，差異の小 (同質性) であり，差異の小から大に向けて，類

似商品から大きく異なる商品へと展開を考えることになる。今回事例で取り上げている３つの商品は差異の小であり，コモディティ化といえる。

　脱コモディティの取り組みとして，感性的価値の強化（①→②）として，ウォーターではパッケージデザインの斬新さや売り場でのPOP広告を用いた目立つ工夫が，因子５の広告重視セグメントに対応できる。また，ミネラルウォーターだけではなく，焼酎との水割りといったサブカテゴリーの創造（①→③）を行うことで，脱コモディティ化につながっていく。マンゴーの因子１のプロモーション反応セグメントや因子２ブランド志向セグメントにおいて，また，ゴーヤの因子２の形態志向セグメントや因子１のプロモーション重視においても，形の良さや見栄えや産地のイメージとともに感性的価値の強化につなげることが可能であり，サブカテゴリーの創造として，マンゴーやゴーヤを使用したレシピ・料理の展開が考えられる。そのことで，脱コモディティ化が図られることになる。脱コモディティ化の３つ目の新カテゴリーの創造では，ミネラルウォーターにはお酒の飲み方やマンゴーやゴーヤには料理の食仕方の中のパーツとして用いられることが考えられる。それは３つの商品にとって，脇役の役目となることを意味している。

第6節　まとめにかえて

　本論文は，マーケットセグメンテーションについて，差異の考察を行っているとともに，３つの商品の事例について因子分析結果を用いて，マーケティング戦略へのインサイトを試みた。また，マーケティング戦略へのインサイトとして，セグメントにおける消費者行動の視点と脱コモディティについてふれている。

　マンゴー，ゴーヤ，ミネラルウォーターといった大きな差異のない類似性の高い商品では，差異の観点から，認識的差異と空間的差異がみられることがわかった。

　残された課題として，今回は，消費財を対象としたマーケティングを考えているが，生産財のマーケティングも検討の必要がある。

注

1) 坂本賢三『「分ける」こと「わかる」こと』講談社，2006 年，56 頁。
2) 同上，206 頁。
3) 三中信宏『系統樹思考の世界～すべてはツリーとともに～』講談社現代新書，2006 年，86-87 頁。
4) 和田充夫，恩蔵直人，三浦俊彦『マーケティング戦略（第 3 版)』有斐閣アルマ，2006 年，57-74 頁。
5) 池尾恭一，青木幸弘，南知恵子，井上哲浩『マーケティング』有斐閣，2010 年，309-333 頁。
6) 池尾恭一，青木幸弘，南知恵子，井上哲浩『マーケティング』有斐閣，2010 年，407-409 頁。延岡健太郎『MOT 入門』日本経済新聞社，2006 年，を参考に青木幸弘が加筆修正している。

参考文献

・池尾恭一，青木幸弘，南知恵子，井上哲浩『マーケティング』有斐閣，2010 年。
・片山富弘『顧客満足対応のマーケティング戦略』五絃舎，2009 年。
・金森努『差別化マーケティング』TAC 出版，2009 年。
・熊野純彦『差異と隔たり』岩波書店，2003 年。
・坂本賢三『「分ける」ことと「わかる」こと』講談社学術文庫，2006 年。
・ジル・ドゥルーズ著，平井啓之訳『差異について』青土社，2000 年。
・ジャック・トラウト，スティーブ・リブキン著,吉田利子訳『独自性の発見』 海と月社，2012 年。
・高橋宣行『差別化するストーリーの描き方』PHP 研究所，2011 年。
・中山元『思考の用語辞典』筑摩書房，2000 年。
・三浦一『現代小売マーケティング論』千倉書房，1997 年。
・三中信宏『系統樹思考の世界～すべてはツリーとともに～』講談社現代新書,2006 年。
・和田充夫,恩蔵直人,三浦俊彦『マーケティング戦略(第 3 版)』有斐閣アルマ,2006 年。
・Carolaine Tynan, Jennifer Drayton, "Market Segmentation", *Journal of Marketing Management* 2(3), 1987, pp.301-335.
・Malcolm McDonald, Ian Dunba, *Market Segmentation*, John Wiley & Sons,2012.
・Richard M.Johnson, "Market Segmentation A Strategic Management Tool", *Journal of Marketing Research* 8, February 1971, pp.13-18.
・Russell I.Haley, "Benefit Segmentation", *Journal of Marketing* 32, 1968, pp.30-35.
・Wendell R.Smith, "Product Differentiation and Market Segmentation as Alternative Marketing Strategies", *Journal of Marketing*, July 1956, pp.3-8.

第7章　商品戦略におけるマーケティングは差異か？

第1節　はじめに

　マーケティングそのものが常に変化してきている。例えば，AMA の定義における 1960 年，1985 年，2004 年，2007 年といった具合である。これに関しては，著書『顧客満足対応のマーケティング戦略』のなかで，マーケティングの定義の変化に対する見解を論じてきた [1]。また，「差異としてのマーケティング」の論文のなかで，マーケティング戦略における差異化の重要性を認識してきた [2]。さらに，マーケティングにおける重要な概念である顧客満足の差異についても，学会報告や論文を展開してきた [3]。本章は，マーケティングは差異か，ということをマーケティング・ミックスのなかのプロダクツ，商品戦略で用いられる重要な概念 [4] を中心に，差異の概念から検証することにする。また，ブランドの観点からパーソナル・ブランディングの例として，個人のリクルート活動を想定して論じている。

第2節　商品戦略の主要概念の差異

　ここでは，マーケティング戦略におけるマーケティング・ミックスのなかのプロダクツ，商品戦略で用いられる主要な概念について差異の観点から論じていく。

1. 商品コンセプトの差異

　商品コンセプトは３次元から５次元に展開されてきている。３次元の商品コンセプトでは，コア・ベネフィット（中核的便益）が中心にあり，実態商品がそれを取り巻くように位置し，その外側に付随的サービスといわれるもので構成されている（図表7-2-1）。例えば，焼酎であれば，コア・ベネフィットは酔わせることであり，実態商品としては様々なパッケージや大小のサイズ，味や香り，ブランドである。付随的サービスとして，不良品などへの対応としてのお客様相談センターなどである。また，５次元の商品コンセプトでは，コア・ベネフィット，基本製品，期待製品，膨張製品，潜在製品となっている（図表7-2-2)。例えば，ホテルにおけるコア・ベネフィットは休憩と睡眠，基本製品はホテルの部屋はベッド，バスルーム，タオル，クローゼットなどである。期待製品として，ホテルの宿泊客は清潔なベッド，洗い立てのタオルなどを期待している。膨張製品として，生け花，迅速なチェックインやチェックアウトなどである。潜在製品は，製品に将来行われる可能性のある膨張及び転換をすべて含むとしている。このように当初には無かった商品コンセプトの捉え方が出

図表 7-2-1　３次元の商品コンセプト　　　**図表 7-2-2　５次元の商品コンセプト**

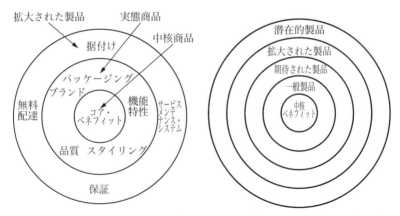

（出所：図表 7-2-1 はフィリップ・コトラー著，村田昭治監修『マーケティング・マネジメント（第４版）』プレジデント社，1983 年，307 頁を一部修正。図表 7-2-2 は，同書，第 7 版，1996 年，413 頁）

てきている。3次元コンセプトでは機能価値が中心であるのに対して，5次元コンセプトは顧客価値に重点をおいている。

　このことが意味しているのは，以前には無かった商品コンセプトの概念が，時間の経過とともに，拡張してきている，つまり，時間的差異の発生がみられるということである。また，商品コンセプトを捉えるその認識の差異，つまり，認識的差異が生じた結果であるといえる。以上から，商品コンセプトには2つの差異が生じてきているのである。

2.　商品ライフサイクル（PLC（Product-Life-Cycle））の差異

　商品の寿命，ライフサイクルを生物学的な概念を借用してきたものである。導入期，成長期，成熟期，衰退期の4つに一般的に区分されている。また，FADのように市場に出ては市場から早く消えてしまうように，ライフサイクルにも様々な曲線があることが確認されている。このライフサイクルそのものは，時間的差異として捉えられる。この商品ライフサイクルは商品だけでなく，企業レベルや業界レベルで用いられることは，空間的差異である。さらに，商品ライフサイクルにおける商品がどの段位に位置するかを決定づける項目は存在しない状況である。一応，売上高，コスト，利益，顧客，競争者の様子をみながら判断することになるのであるが，例えば，成熟期から衰退期に移行したものとして判断しても，再度，売上高が回復してくるような場合に衰退期と判断してよいものかどうかである。このような商品ライフサイクルにおける各段階での認識的差異が発生することから，商品ライフサイクルは3つの差異を内在していることになる。

　そして，ライフサイクルの各段階に応じたマーケティング戦略が用意されている（図表7-2-3）。成長期や成熟期にみられるように，その戦略のなかにも，差異の必要性が見出される。

3.　ロングセラーにおける差異

　成熟期に位置すると考えられるロングセラー商品は，導入期からそのままで

図表 7-2-3　商品ライフサイクルの特徴とマーケティング戦略

＜市場の特徴＞				
各ステージ	導入期	成長期	成熟期	衰退期
顧客の特徴	革新的採用者	初期少数採用者，のちに前期多数採用者	前期多数採用者〜後期多数採用者	採用遅滞者
競争	競争者は少ない，競争は穏やか	競争者の増加，競争の激しさが増す	市場シェアの固化，ほぼ定まった競争者	市場からの撤退が目立ち始め，競争者は減少
＜経営上の兆候＞				
売上高	低い	増加する売上	売上のピーク	徐々に減少
コスト	支出は大きい	支出も大きい	支出は減少	支出は抑制
利益	マイナス	増加する利益	安定した利益	利益の減少
＜マーケティング戦略＞				
キーワード	市場創造	市場浸透，差異化	市場シェアの維持・拡大	選択と集中
目標	新規顧客の創造，新製品試行への促し	機会損失をなくすこと，市場シェアの拡大	利益の最大化，市場シェアの防御・奪取	市場の刈り取り，出費の抑制
製品	基本的な機能をもつ製品	製品ラインの拡大	製品ラインの拡大，サービスなどの付与	弱い製品カテゴリーからの撤退
価格	かかったコストに利益を付加した価格	市場浸透価格	普及価格，競争相手に応じた価格	価格の低下
流通	取扱販売店の獲得，選択的流通チャネルの構築	開放的流通チャネルへの移行	さらなる開放的流通チャネル構築の推進	選択的流通チャネルへの移行，利益をもたらさないチャネルから撤退
広告・販売促進	認知の喚起，早期採用者の獲得，試行をさせるための販促活動，販売店に品揃えさせるための販促	引き続き消費者への認知の喚起，ベネフィットの認知・喚起，差別化	差異化，ブランドスイッチを起こさせるための販促活動	高いロイヤル顧客に集中したプロモーション，露出の削減，最小限の販促レベル

（出所：嶋口他『1からの戦略論』碩学舎，2009年，90頁）

はない。常に市場対応を行ってきているから，ロングセラーでいられるのである。例えば，日清食品のカップヌードルである。1971 年発売当初に比べ，パッケージの改定やミニサイズの発売などサイズの変更，定番商品だけでなく，チリ味やカレー味などのバリエーションをもたせ，飽きさせない工夫を展開し，また，若者をターゲットするための広告メッセージの変更などマーケティング戦略の展開がなされてきている。その他にもポカリスエットやハローキテイなども市場へのたゆまない働きかけがみられる。このことは，時間ともに変化する時間的差異が生じていることであり，市場に対する認識的差異への働きかけや国際的な広がりがみられることから，空間的差異が生じていることとなる。

4.　ポジショニング

　ポジショニングの考え方はジャック・トラウトによって提示されたものであるが，同時発生している商品を同じ空間に位置させるもので，特に競合品を位置させることで，自社商品のポジションを確認し，独自性を見出すものとして役立っている（図表7-2-4）。このツールは，まさに差異化を生み出す，又は，確認するものである。ポジショニング・マップを作成する要諦は，差異化の項目として，無限にあるともいえる軸を 2 つ選びだし，自社商品の独自性を見出すことにある。2 つの軸は商品の特徴が浮かび上がるものでなければならい。

図表 7-2-4　ポジショニング・マップ

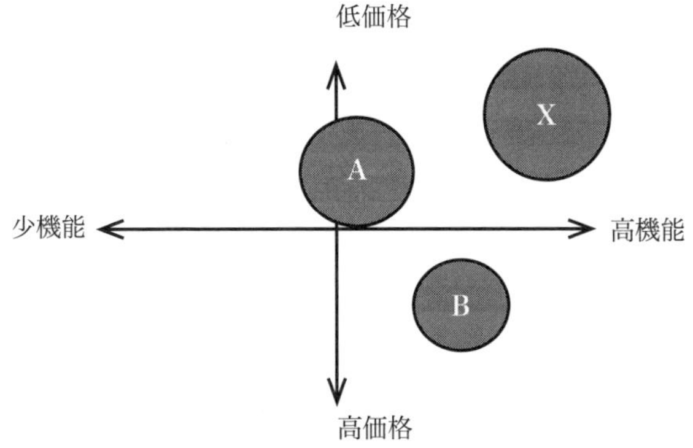

（著者作成）

このポジショニング・マップは，空間的差異そのものといえよう。

　また，ポジショニング・マップは次の戦略を考えることにも役立つものである。現在のポジションが競合に比べ，優位なのか否かを考慮し，明日の戦略を考えることになる。

　仮想であるが，今，ポジショニング・マップ上に商品Aと商品Bが位置している場合に，コスト・パフォーマンスからみて商品Xを新規に参入する可能性があることがみてとれることがわかる。

5．PPM

　BCG（ボストン・コンサルティング・グループ）によるPPM（Product-Portfolio-Management)は企業の多様なビジネスや商品を2次元のマトリックスで位置させるものである。相対的マトリックスと市場成長率の軸で，4区分し，それぞれにネーミングされている（図表7-2-5)。問題児，花形，金のなる木，負け犬である。企業の商品を2次元のマトリックスに位置づける行為は，空間的認識を意味しており，様々な商品が空間的差異として存在していることになる。このポジションによって，PPMの考え方は金のなる木から問題児や花形に位置するビジネスや商品に資金を投入することになる。

図表 7-2-5　PPM

	相対的マーケットシェア・高い	相対的マーケットシェア・低い
市場成長率・高い	花形（スター）	問題児（ストラテジック・プロブレム）
市場成長率・低い	金のなる木（キャッシュ・カウ）	負け犬（ドッグ）

　また，商品ライフサイクルとの関係では，導入期に位置するのは問題児であり，成長期に位置するのは花形，成熟期に位置するのは金のなる木，衰退期に位置するのは負け犬となる。商品ライフサイクルのところで述べたように，その商品のライフサイクル上での位置において認識的差異がみられるように，PPMにおいても同様である。

6.　アンゾフの成長ベクトル

　イグノア・アンゾフの製品と市場のマトリックスは成長ベクトルといわれる
ものであり，製品を既存製品と新製品に，市場を既存市場と新市場に区分し，
それぞれに区分するところを市場浸透戦略，新製品開発戦略，新市場開拓戦略，
多角化戦略の４つに区分している（図表7-2-6）。この４つの区分自体が認識的
差異を指し示すことであり，認識的差異を生じることになる。また，製品と市
場のマトリックスは企業成長をはかる際に考慮すべきことで，次の戦略を考え
るもととなるものである。例えば，市場浸透戦略から新市場開拓戦略への移行
は空間的差異と読み取れるし，市場浸透戦略から新製品開拓戦略は時間的差異
とも読み取れるもの考えられる。

図表 7-2-6　製品と市場のマトリックス

	既存製品	新製品
既存市場	市場浸透	製品開発
新市場	市場開発	多角化

7.　ブランドの差異

　ここで取り扱うブランドは，NB（ナショナル・ブランド）とPB（プライベート・
ブランド）である。NBはメーカーによるもので，PBは大手小売業者によるも
のである。商品のライフサイクルにおける成熟市場においては，PBが登場し
てくる。PBはNBの後に市場に出てくるものであるから，時間的差異といえ
る。例えば，コカコーラに対するディスカウント・ストアのトライアルのコー
ラである。また，成熟市場においては，NBとPBが同時に存在することから，
空間的差異があるといえる。

　もとよりブランドは成熟期のみにあるものではなく，商品ライフサイクル上
の各段階でみられる。ブランドの拡張は，時間的差異であり，競合を意識する
と，空間的差異ともいえる。

第3節　パーソナル・ブランディングの構築のプロセス

　ここでは，ブランドの進化系でもあるパーソナル・ブランディングについて，個人のリクルート活動を想定した例を論じている。このことは，従来のブランドの対象である商品や企業レベルではなく，個人となることで，差異の観点から突然変異が生じたとみてもよい。

1．マーケティングにおけるブランドの重要性

　マーケティングはある意味でブランド創りであり，ブランド維持活動であるといわれる。ブランドとは平易にいえば，ある分野で最初に頭に浮かぶものである。例えば，日本で山といえば，富士山であり，また，家電メーカーではPanasonicであるという風に，そのカテゴリーの中で抜きん出ているものである。そのようにマーケティングを通じて展開していくことがブランディング（Branding）である。

　そのブランド効果はいくつかある。①固定客の存在と増大，②売上高の増加，③参入障壁の構築，④流通取引の容易さ，⑤プロモーション・コストの低さ，などである。ブランド効果を目指して，どの企業もブランド創りをおこなっているのである。ブランド創りに成功した企業が生き残り，成長を続けているのである。ヒット商品やロングセラー商品はその証でもある。

2．個人のブランドとは

　企業や商品にもブランドがあるように，個人にもブランドがある。フィギュア・スケートの女王といえば，今は浅田真央である。少し前では，伊藤みどりやイナバウアーの荒川静香である。そのブランド化の根本は，本人のたゆまぬ努力であるが，見ている観客からすれば，顧客満足が得られ，感動し，それがブランド・ロイヤルティにつながり，ブランドになっていくのである。根底にあるのは，顧客満足なのである。本人が顧客満足を意識しているかは別にして

も，演技を通じて，また，スポーツ新聞やマス・メディアを通じて観客は彼女に感動していくのである。結果からいえば，彼女は自分のマーケティングに成功したといってよい。彼女の効果はテレビ視聴率にあらわれている。また，テレビCMに登場するくらいとなっている。

　このことが示しているのは，個人のリクルート活動においても重要である。つまり，個人をブランド化していくことがリクルート活動を有利に導くことにもあてはまる。企業が新商品を展開することと同様の考え方があてはまるのである。そこで，一般的な企業の場合になぞらえて，個人のブランディングのプロセスは，次のようになる。

1) 個人のコンセプト
2) 個人のドメイン
3) 個人のポジショニング
4) ターゲットの明確化
5) 個人のプロモーション

3.　個人のコンセプト

　一般的なマーケティングにおける商品コンセプトには，①中核的便益，②実態商品，③付加サービスの3つの次元がある。①中核的便益は，なぜその商品が存在するのかにこたえるものである。ボールペンなら，記録に残すためであり，ケータイなら，いつでもどこでもコミュニケーションができることが中核的便益である。個人ならその持って生まれた使命ともいえるものである。自分はなんのために生まれてきたのかを考えなければならない。これには数学のような正解は存在しない。生涯を通じて考えなければならないことで結論は出ない。しかし，男子の本懐として決意をかためる必要も時にはある。②実態商品は，商品そのものである。例えば，品質，パッケージ，味・香り，スタイル，ネーミングなどである。これが一般的に消費者に認識されることになる。なぜなら，相手に直接に見えるからである。これを個人におきかえると，自分の顔，髪型，スタイル，服装，名前などである。個人の業績といえる大学などで実施

してきたことや学習してきたことも対象になる。③付加サービスは，保証，アフターサービス，配達，支払い方法などである。商品そのものではないが，商品コンセプトにとってなくてはならないものである。ジャパネットたかたは，家電商品を売っている意味ではライバルが多いので，配送・金利負担を打ち出して，ライバルとの差異化を図っていることになる。これも個人にあてはめると，家柄をはじめとして，面倒見がよいとか，あなたと付き合うと何らかの得点がついてくることを意味している。このようにマーケティングにおける商品コンセプトの視点で，自分を見つめ直してみることで新たな自分探しができることになる。

4. 個人のドメイン

　企業には生存領域といわれるドメイン（Domain）がある。それは，誰に（WHO），何を（WHAT），どのように提供するのか（HOW），という3つの視点で決まる。これが消費者に明確に認識され，伝達されていることが重要である。その企業がブランドを有しているともいえるのである。食品スーパーを例にとると，地域の消費者に，新鮮な食品を店舗販売という形態で展開していることが，食品スーパーにとってのドメインであり，このドメインがターゲットといえる消費者に明確に認識されていることが重要なのである。当然，食品スーパーにも，低価格から高級価格で販売されている食品スーパーがあり，これは，提供方法によるところといえる。それが，商品の差異化ならぬ企業の差別化戦略になっているのである。この考え方を個人にあてはめると，あなたは誰のために，何を扱い，その提供方法を通じてのドメインをあなた自身が明確にする必要がある。それは，あなた自身のドメインを作成し，試行錯誤しながら決定していくことになる。そして，そのドメインがあなたの魅力形成につながっているのかどうかを考えなければならない。リクルート先の企業ドメインをまず考える。次にあなたがその中で果たすことができる役割は何かである。その際にあなたのドメインを考えてほしいのである。その意味では，ドメイン確定の作業は階層構造になっていると考えられ，ドメインの階層性と捉えている。先

ほどの食品スーパーにリクルートを考えた場合は，地域の消費者に，新鮮な食品を店舗販売という形態で展開していることが，食品スーパーにとってのドメインであり，その中であなたのドメインとして，ご年配の方を中心に，惣菜売り場で，POP広告を通じて売上高に貢献するといったシーンが考えられる。これは，あなたにとっての食品スーパーでのドメインである。

　また，就職活動する個人が就職希望先の企業との関係において，ドメインの段階性について考えられる。次の図表7-3-1のように4つの類型がみられる。①個人のドメインが明確になっており，企業のドメインも明確になっている場合は，ドメインが組織に浸透している。この場合は，個人と企業のドメインの一貫性や統合性が望まれることになる。その意味では，個人にとっても企業にとってもハッピーな状態といえる。②個人のドメインは明確になっているが，企業ドメインが不明確である場合は，中小企業に多いと思われるが，この状態は個人からみてアンハッピーな状態である。しかし，個人が入社後に企業組織を動かし，企業ドメインを策定していくことでハッピーな状態になる可能性がありうる。③企業がドメインを明確にしているが，個人のドメインが不明確な場合は，この状態は個人からみてラッキーな状態であるといえる。入社後に研修などで個人がドメインを策定していくことになる。④個人も企業もドメインを策定していない場合は，研修や競争関係の中での外圧でもって，企業か個人のいずれかがドメインを策定していかなければ企業組織の存続が危なくなってくる。リスキーな状態であるといえる。

図表7-3-1　個人と企業のドメインの対応関係

企業ドメイン明確	③ラッキー	①ハッピー
企業ドメイン不明確	④リスキー	②アンハッピー
	個人のドメイン不明確	個人のドメイン明確

（筆者作成）

　さらに，ドメインは，誰に（WHO），何を（WHAT），どのように提供するのか（HOW），という3つの視点で決まるのであるが，これはドメイン設定時間によってドメインが異なることが十分ありうる。個人のドメインも一定では

ない。個人の成長とともにドメインも変化する。その際，いつ（WHEN）の時点のドメインなのかを明示する意味で，ドメインの4次元を提案したいと考える。

5. 個人のポジショニング

　個人のコンセプトやドメインの作成ができたら，次はポジショニングである。ポジショニングとは，商品・サービスの位置づけ作業であり，そのプロセスの中で，その商品・サービスの独自性を見つけ出す作業である。このことは，ライバルとの差別化を明確にする意味で重要である。縦軸と横軸の2軸でマトリックスを作成する。例えば，成熟期におけるビール業界において，ビールメーカー各社は競争激化の状況にある中で，ヒット商品を出そうと躍起になっている。ライバル商品をポジショニングすることで，その位置づけが明確にみえてくるのである。その軸は，消費者の好みである味・香り・パッケージなどの感性軸と価格の高低，流通カバレッジの広さなどといった機能軸で，ライバル商品を位置づけることになる。位置づけて終了ではなく，そこから戦略を考えなければならない。まず，そのポジションでよいのか，より良いポジションに移動するには何が必要なのかである。これを個人にあてはめると，あなたの特徴を浮かび上がらせる2つの軸は何であろうか。その作成したポジショニング上で，あなたは魅力的な位置になっているのであろうか。そうでない場合はいくつかの軸を考慮して，あなたの特徴が魅力的になるようにしなければならない。例えば，その分野での経験の豊富さ，粘り強さといった性格によるものや，体力がある，迅速な対応ができるといった行動面などでのポジショニングである。作成上のポイントは，ライバルとの中であなたの特徴を浮かび上がらせることである。もとよりポジショニングにも正解は存在しない。あなたが決めることになる。

6. ターゲットの明確化

　ここでは，ターゲットをセグメンテーションによって決めることを勧める。

ターゲットとしてのリクルート先を選定する作業のメリットは，個人における労力の分散を防ぎ，逆にエネルギーを集中させることができることにある。つまり，リクルート活動の効率面で有利であるということである。就職先を選定しない場合もあるが，その際は労力やエネルギーを要することになる。

　ターゲットの明確化作業において，まず，業界を絞ることに始まるが，その際，いきなり業界といっても個人レベルではわからないことが多いと思われる。身近なところで，また，関心の高い商品やサービスや店舗は何かを洗い出してみることである。それらを完全に優先順位をつけるのも困難であるが，大きく3段階に区分し，優先順位をつける程度でよい。例えば，ボールペンに強い関心をもっていたなら，そのメーカーはどこか，販売しているところはどこか，といった観点でリクルート先を探していく。また，ボールペンそのものではなく広く業界をとらえて，文具業界についてみてみることや，ボールペンの原材料を作っているところはどこか，といったように視点を広げてみることでターゲットがみえてくることになる。そのターゲットを絞り込む際に，セグメンテーション基準によって，より一層の真のターゲットがみえてくる。例えば，仕事に対するやりがい，職種・職務，勤務地，給与条件，福利厚生面，などである。

7.　個人のプロモーション

　ターゲットが絞られ，自分自身がみえてきたら，個人のプロモーションを考えなければならない。企業における一般的なプロモーションは，プロモーション・ミックスの要素をいくつかの組み合わせにて展開している。プロモーション・ミックスとは，広告，広報，人的販売，販売促進に最近ではインターネット，口コミを加えている。個人の場合も，このプロモーション・ミックスを展開することが大切である。上記のコンセプト，ドメイン，ポジショニングでみてきたように個人の自己分析した結果をわかりやすくリクルート先に伝えるメッセージの作成，見やすい履歴書や自己 PR の作成，プレゼンテーション資料の作成である。それをリクルート先に個人をプロモーションさせる必要がある。言語明瞭，簡潔丁寧，意思疎通が十分になされる訓練をしておくことで，

面接時に心に余裕も生まれてくる。

　最後に上記の3.～7.のチェックリストを作成しておき，重要なリクルート先に向けて個人のブランド・メッセージが確立されているか，リクルート先にわかりやすく伝わるようになっているかをチェックするようにしておく必要がある。また，3.～7.は試行錯誤しながら，リクルート先に展開していかなければならない。決してこの順序どおりに進めていかなくてもよいのであるが，重要なことは一貫性がなければならないことである。

第4節　まとめにかえて

　マーケティング分野における研究資産も最終点はない。常に変化を続けているのである。過去の研究成果を踏まえたうえで，新たなる知見が差異のなかで生じているのであり，その連続性のなかに我々はいるのである。今回は，マーケティング分野，特にマーケティング・ミックスのプロダクツに焦点を当てて論じてきた。マーケティングのテキストで主に語られる内容を中心にその差異を示してきた。差異の成立条件で示したように，マーケティングを必要としている方々に認められることや研究者も理解を示されることやマーケティング独自の経営資源としての考え方が存在することで，プロダクツ，商品の差異が成立することになるのである。今回提示した内容は，マーケティングにおけるプロダクツの概念における差異である。3つの差異のいずれかに該当していることを検証してきた。その結果，マーケティングにおける商品戦略のいずれの概念も認識的差異，空間的差異，時間的差異ということで説明ができることがわかった。つまり，商品戦略におけるマーケティングは差異であるといえる。このことから，マネジリアル・マーケティング・インプリケーションとして，マーケターは常に差異の追求を心掛けていくことであり，そのことがマーケティングを実践していることになるのである。

　また，パーソナル・ブランディングに関する内容については，個人のリクルート活動を想定したマーケティング戦略を立案するプロセスを示しながら，その

際に，パーソナル・ドメインの位置づけとその重要性を確認している。つまり，商品コンセプトやドメインやポジショニングは企業レベルで一般的に考えられ，用いられるものであるが，パーソナルなレベルでもその活用の可能性を確認することができた。パーソナル・ブランディングは商品戦略における個人に焦点をあてたものであり，ブランドの進化系とも捉えることができる。

注

1)　片山富弘『顧客満足対応のマーケティング戦略』五絃舎，2009 年，215-224 頁。
2)　片山富弘「差異としてのマーケティング」『流通科学研究』中村学園大学 Vol.11, No.2，2012 年，25-37 頁。
3)　片山富弘「顧客満足の差異」『流通科学研究』中村学園大学 Vol.12, No.1, 2012 年，25-34 頁。
4)　今回の論文では，マーケティングテキストとして用いられているものを対象としている。テキストの用語として，製品戦略，商品戦略，製品政策，商品政策など多様であるが，一般的なものについて論じている。

参考文献

・アル・ライズ，ジャック・トラウト著，川上純子訳『ポジショニング戦略（新版）』海と月社，2012 年。
・恩蔵直人監修『コトラーのマーケティング・マネジメント』ピアソン・エデュケーション，2002 年。
・片山富弘『顧客満足対応のマーケティング戦略』五絃舎，2009 年。
・金森努『差別化マーケティング』TAC 出版，2009 年。
・熊野純彦『差異と隔たり』岩波書店，2003 年。
・鈴木貴博，宇治則孝『進化する企業のしくみ』PHP 研究所，2007 年。
・ジル・ドゥルーズ著，平井啓之訳『差異について』青土社，2000 年。
・高橋宣行『差別化するストーリーの描き方』PHP 研究所，2011 年。
・中山元『思考の用語辞典』筑摩書房，2000 年。
・牧野真『マーケティング大進化論』中経出版，2006 年。

第8章　マーケティング・ミックスの正体を探る

In Search of Marketing-Mix

第1節　問題意識

　マーケティングの定義の変遷について第1章の中で論じた。そのマーケティングを展開するに当たり，今回はマーケティング・ミックスについて論じる。マーケティング・ミックスは通常4P（Product, Price, Promotion, Place の頭文字の4つのPのことを4Pという）から様々に変化してきている。そのことから，マーケティング・ミックスの正体について，様々な視点から論じることにする。

　初めに時間的差異についてふれておく。この概念は，チャールズ・ダーウィンをはじめとする進化論とも関係しているものであり，同じものであっても，時間とともに変化しているものを意味している。Aの時期からBの時期に，同じ商品が差異ということで進化しているものが考えられる。また，バリエーションや派生してきたものは，この時間的差異に相当する。この時間的差異の導出背景は，同じ人間でも時間の経過とともに発想や考え方が異なってくるというものである。体内のなかで変化が常に起きているのである。また，接する仲間や刺激を受けることによって，思想が変化していくことから，時間軸による差異は存在するものと考える。

　マーケティングは，ターゲットに対してマーケティング・ミックスで対応する。このマーケティング・ミックスは諸要素であり，ターゲットに対して有効に働くものである。マーケティングのシステムズ・アプローチはターゲットに

対して，マーケティング・ミックスの個々の要素が有効に適合するとともに，
各マーケティング・ミックス間が一貫していなければならないとしている。

第2節　先行研究と現状

　マーケティング・ミックスの研究は，マーケティングそのものの研究とあい
まって多くの論者によって論じられてきた。クリントン（James Cullinton）は，
製造業のマーケティング・コストの研究を通じて，企業経営者を諸要因のミキ
サー「a mixer of ingredients」として認識し，また，ボーデン（Neil Borden）は，
クリントンに影響されながら，マーケティングの諸手続きと方策を創造的に色
づける経営者のことをマーケティング・ミックスとしている[1]。フレイ（Albert

図表 8-2-1　リプソンとダーリングのマーケティング・ミックスの構成要素

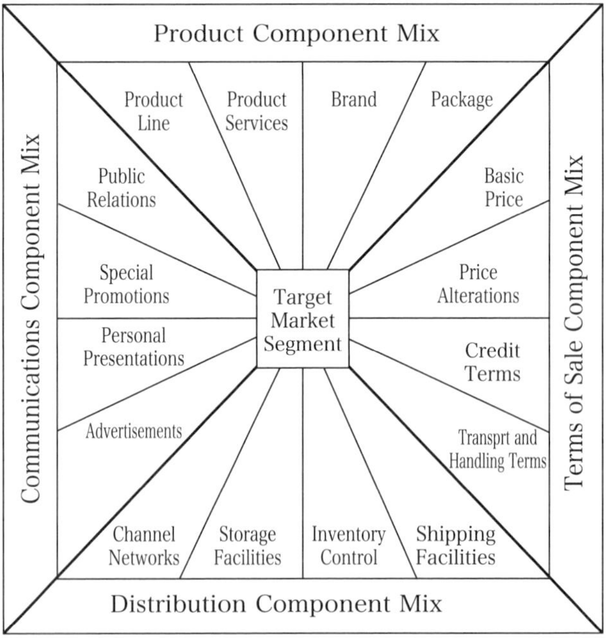

Product Component Mix

Communications Component Mix

Terms of Sale Component Mix

Distribution Component Mix

Product Line / Product Services / Brand / Package

Public Relations / Basic Price

Special Promotions / Price Alterations

Personal Presentations / Credit Terms

Target Market Segment

Advertisements / Transprt and Handling Terms

Channel Networks / Storage Facilities / Inventory Control / Shipping Facilities

（出所：Harry A. Lipson and John R. Darling, *Introduction To Marketing : An Administrative Approach*, John Wiley and Sons, 1971.）

Frey）は，オファリング（プロダクトとパッケージなど）とツール（広告と人的販売など）の2区分とした。ケリー（Eugene Kelly）とレイザー（William Lazer）は，製品サービス・ミックス，コミュニケーション・ミックス，流通・ミックスの3つの区分を用いた。マッカーシー（E. Jerome McCarthy）は，代表的な4つのプロダクツ，プライス，プロモーション，プレイスを示した。リプソン（Harry A. Lipson）とダーリング（John R. Darling）は，図表8-2-1のようなマーケティング・ミックスを提示している[2]。この図表が意味していることは，ターゲット・セグメントに対して4区分されており，マーケティング・ミックスの項目がどこに所属するのかを明らかにしたことである。

　最近のマーケティング・ミックスに関する一般的なテキストにおける個々の内容については，アメリカ・マーケティング協会の4P区分にしたがって，次のとおりである[3]。

　Product（製品・商品）については，マーケティング・ミックスの中でも中核をなす製品・商品戦略は，どのような製品・商品（サービスを含む）をつくれば顧客ニーズを満たすことになるのかを考える領域である。

　Price（価格）は，価格の設定方法とその運用管理について考える領域である。例えば，価格設定に影響を与える要因は，内部的には企業目標，製品差別化，マーケティング・ミックスなどであり，外部的には供給業者，政府，経済状況などが考えられる。

　Promotion（プロモーション）は，狭義の販売促進だけを意味するのではなく，顧客とのコミュニケーションや情報伝達活動のことであり，プロモーション・ミックス（広告，販売促進，人的販売，パブリシティ等）を用いて，顧客にいかに効率的にメッセージ内容等を到達させるかを考える領域である。

　Place（チャネル）は，製品・商品が顧客に届くようにするのには，どのようなルートが望ましいのかを考える領域である。この領域では，流通チャネルの構築と運用管理が重要である。なお，Place は日本語で場所を意味しているが，マーケティングでは販売経路，流通ルート，流通チャネルと捉えられている。

　図表 8-2-2 のようにマーケティングの主な研究者によって, マーケティング・ミックス内容が示されている。

図表 8-2-2　マーケティング・ミックスの構成要素

ボーデン	ハワード	マッカーシー	レーザー	1985 年AMA
1. 商品計画	1. 商品	1. 商品	1. 商品	1. 商品構想化
2. 価格設定	2. 販売経路	2. 売場	2. 流通	2. 価格設定
3. ブランド設定	3. 価格	3. 促進	3. 情報伝達	3. 促進
4. 流通経路	4. 広告	4. 価格		4. 流通
5. 人的販売	5. 人的販売			
6. 広告				
7. 促進				
8. 包装				
9. 陳列				
10. サービス提供				
11. 物的処理				
12. 調査分析				

(出所：江尻弘『マーケティング思想論』中央経済社, 1994 年, 100 頁)

　また, 最近のマーケティング・ミックスは論者によって変化してきている。例えば, コトラー (Philip Kotler) は通常のマーケティング・ミックス (4P) に加え, 2P (Politics, Public opinion) を提案しており[4], さらにロバート・ローターボーンは顧客の観点から 4C (Customer-Value, Cost, Communication, Convenience) を提示している[5]。このように, コトラー自身もマーケティング・ミックスを当初から変化させてきている。

　そして, 時間を経るにつれて, マーケティングの展開がなされていく。例えば, サービス・マーケティングでは, 7P のサービス・マーケティング・ミックスを展開している。それは, 通常の 4P に, 3P (People, Physical evidence, Process) を加えたものである[6]。環境マーケティングでは, 通常の 4P に, 2P (Packaging, Physical Distribution)を強調している[7]。さらに, リレーションシップ・マーケティングにおけるマーケティング・ミックスでは, 通常の 4P に, 3P (People, Processes, Provision of customer service) を加えた 7P が提示され, 7 つの諸要素の中でも, Provision of customer service が中心的な存在としている[8]。リバース・マーケティングでは, 顧客との取引をコントロールする

のではなく，取引が容易になる環境づくりに努めるということで主導権は顧客側にあり，4P の逆バージョンともいえる逆プロモーション，逆広告，逆プライシング，逆製品設計を提示している[9]。例えば，逆プロモーションでは，顧客が許可したものだけについて広告やプロモーションを要求するパーミッション・マーケティングはその例であるとしている。

　次に，品質管理分野では，TQM（Total Quality Management）の中に，7 つ道具があり，その 1 つの特性要因図作成時に 4M（Man, Machine, Method, Material の 4 つの頭文字の M）がある。この 4M の視点は，問題解決時や問題発生要因を探る際の切り口となるものである。特性要因図はマーケティング・ミックスの要因でも作成できるものであり，要因レベルでは同じものと考えてよい。

　最近では，シェス（Jagdish N. Sheth）とシソディア（Rajendra S. Sisodia）による 4A（Acceptability, Affordability, Accessibility, Awareness の頭文字である 4 つの A）が主張されている[10]。アクセプタビリティ（Acceptability）とは，企業の提供する製品が全体として，どのくらいターゲット市場の顧客のニーズや期待と合致し，また，ニーズや期待を上回っているかをいい，機能的・心理的な 2 つのアクセプタビリティがある。アフォーダビリティ（Affordability）は，ターゲット市場の顧客がどのくらい当該製品の価格に対して支払うことができ，かつ支払う意思があるかをいい，経済的・心理的な 2 つのアフォーダビリティがある。アクセシビリティ（Accessibility）は，顧客が当該製品をどのくらい容易に入手できるのかをいい，アベイラビリティとコンビニエンスの 2 つがある。アウェアネス（Awareness）は，顧客が当該製品の特長についてどのくらい知っており，購入・利用しようと思っているかをいい，製品知識とブランド認知の 2 次元がある。

　私は企業経営においては特に情熱が必要であると考えている。ベンチャー企業では，特に起業推進者の情熱がより一層重要なのではないかと考えている。その意味で，通常の 4P に Passion（情熱）を加え，5P を提案している[11]。また，後述するようにマーケティング・ミックスは，ターゲットに対する Value-Proposition（バリュー・プロポジション，価値提案）であると考えている。

以上のことを図表 8-2-3 に一覧表としてまとめている。

図表 8-2-3　最近のマーケティング・ミックス内容の一覧表

氏名	分野	マーケティング・ミックス内容
P. コトラー	マーケティング・マネジメント	4P+2P（Politics,Public opinion）=6P 4C（Customer-Value,Cost,Communication,Convenience）
ゼイハル，ビトナー，近藤隆雄	サービス・マーケティング	4P+3P（People,Physical evidence, Process）=7P
三上富二郎他	環境マーケティング	4P+2P（Packaging, Physical Distribution）=6P
M. クリストファー他	リレーションシップ・マーケティング	4P+3P（People, Processes, Provision of customer service）=7P
中野明	リバース・マーケティング	逆プロモーション，逆広告，逆プライシング，逆製品設計
シェス＆シソディア	マーケティング・マネジメント	4A（Acceptability, Affordability, Accessibility, Awareness）
片山富弘	マーケティング・マネジメント	Value-Proposition（バリュー・プロポジション，価値提案）=4P+1P（Passion（情熱））=5P

（筆者作成）

　通常の 4P はターゲットに対して有効な諸要素を組み合わせて展開していくものであるが，マーケティングの根幹であった 4P で終了ではなく，まぎれもなくマーケティング・ミックスはマーケティングの展開とともに進化してきているのである。このことは，マーケティング・ミックスの時間的差異であるといえよう。

第3節　マーケティング・ミックスの活用事例

　ここでは，筆者がかかわったマーケティング・ミックスを活用した2つの事例を取り上げる。

1.　食肉満足度調査におけるマーケティング・ミックス

　1つは，消費者が求めている食肉についての満足度調査を実施することで，食肉の販売の可能性を探る。食肉を取り扱っていない農産物直売所での消費者アンケート調査結果からの考察を通じて，食肉を取り扱うマーケティングの視点からの課題や提言を考えたい。その意味では，消費者起点の販売可能性を探

ることを意味している。なお，ここでの食肉とは，牛，豚，鳥である。

(1) アンケート調査設計

①目的：食肉を取り扱っていない農産物直売所における食肉の販売可能性を
　　　　探る為，食肉の満足度調査。

②対象商品は，食肉の主要な3種類（牛，豚，鳥）とした。

③満足度調査においては，「満足」を5とし，「不満」を1とする5段階と
　した調査票とした。また，満足度の調査項目は，マーケティング・ミック
　スの観点から，プロダクツに該当する項目が「肉そのものの味」，「食感」，
　「消費期限の提示」，「生産者がわかる」，「地域で生産されている」，「パッケー
　ジ・デザイン」，「トレーサビリティの有無」，「量り売り」である。プライ
　スに関する項目は「価格の安さ」，「割引がある」で，プロモーションに該
　当する項目は「店員の説明」，「チラシ」，「口コミ」とした。プレイスに関
　する項目は「買い物の場所」，「お店へのアクセスのよさ」とした。

(2) アンケート調査の実施

①調査日程：2008年3月2日（日）の9時〜15時

②農産物直売所に来所された方にアンケート調査票に直接記入。場所は，ま
　だ食肉を取り扱っていない佐賀県七山村にある2箇所の農産物直売所で
　実施。佐賀県七山村は商圏範囲として福岡県が含まれる。

(3) アンケート調査結果集計

①有効回答145（有効回答率96.7%）

②性別：男性40.0%，女性60.0%

③年代別：50代33.1%，60代24.8%の合計は57.9%と全体の約6割弱

④農産物直売所で食肉が販売されている場合の購入可能性：「はい」66.2%，
　「わからない」20.7%，「いいえ」13.1%の順となっている。

⑤購入の際の食肉の種類は牛，豚，鳥ともほぼ同数となっている。

(4) 食肉満足度の重回帰分析結果

決定係数 65.3%

項　目	偏回帰係数	t値
定数	0.269	1.201
肉そのものの味	0.220	2.423
食感	△ 0.052	△ 0.574
消費期限の提示	0.102	1.785
生産者がわかる	△ 0.002	△ 0.049
地域で生産されている	△ 0.026	△ 0.505
パッケージ・デザイン	0.052	0.880
トレーサビリティの有無	0.144	2.852
量り売り	△ 0.008	△ 0.179
価格の安さ	0.141	2.133
割引がある	△ 0.060	△ 1.038
店員の説明	0.059	1.289
チラシ	0.073	1.258
口コミ	△ 0.099	△ 1.896
買い物場所	0.391	5.926
お店へのアクセスのよさ	0.000	0.002

　食肉満足度における偏回帰係数が高い数値を示しているのは，「買い物場所」(0.391)，「肉そのものの味」(0.220)，「トレーサビリティの有無」(0.144)，「価格の安さ」(0.141) となっている。マイナスの係数もみられるが大きな数値ではない。この結果は，どこで食肉を購入するのかということは重要であり，肉の味も大切であることを示している。また，食の安全性からトレーサビリティや価格の安さに対することが満足度に貢献していることがうかがえる。さらに決定係数が 65.3% であることから，今回のマーケティング・ミックス項目以外の項目要因があることがわかる。

2. ミネラルウォーターのマーケティング・ミックス

　また，2つの目の事例として，ミネラルウォーターを対象にマーケティング・ミックスを考慮して因子分析を実施した。ここでプロダクツに該当するのは，効能・効き目，味，飲みやすさ・のど越しの良さ，原産国・採水地，パッケージの形，パッケージの色，ボトルのサイズ，知名度である。プライスは，価格，割引・特売である。プロモーションは，おまけやキャンペーン，広告で見た，友人等からの口コミ，POP広告，店員の説明である。プレイスは，自宅から

近くにお店がある，インターネットで購入，自動販売機で購入である。

ミネラルウォーターの因子分析結果

	因子1	因子2	因子3	因子4	因子5	共通度	残差分散
1) 効能・効き目	0.293	△0.091	△0.227	△0.473	0.042	0.371	0.629
2) 味	0.146	0.142	△0.040	△0.784	0.071	0.663	0.337
3) 飲みやすさ・のど越しの良さ	0.068	0.070	△0.058	△0.803	0.075	0.664	0.336
4) 原産国・採水地	0.128	△0.008	△0.269	△0.312	0.157	0.211	0.789
5) パッケージの形	0.126	0.126	△0.877	△0.109	0.150	0.835	0.165
6) パッケージの色	0.148	0.117	△0.854	△0.119	0.218	0.827	0.173
7) ボトルのサイズ（大きさ）	△0.014	0.467	△0.298	△0.080	0.051	0.315	0.685
8) 知名度	△0.042	0.332	△0.210	△0.135	0.278	0.252	0.748
9) 価格	0.054	0.773	0.027	0.079	0.076	0.614	0.386
10) 割引・特売	0.108	0.616	0.025	0.008	0.245	0.452	0.548
11) おまけやキャンペーン	0.137	0.391	△0.132	0.039	0.417	0.365	0.635
12) 広告で見た	0.122	0.143	△0.215	△0.107	0.841	0.801	0.199
13) 友人等からの口コミ	0.339	0.266	△0.087	△0.142	0.541	0.506	0.494
14) POP広告	0.412	0.118	△0.184	△0.138	0.654	0.664	0.336
15) 店員の説明	0.784	0.108	△0.075	△0.194	0.260	0.738	0.262
16) 自宅から近くにお店がある	0.435	0.262	△0.079	△0.116	0.146	0.299	0.701
17) インターネットで購入	0.273	△0.003	△0.204	△0.146	0.106	0.149	0.851
18) 自動販売機で購入	0.142	0.264	△0.026	△0.116	0.019	0.105	0.895
二乗和	1.400	1.777	1.919	1.776	1.956		
寄与率	0.078	0.099	0.107	0.099	0.109		
累積寄与率	0.078	0.176	0.283	0.382	0.490		

固有値1以上で因子数を区分した。

因子1は，店員の説明（0.784）と高い数値から「店員説明重視」とネーミングした。

因子2は，価格（0.773），割引・特売（0.616）の数値が高いことから，「価格重視」とした。

因子3は，パッケージの形（△0.877），パッケージの色（△0.854）の数値が高いことから，「パッケージ反応」とした。

因子4は，飲みやすさ（△0.803），味（△0.784）の数値が高いことから「飲みやすさ反応」とした。

因子5は，広告で見た（0.841），POP広告（0.654）の数値が高いことから「広告重視」とした。

　以上より，マーケティング・ミックスより，ミネラルウォーターには5つの因子が存在することが明らかになった。

　２つの事例からいえることは，マーケティング・ミックスについて，経営者やそのマネジャーからの視点での限界はあるものの，操作可能要因であることである。限界の１つは，目的に対する操作要因を意識するあまり，意図的な要因を選択しかねないことである。つまり，別の操作要因が存在する可能性を逃すことになる。また，4Pの各要素は同様に等しいのではなく，ターゲットに対して，4Pの各要素のウエイトが異なってくると考えられる。

第４節　考　察

1.　マーケティング・ミックスの本質

　マーケティング・ミックスは，4Pから4Cへ，そして，4Aに展開されてきている。4Pの概念が研究者によって，切り口を変えながら存在しているのである。そもそもマーケティング・ミックスは，ターゲットに対して問題解決の手段であり，諸要素は必要に応じて展開されればよいものである。通常の4Pというのは，１つの切り口に過ぎない。

　ニーズ⇔ターゲット⇔マーケティング・ミックスの関係から，マーケティング・ミックスはターゲットに対する Value-Proposition（バリュー・プロポジション, 価値提案）であると考える。マーケティング・ミックスは箱であり, 器である。この中にどのようなものを入れ込んでいくかは，マーケターのセンスによる。つまり，マーケティング・ミックスは考え方であり，切り口にすぎない。経営者やマネジャーがマーケティング展開を図るときに，合理的で効率的な切り口を提案するのに役立つ。

2.　マーケティング・ディスコース（Discourse）からの視点

　P. スカーレン（Per Skalen），M. フゲール（Martin Fougere），M. フェレッソン（Markus Fellesson）等によると，マーケティング・ディスコースの観点からマーケティング・ミックスを次のように述べている。

　マーケティング・ミックスの技術，特に4Pの技術は，ある主体的立場の結

果として，プロモーションを通じて，管理統制の可能性や組織の支配・管理性をも連想させる。マーケティング・マネジャーは「要素のミキサー」という主体的立場が与えられ，多くはバーテンダーのように彼らはドリンク・ミキサーに入れて混ざった飲み物（4P）を注ぎ，それをシェイクして飲み物を提供する（マーケティング戦略）ことが期待されている。このプロセスによって生じる戦略は製品の要望やマーケティング・コミュニケーション活動が追求されなければならないかといったように，具体的な目標が次々と設定されるようになるはずである。その上，マネジャーに影響を及ぼすものとして，4P は販売員をマネジャーの管理主義の対象ないし服従に転じることもあるとしている。また，マーケティング・ミックスは，抑圧というよりもむしろ善意によって，販売員の管理と統制を規定していることを示している。販売員を手段として何かを搾取の対象として扱われており，それは司祭的権力の基本的な特徴である [12]。

　ここで，注目すべきことは，管理技術としてマーケティング・ミックスが認識され，位置付けられていることである。しかし，私の考えるマーケティング・ミックスはマーケティングの対象であるターゲットに対して問題解決を示唆するものである限り，管理統制技術ではない。その内容や範囲を示す指針になるものであり，マーケティング・コントロールの概念を含まない。もし，マーケティング・コントロールを含むのであれば，P・D・C・A のサイクルの中で，コントロールはチェック機能として位置させ，マーケティング・ミックスは P（プラン・計画）のなかに留めておくべきものと考える。マーケティング・ディスコース（Discourse）から観たマーケティング・ミックスによって，問題が必ずしも解決するものではないのである。

3.　マーケティングはアートかサイエンスかの論争の視点

　マーケティング・ミックスはアートとサイエンスの中間に位置している。マーケティング・ミックスは，ターゲットに対する問題解決を提案するその意味では技法であると捉えた方がよい。しかし，マーケティングが自然科学に対する社会科学のなかに位置している限りはサイエンス志向であり，マーケティン

グ・ミックスはその支援をする技法であると考える。前述したようにミネラル・ウォーターの因子分析を実施するに当たり，マーケティング・ミックスの項目内容の選択時に，4Pの順序でそれぞれに該当する内容項目を選択したことはアートである。しかし，そのマーケティング・ミックスのそれぞれの項目を活用して統計解析を実施したことはサイエンス志向であるといえる。このことから，マーケティング・ミックスはアートとサイエンスの両方を志向することで充実してくるものと考えられる。

第5節　まとめにかえて

　マーケティング・ミックスはValue-Proposition（価値提案）であると考える。4Pに代表されるマーケティング・ミックスは，問題解決のための切り口であり，その諸要素は様々であり，ヒントを与えるものと捉えるほうが，現状の様々なマーケティング・ミックスを理解するのに役立つ。

　また，事業領域であるドメインの視点として，エイベル（D.Abell）の3次元であるWHO，WHAT，HOWは，4Pのマーケティング・ミックスは関係している。つまり，WHOはターゲットに対し，WHATはProductとPriceに対応し，HOWはPromotionとPlaceに対応している。WHATはターゲットへの価値提供であり，HOWはターゲットへの価値提供方法である。マーケティング・ミックスは，事業領域を規定することにつながっている。マーケティング・ミックスを考えることは，それだけ重要なことなのである。

注

1)　Neil H. Borden, "The Concept of the Marketing Mix", *Journal of Marketing Research* 4, June 1964, pp.2-7.

2)　Harry A. Lipson, Fred D. Reynolds, "The Concept of the Marketing Mix", *Business Topics*, Winter 1970, pp73-80.

3)　片山富弘・竹内慶司編『市場創造〜顧客満足とリレーションシップ〜』学文社，2014年，21-23頁。

4)　Philip Kotler, *Kotler on Marketing*, Free Press, 1999, p.95.

P. コトラーはグローバル展開に必要なものとして提唱している。Politics は政治活動上は売上高に大きな影響を与える。また，Public Opinion は，一般の人は寄せる関心はその時代の雰囲気や流れに左右されるもので，その対応が必要であること。

5)　*Ibid*, pp.96-97. 4C は，ロバート・ローターボーンの提唱である。

6)　近藤隆雄『サービス・マーケティング』生産性出版，1999 年，179 頁。また，その出典は，V.A.Zeithhaml & M.J.Bitner, *Services Marketing*, McGraw-Hill 1996, p.25.

7)　三上富三郎『共生の経営診断』同友館，1994 年，99-103 頁や平島廉久『環境満足経営のすすめ方』日本実業出版社，1999 年，102-103 頁に詳しい。

8)　Martin Christopher, Adrian Payne, David Ballantyne, *Relationship Marketing*, Butterworth Heinemann, 1991, pp.12-19.

9)　中野明『マーケティング戦略 50』朝日新聞社，2006 年，56-57 頁。

10)　ジャグディッシュ N. シェス，ラジェンドラ S. シソディア著，小宮路雅博訳『4A・オブ・マーケティング～顧客・企業・社会のための新価値創造～』同文館出版，2014 年に詳しい。

11)　片山富弘『顧客満足対応のマーケティング戦略』五絃舎，2009 年，130-133 頁。

12)　P. スカーレン，M. フゲール，M. フェレッソン著，折笠和文訳『マーケティング・ディスコース』学文社，2010 年，203-222 頁。

参考文献

- 江尻弘『マーケティング思想論』中央経済社，1994 年。
- 片山富弘『顧客満足対応のマーケティング戦略』五絃舎，2009 年。
- 片山富弘・竹内慶司編『市場創造～顧客満足とリレーションシップ～』学文社，2014 年。
- 近藤隆雄『サービス・マーケティング』生産性出版，1999 年。
- 中野明『マーケティング戦略 50』朝日新聞社，2006 年。
- 平島廉久『環境満足経営のすすめ方』日本実業出版社，1999 年。
- 三上富三郎『共生の経営診断』同友館，1994 年。
- ジャグディッシュ N. シェス，ラジェンドラ S. シソディア著，小宮路雅博訳『4A・オブ・マーケティング～顧客・企業・社会のための新価値創造～』同文館出版，2014 年。
- ドーン・イアコブッチ，ボビー J. カルダー編，小林保彦，広瀬哲治監訳『統合マーケティング戦略論』ダイヤモンド社，2003 年。
- P. スカーレン，M. フゲール，M. フェレッソン著，折笠和文訳『マーケティング・ディスコース』学文社，2010 年。

第9章　商品コンセプトの再検討

第1節　はじめに

　商品コンセプトは新製品開発戦略をはじめとする商品戦略の出発点であり，マーケティングにおける重要な概念である。しかし，その構築に当ってはアート的であり，ファジーな要素が多々見受けられる。商品コンセプトの視点は様々な角度から商品コンセプトを生み出すことが可能となっている。そこで，商品コンセプトの視点を整理し，商品コンセプトの温故知新を考えたい。なお，ここでは，商品とあるが製品やサービスを含む概念である。

第2節　従来の商品コンセプト

　ここでは，従来の商品コンセプトについて，マーケティングにおける商品の捉え方，商品コンセプトの開発，ベンチャー企業における商品コンセプトの位置づけからの視点で論じることにする。

1．マーケティングにおける商品の捉え方

(1) 商品コンセプトの一般的理解と定義

　マーケティングにおける商品の捉え方は，「便益の束」として捉えられる[1]。例えば，女性が口紅を買うのは単に口紅そのものを欲しいからではなく，美しくありたいという問題解決のために買うのである。また，電動ドリルを買う顧

客は，電動ドリルそのものではなく，穴をあけたいという欲求を満たしたいからである。そこで，商品コンセプトには３つのレベルがあるとされる。その最も基本的なレベルは，便益の束としての「中核部分」，これは「コア・ベネフィット」と呼ばれ，顧客が何を求めて商品を買うのかという根本的な問いに答えるものである。この「コア・ベネフィット」に物理的対象の場合，機能，品質，スタイル，ブランド，パッケージといった特性が加わって，「実態部分」をともなった「商品」となり，「実態商品」と呼ばれる。口紅や電動ドリルも特性がそなわって，正式な商品となる。また，サービスの場合，無料であるとか待ち時間を必要とするといったようにある特性をもって提供されるとき，正式な商品となる。マーケティングでは一般に4Pを構成するプロダクツには，商品だけでなく，サービスを含んでいる。さらに，保証や取り付けなどの「付随部分」がある。これは「拡大された商品」といわれるものであるが，「付随的サービス」とも呼ばれている。従って，商品には３つのレベルが存在し，便益の束といわれるのである（図表9-2-1）[2]。しかし，上原征彦によると，これは売り手からみた商品の捉え方の１つにすぎないとしている[3]。例えば，筆筒は筆

図表 9-2-1　３次元の商品コンセプト　　　**図表 9-2-2　５次元の商品コンセプト**

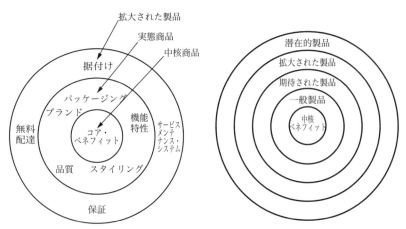

（出所：図表9-2-1はフィリップ・コトラー著，村田昭治監修『マーケティング・マネジメント（第4版）』プレジデント社，1983年，307頁を一部修正。図表9-2-2は，同書，第7版，1996年，413頁）

筒そのものでは完成ではなく，顧客の住まいの中にうまく位置付けられて初めて商品となる。つまり，商品化するまでに買い手にしてもらう行為も当然考慮すべきであることを指摘している。

　また，フィリップ・コトラーは，5つの製品レベルがあることを指摘している（図表9-2-2）[4]。それは，コア・ベネフィット，基本製品，期待製品，膨張製品，潜在製品である。コア・ベネフィットと基本製品は前述と同じである。ここで製品としているが，前述の商品と同じ意味と考えてよい。期待製品とは，消費者がその商品を購入する際に期待する属性と条件の一式である。ホテルの宿泊客の場合は，清潔なベッド，洗い立てのタオルなどである。膨張製品は，ホテルの場合は，豪華なテレビ，生け花，迅速なチェックインとチェックアウトへの対応である。今日の競争はこのレベルで生じているとしている。潜在製品は，製品に将来行われる可能性のある膨張及び転換をすべて含んでいる。ここでは，企業が顧客を満足させ，自社製品を特徴づける方法を探索しなければならなくなる，としている。フィリップ・コトラーは前述より商品コンセプトを拡大してきているわけであるが，マーケターとしては3つの商品コンセプトのほうが理解しやすく，特に潜在製品レベルについては製品レベルよりもシステムレベルにまで拡大して商品をとられることが要求されているが，当初のコア・ベネフィットの存在が希薄になっていくという危険がある。

2.　商品コンセプトの開発

　マーケティングに対するエンジニアリングの側面からみてみる。商品コンセプトは開発するものにとっての「商品開発上の指針」となるものであり，顧客にとっては，「その商品がどのようなものであるか」を理解できるよう簡潔にまとめられたものである。商品コンセプトを基盤マーケティング・リレーションで表現すると，(A，B，P) となる。すなわち，「A なので，B ができる P です」となる[5]。

＜商品コンセプト例（A,B,P）＞

A：お茶とその有効成分カテキンと各種ビタミン・ミネラルが配合されているので,

B：さわやかで速く吸収され，疲労回復に役立つ,

P：栄養・スポーツ飲料です。

しかし，ここで問題は顧客サイドの要素を商品コンセプトの中に含めていないことである。前述の商品コンセプトはどのような商品かを規定するものであり，人と商品との関係は時間とともに変化するからであるので，その商品コンセプトが顧客に受け入れられるかどうかについては商品コンセプト調査が必要となってくるのである。

また，アート的要素の強い商品コンセプト創りにおいて，そのエンジニアリング化としての創出支援システムがある。その一部を示すと，標準的手順の概要は，次の通りである。①市場構造と商品領域の確認，②事実の整理と仮説出し（仮説インパクト表），③発想の拡大，④アイデアの絞込みとブラッシュアップである。特に重要なことは，仮説インパクト表の作成により個人レベルから組織レベルに，仮説でも既に検証された事実などを関係者間で共有化することである。

次に，商品企画のステップにおける商品コンセプト開発をみると図表9-2-3の通りである[6]。実際の商品コンセプト開発はこのステップどおりに進むとは考えにくいが，サイエンス化を志向していることがみられる。各種手法についての説明はここではふれないが，メーカーの場合には設計とのリンクにおいて，品質表が重要になる。これは，顧客のニーズが言葉になったものと企業設計との対応関係を示す表であり，商品コンセプトが技術の言葉に変換することになる。

さらに，商品コンセプトと成功率との関係をみると，顧客の問題解決策を起点とするアプローチの成功率が最も高く，マーケティング・リサーチ，消費者ニーズの順である[7]。逆に独自アイデアやトレンドを起点とする商品コンセプトの成功率は低いことがうかがえる。また，新商品コンセプトの特徴と成功率の関係をみると，新商品のコンセプトは,新しくて重要なニーズを追求したニー

図表 9-2-3　商品開発のステップと手法

〈開発のステップ〉

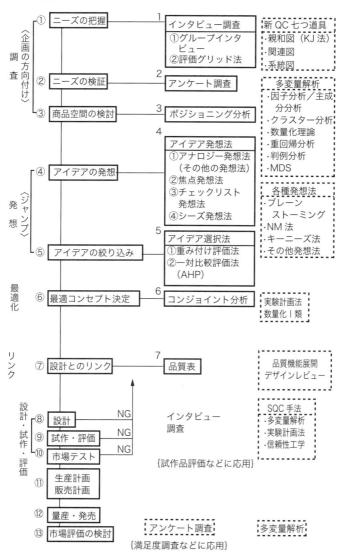

（出所：神田範明『商品企画七つ道具』日科技連，2000 年，58 頁）

ズ追求型，消費者ターゲットを絞り込んだセグメント集中型，消費者の工夫を取り入れた消費者後追い型，既存の商品によりよい技術を持ち込んだ技術優位型，他の商品のトレンドを模倣したトレンド追求型，安い価格を提供する経済性追求型に分類されている。ニーズ追求型，消費者後追い型が成功率が高く，逆に技術優位型が最も成功率が低いという結果となっている。

3. ベンチャー企業における商品コンセプトの位置づけ

　ベンチャー企業において，商品コンセプトは，ベンチャー企業の顔であり，存在そのものである。つまり，ベンチャー企業は，商品がベンチャーであり，企業ドメインをあらわしているのである。商品（ここでの商品は，前述で示したようにサービスも含む）は，商品特徴を競合他社との違いを示す商品差別化を有し，商品の提供方法も差別化されており，また，当然，ターゲットとする顧客も差別化されているのである。これらの集合体が，ドメインの差別化であり，ベンチャー企業のドメインであるからである[8]。ベンチャー企業において，商品コンセプトは，ニーズ主導型であれ，シーズ主導型であれ，ベンチャー企業そのものであることを意味している。一般的には，ニーズ主導型の商品コンセプトが開発しやすいと考えられるが，TLOにみられるように眠っている研究技術を必要としているシーンに展開することはシーズ主導型がニーズ主導型に変換されてきているものと考えられる。

第3節　商品コンセプトとブランドの関係

　ブランドには，商品コンセプトが欠かせない。ブランドの定義，機能，価値，効果について述べる。

1. ブランド（BRAND）とは何か
＜AMA（アメリカマーケティング協会）の定義＞
　①ある売り手もしくは売り手の集団の商品やサービスであることを示し，②

競争者の商品やサービスから区別するために使用される，③名称，用語，記号，象徴，デザインもしくはこれらの結合である。

　上記の定義は3区分され，①は所有や保証を示し，②は商品差別化を示し，③連想・想起させるものを示している。もっとわかりやすいのは，その分野・カテゴリーの中で，一番最初に頭の中に浮かんでくるものである。ブランドは，人の心の中にあり，とんがっているものである。辛子明太子といえば，あなたが頭に思い浮かぶのは，○○であったら，それがブランドである。なぜ，○○が思い浮かぶのであろうか，そうさせるのが，ブランディング（Branding）である。これは何も有形の商品だけでなく，無形のサービスや地域にも当てはまる重要なことである。

＜ブランドの機能＞

　ブランドの機能は，論者によって異なる。ブランドには大きく3つの機能がある。第1の機能はその商品やサービスは誰が生産又は販売しているのかという「出所表示機能」であり，第2の機能は，消費者の商品やサービスの品質に対する期待を保証する「品質保証機能」であり，第3の機能は，商品，サービスについての情報を伝達して，消費意欲を喚起する「情報伝達機能」である。この3つの機能を備えてはじめてブランドといえる[9]。

　また，ブランドの機能は，第1にブランドは信頼の印である「保証機能」，第2に識別のための「差別化機能」，第3に名前やマークを示す「想起機能」である。AMA の定義に沿った機能ともいえる。ブランドから想起機能を引き出すためには，広告をはじめとするマーケティング・コミュニケーションの諸活動や新製品・新サービスの開発やそれらの流通を通じて，ブランドを消費者の記憶と深く結びつけることが必要なのである[10]。

＜ブランドの価値＞

　ブランドの価値とは，顧客に価値を提供するブランドによってもたらされる便益，又は製品そのものの品質や機能を超えた付加価値のことである。いくつかの見解があるが，和田充夫は「基本価値」，「便宜価値」，「感覚価値」「観念価値」を4区分し，製品そのものの価値を基盤としながらも，それを超えた価値で

ある「感覚価値」と「観念価値」が，ブランドの付加価値であるとしている。「基本価値」とは，製品がカテゴリーそのものとして存在するためにはなくてはならない価値のことであり，「便宜価値」とは，消費者が当該製品を便利に楽しく購入しうる価値である。また，「感覚価値」は，製品・サービスの購入や消費に当って，消費者に楽しさを与える価値であり，消費者の五感に訴求する価値のことで，「観念価値」は，意味をもち，語りをもつ価値のことである[11]。

＜ブランドの効果＞

いくつかのブランド効果が考えられる。①商品やサービスを繰り返し購入するロイヤルティ効果，②価格が多少高くても購入する価格プレミアム効果，③そのブランドなら流通業者が取り扱いたいと考える流通業者の協力，④一度，ブランド力が出来上がると広告費用が比較的抑えられるプロモーションの容易化などである。基本的にはロイヤルユーザーの存在であり，その拡大によって，売上高が増加することにつながってくる。

＜ブランドに関する２つの関連概念＞

○ブランド・ロイヤルティ（BRAND LOYALTY）

ある１つの製品カテゴリー内の特定ブランドに対する消費者の忠誠心であり，消費者から特定ブランドへ向かった一方的な概念のことである[12]。

○ブランド・エクイティ（BRAND EQUITY）

ブランドが有する資産的価値のこと。ブランドが企業の重要な経営資源の１つであることを示唆するものである[13]。

2. ブランド・マネジメント

上記でブランドとは何かをみてきたが，ここでは，そのマネジメントにふれておく。

＜顧客満足からブランドへの進化＞

ブランドは，顧客満足からブランド・ロイヤルティを経て，ブランド・エクイティの確立に至るプロセスで確立されることになる。基礎になるのは，顧客満足である。ブランドが単なる名前やマークだけを意味すると考えることは，

間違いであり，それは表示上のことであり，その裏側にあるものを理解しなければならない。顧客にとって提供される商品やサービスが，顧客満足によって顧客にとって価値あるものへと変化していく。顧客満足の蓄積がブランド・ロイヤルティを形成していくことになり，その結果，ブランド・エクイティとして無形資産が蓄積されていくことになるのである。その意味では，顧客満足を継続的に顧客に提供していくことが大切であり，またそうしていかなければならないのである。

＜ブランドの本質と構築＞

ブランドの本質は消費者にとっての「信頼」につきる。食品でいえば，消費者の「安心」「安全」を意味する。前述の３つの機能は，それらに意味をもたせているにすぎないのである。また，ブランドの構築は生涯を要するものであり，終わりがないものといえるが，ブランドの破壊は一瞬である。有名企業が不祥事をはじめ，不正表示などで苦労している事例がいくつも存在する。このようなことが生じないためにも，統合マーケティング戦略が必要である。なぜであろうか？ブランド構築は，マーケティング部門だけが行うものではなく，企業全体で各部門がブランド構築に貢献しているという意識をもちながら行動することで，消費者の心の中にブランドが認識されるからである。その意味では，ブランドは広告によってのみ，構築されるものではなく，広報活動や幅広い企業活動全般によらなければならない。すなわち，ブランディングとは，マーケティングそのものでもあるといえよう。

第4節　商品コンセプトへの新視点

ここでは，2つの視点から商品コンセプトについて考える。

1.　ソリューション（問題解決）の視点

コア・ベネフィットを問題解決と捉えた時，コア・ベネフィットは一定ではなく，コア・ベネフィットはいくつも存在することが考えられる。ケータイの

152

コア・ベネフィットは，いつでも，どこでも情報通信ができることであり，相手とコミュニケーションすることだけではない。待ち合わせ時間を消化することでもあり，ゲームを楽しむことでもあるなど様々な商品コンセプトが考えられるのである。この場合にどのコア・ベネフィットに重点を置くかで商品価値が変わるだけでなく，売り手が意図したコア・ベネフィット以外のベネフィットが存在することになる。この点から，コア・ベネフィットにおいて重層性と階層性の説明が求められることになる。コア・ベネフィットの中に別のコア・ベネフィットが存在する状態である。これは，プチ・ベネフィット・イン・コア・ベネフィット（Petit-Benefit in Core-Benefit）の状態であり，ここでは，プチ・ベネフィットと呼ぶことにする。つまり，ケータイの場合は，いつでも，どこでも情報通信ができることであり，相手とコミュニケーションするというコア・ベネフィットの中に，待ち合わせ時間を消化することでもあり，ゲームを楽しむことなどのプチ・ベネフィットが存在することになる。もし，ゲームを楽しむというコア・ベネフィットであるなら，当然のことながらケータイは１つのものであり，ゲームセンターからみれば競争相手となるのである。この状態は，ベネフィット・シフトしたものであるといえよう。

2. 顧客の進化の視点

　顧客に対する問題解決として捉えた場合においても，顧客は常に一定とは限らず，進化していく。それは顧客が顧客満足を形成し，学習し，顧客満足が向上していくからである。例えば，会計事務所における税務相談に来る顧客も一様ではない。まず，記帳指導を受けていない個人事業者やベンチャー企業においては，いきなり税務相談の話が通用しない。そこでは，帳簿付けの基本からはじまり，まず決算ができるように指導していかなければならいことになる。この段階においては，顧客が問題解決として会計事務所に求めているものは，正確な決算書の作成と税務申告の全部である。しばらく，この段階が続き，次の段階で，顧客は徐々に自ら決算書作成を行えるレベルに向上していくことになる。この段階では，顧客は会計事務所に求めている問題解決はスムーズな税

務申告書作成である。そして，顧客の規模も大きくなってくると，経理部門が確立し，より税務内容に踏む込んだ相談内容となってくる。ここでの問題解決は節税といったレベルとなってくる。まさに，この例はサービス業においても，商品コンセプトのコア・ベネフィットを問題解決として捉えた場合に考えられる顧客の進化に対応したものである。このことから，顧客のコア・ベネフィットは一定ではなく，常に進化しているのである。この場合も時間軸からコア・ベネフィットの階層性とともに，プチ・ベネフィットとコア・ベネフィットの存在がみられることになる。なお，もとより退化の場合も考えられることを付け加えておく。

第5節　商品コンセプトの源泉

　優れた商品コンセプトはどこから生じてくるのであろうか？それは，マーケティング調査だけではないことは明らかである。図表9-5-1にみられるように，

図表 9-5-1　商品開発におけるマーケティング調査手法

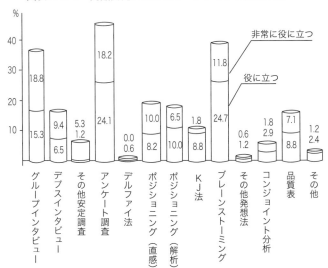

（出所：神田範明『商品企画七つ道具』日科技連，2000年，62頁）

商品開発におけるマーケティング調査手法の重要さが示されているが，商品コンセプトの開発は，やはり現場から生じてくると考えたほうが理解しやすい。それは，マーケットに対するインサイト（洞察力・Insight）であり，過去の経験からくる直感であり，ひらめきであると考えられる。ベンチャー企業を起こしていく場合にも，単に利益追求だけでなく，社会貢献を志向していることがある。それは結果として社会貢献となった場合もあるが，その根源には，顧客にとっての便利さの追求といったものをコア・ベネフィットとして市場に提供したいという商品企画者の熱意であると考えられる。当初から合理的な商品コンセプトの開発を知っていたわけではなく，また，かりに知っていて活用したとしても，顧客に受入れられるか否かはわからない。例えば，日清食品のカップヌードルは，今でこそ食の簡便さを追求した代表格であるが，70年代当初においては，顧客はそれを食品として理解も困難であったし，それを食品として意欲的に促進したのは安藤百福社長の熱意であった。それは，渡米の際にチキンラーメンをコップにいれる（アメリカでは当時，どんぶりが無かった）瞬間をみたからであったといわれている。これこそ，商品コンセプトのひらめきである。では，そこには，科学が役立たないのかというとそうではない。商品開発におけるマーケティング手法は今日，開発がなされてきているものの，必ずしも合理的に行われているとは考えにくい。むしろ，アート的要素を商品開発の初期段階では重視し，サイエンスで補完していくスタイルの商品コンセプト開発が望まれる。

　次に，商品コンセプト創造のプロセスについて考察する。コンセプト創造のプロセスは暗黙知と形式知との間の変換プロセスとしている（図表9-5-2）[14]。コンセプト創造の重要性は暗黙知のレベルにとどまっている個人的な認知，信念，イメージを揺り動かし，他者と共有可能な安定した形式知へとつなげる点にある。例えばシャープでは「子供の中にどんなエレクトロニクスの可能性があるか」という課題に対して，子供たちと接触を繰り返すことにより，「無秩序で混沌とした状態にある多様な暗黙知」である潜在ニーズに働きかけ，おもちゃ屋，お菓子屋などの外部者も導入して，メタファーによって情報を凝縮，

図表 9-5-2　商品コンセプト創造のプロセス

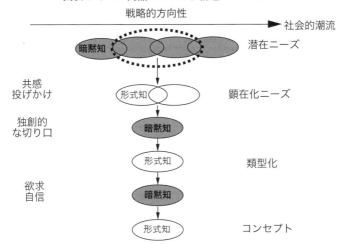

(出所：織畑基一『日本企業の商品開発』白桃書房，1996 年，83 頁)

図表 9-5-3　知識変換の４つの窓

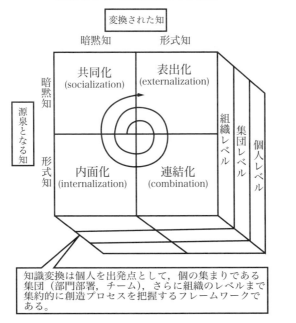

知識変換は個人を出発点として，個の集まりである集団（部門部署，チーム），さらに組織のレベルまで集約的に創造プロセスを把握するフレームワークである。

(出所：織畑基一『日本企業の商品開発』白桃書房，1996 年，86 頁)

整理，意味づけ，編集し，体系化されたモデル，つまり商品コンセプトにまで昇華させているのである。そして，図表9-5-3のように知識変換の4つの窓として，個人のひらめきから始まる知の創造が共同化，表出化，連結化，内面化という知の変換パターンをスパイラルアップして，集団，組織レベルへ共有・発展していくプロセスとしている。これは，Knowledge Managementとしているが，経営学の基本であるKAE（Knowledge, Ability, Experience）の法則からすれば，当然のことであり，それに収束するものと考えることができる。

さらに，商品コンセプト創造では，戦略の方向性が重要である。戦略の方向性によって，商品コンセプトに対するある程度の枠が決められることになる。これが無ければ，むやみな商品コンセプト創りとなり，社会的潮流やトレンドに流されやすい商品コンセプトとなる。企業におけるアンビションからくる戦略の方向性に沿った商品コンセプト開発は，マーケターにとって暗黙知と形式知を規定するものとして存在するが，時にはそのドメインを揺るがすような場合には排除するのではなく，情報を蓄積していくことが望まれる。

別の視点として，商品コンセプトが先か，ターゲットが先かの論議がある。商品企画においては，同時並行が可能であり，いずれが先でなければならないということはない。つまり，商品コンセプトが考慮されれば，同時にターゲットについても考慮されなければならないのである。この2つは不可分の関係にある。商品開発のステップでは顧客ニーズを把握することから始まっていることが多いのであるが，このことは既に想定顧客層をもっており，ある程度の市場規模があることが見込まれている。そこで，想定ターゲットに対してコンセプトテストを実施し，コンセプトの受容性を確認することになる。この場合に注意を要するのはコンセプトテストがうまくいっても，実際の市場での反応はいい結果を生じるとは限らない。また，ターゲット顧客ではなく，別の顧客がその商品コンセプトを受け入れることもありうる。そこで，最近ではネットも含めて顧客参加型の商品コンセプト開発もみられている。企業側と顧客側との共創関係を構築していく中で，よりよい商品コンセプトが創り出されていくことになる。

第6節　商品開発と顧客満足の関係

　一般的な商品開発ステップにおいて，顧客満足はどのようにかかわってくるのであろうか？具体的な商品やサービスが顧客にとって目にみえる場合には，顧客満足度を測ることによって企業は改善策といった施策が実施できる。しかし，商品企画のアイデアの段階においては，顧客満足度は測定しがたいといえる。この場合には，顧客満足度の測定は困難であることは確かであるが，アイデアの創出の段階では，商品企画グループであったり，ある特定個人の自己満足ともいえる満足が必要となるものと考えられる。これは，商品開発者の想いや信念が商品企画書のペーパーの段階では不可欠で，次のステップでの商品企画会議ともいえる各部門間でのやりとりにつぶされてしまうからである。商品企画会議での参加メンバーには，営業・販売促進・経理・管理など多様な企業組織メンバーが各部門の規律や背景をもって会議に参加してくる。この場合でも，商品企画会議メンバーによるグループ満足ともいえるものが醸成されることで，商品企画が有形となってくる。商品企画者は，自社の戦略の方向性を踏まえながら，顧客ニーズを掘り起こしていかなければならないのであるが，アイデアという暗黙知のレベルにおいても，顧客満足という視点からのチェックは欠かせない。つまり，このアイデア段階の商品が市場に出た際の顧客満足を想定しているのである。商品企画の詳細にわたっての顧客満足度測定は時間とコストのバランス上，実施し得るものではないが，TQM（Total Quality Management）でいわれている「次工程はお客様」という視点は商品企画者にも不可欠なのである。顧客といった企業の外部を意識した特別なことを意味した顧客満足ではなく，企業内部における顧客満足をも考慮していることになる。従って，顧客満足は商品企画の初めからとかかわりがあるのである。また，商品コンセプトも顧客満足とかかわりがあるのは当然のことである。

第7節　商品差異化戦略への反映

　商品差異化は日常的に使用されている。その商品差異化の源泉は商品コンセプトにあることはいうまでもないことである。古田隆彦氏はマーケティング戦略の推移として，「差別化→差異化→差額化→差延化・差元化」の方向を示している [15]。古田によると，差別化は品質や性能などの使用効用について他の商品との違いを示すことであり，差異化は色彩や形態といった記号効用について他の商品との違いを示すことであり，差額化とは値段や交換条件など交換価値について他の商品との違いを示すことを意味していると指摘している。そこで，古田が考える戦略の構造として，横軸に個人，日常，集合を，縦軸に欲望，欲求，欲動のマトリックスを作成し，差別化からの変化の方向を示している。70 年代の差別化戦略から記号論に代表されるような 80 年代の差異化戦略へと移行し，90 年代のバブル経済崩壊で交換価値を対象にした差額化戦略へ回帰してきたが，今後は私用効能や執着効能などを対象にした差延化戦略や象徴効用や神話価値などを対象とする差元化戦略へ進む可能性があるとしている。

　マーケティング戦略の視点は，商品コンセプトの開発に方向性を与えることになる。それはより個人の欲求に根ざしたものであり，さらに個人の欲動という動物の生命力にかかわるものへのニーズ探索となるからである。現状においては，マイカスタマイゼーション，ワントゥワンといった，より個人ニーズに対応しているレベルであるが，これが今後，もっと深いものへと対応していかなければならないことを意味している。古田はコンセプト創造のプロセスにある潜在ニーズに深さがあることを提示しながら，そこにこれからのマーケターの対応能力が求められていることをつきつけているように思われる。心脳マーケティングにみられるように，心と脳と身体が一体化していることを分析しないと，商品コンセプトの開発は進まないのであろうか。さらに，欲動という究極ともいえるところまで，商品開発分野に入り込まないといけないのであろうか。感動を追求した商品コンセプトは必要であるとしても，人間の心の奥深く

入り込んだ商品開発は時期尚早と思われる。理由は確固とした個人の自立ができていない今日，不安をあおるような商品コンセプトの開発などは望ましくないからである。

　商品差異化戦略は商品コンセプトがしっかりと確立していれば，自然と差異化戦略を行っていることになるのである。つまり，商品コンセプト自体が差異化の要素なのである。差異化戦略という場合は，商品戦略だけでなく，価格戦略，プロモーション戦略，流通チャネル戦略などの要素を考慮して差異化戦略と称しているので，差異化戦略は知恵次第で無限に存在するといえる。

第8節　まとめにかえて

　従来の商品コンセプトについて，マーケティングにおける商品の捉え方，商品コンセプトの開発，ベンチャー企業における商品コンセプトの位置づけからの視点で論じてきた。マーケティングにおける商品の捉え方では，３つのレベルと５つのレベルによることを確認しながらも限界を示した。商品コンセプトの開発では，マーケティングのエンジニアリング化としての手法などを紹介しながらその限界を示した。そして，ベンチャー企業にとっては商品コンセプトそのものがドメインであることを論じた。また，従来の商品コンセプトへの反省から新視点を論じた。コア・ベネフィットを問題解決ととらえた時，コア・ベネフィットは一定ではなく，コア・ベネフィットはいくつも存在することが考えられることや顧客の進化への対応からの商品コンセプトのあり方を示している。次に，商品コンセプト自体が差異化の要素であることを論じている。ここで取り上げた視点は，いずれも今後の実証研究の必要性があると考えている。

注

1) 和田充夫他著『マーケティング戦略』有斐閣アルマ，1996 年，168-9 頁。
2) フィリップ・コトラー著，村田昭治監修，三村優美子他訳『マーケティング・マネジメント（第7版）』プレジデント社，1999 年，412-413 頁では，中核ベネフィット，一般製品，期待された製品，拡大された製品，潜在的製品の5次元で捉えているが，同著の第4版の305-307頁で示されている3次元のほうがわかりやすい。
3) 上原征彦『マーケティング戦略論』有斐閣，1999 年，128-140 頁。
4) Philip Kotler, *A Framework for Marketing Management*, Prentice-Hall, 2001.（恩蔵直人監修，月谷真紀訳『コトラーのマーケティング・マネジメント』ピアソン・エデュケーション，2002 年，226-227 頁。）
5) 朝野裕彦，山中正彦『新製品開発』朝倉書店，2000 年，72-75 頁を参照。
6) 神田範明『商品企画七つ道具』日科技連，2000 年，58 頁を参照。
7) 青木幸弘，恩蔵直人編『製品・ブランド戦略』有斐閣アルマ，2004 年，第2章を参照。
8) 片山富弘「ベンチャー企業におけるマーケティングの役割に関する実証研究」『流通科学研究』No.3, Vol.1, 2003 年，43-55 頁。
9) www.chiiki-dukuri-kyakka.or.jp の中のブランド機能を参照。
10) 青木幸弘，恩蔵直人編『製品・ブランド戦略』有斐閣アルマ，2004 年，113-130 頁。
11) 和田充夫『ブランド価値共創』同文館出版，2002 年，19-25 頁。
12) 和田充夫・日本マーケティング協会編『マーケティング用語辞典』日本経済新聞社，2005 年，197 頁。
13) 同上，192 頁。
14) 織畑基一『日本企業の商品開発』白桃書房，1996 年，第3章を参照した。この中で紺野・野中氏の暗黙知・形式知の考え方が取り上げられている。
15) 古田隆彦『人口減少社会のマーケティング』生産性出版，2003年，第3部を参照した。差延とは，フランスの哲学者，デリダのキーワードで，言葉の意味を生み出す差異に対して，結果として差異を生み出す動きのことである。差元とは，ユングの元型イメージを借りて無意識の世界を呼び起こすことができることを想定している。

参考文献

・青木幸弘，恩蔵直人編『製品・ブランド戦略』有斐閣アルマ，2004 年。
・朝野裕彦，山中正彦『新製品開発』朝倉書店，2000 年。
・石井淳蔵『マーケティングの神話』日本経済新聞社，1993 年。
・上原征彦『マーケティング戦略論』有斐閣，1999 年。
・織畑基一『日本企業の商品開発』白桃書房，1996 年。
・恩蔵直人『製品開発の戦略論理』文一総合出版，1997 年。
・神田範明『商品企画七つ道具』日科技連，2000 年。

・田中央『商品企画のシナリオ発想術』岩波アクティブ新書，2003 年。

・古田隆彦『人口減少社会のマーケティング』生産性出版，2003 年。

・三宅隆之『実践新商品開発コンセプト・チャート集』日本能率協会，1991 年。

・山本靖雄『新製品開発の生産性をどう高めるか』ダイヤモンド社，1993 年。

・Philip Kotler, *A Framework for Marketing Management*, Prentice-Hall, 2001.（恩蔵直人監修，月谷真紀訳『コトラーのマーケティング・マネジメント』ピアソン・エヂュケーション，2002 年）

第10章　ミネラルウォーターにおける脱コモディティ戦略
—美ウォーターの事例—

第1節　はじめに

　特徴のないカテゴリーとしてのミネラルウォーターを取り上げ，そのブランド化の構築に向けての考察を行っていく。ここでは株式会社ダックスの新商品である「美ウォーター」についてのブランド化を事例に取り上げる。その商品の特徴は中軟水で，シリカ，サルフェート，バナジウムなどがほどよく含まれており美容に役立つとされている成分が入っている。採水地は霧島連山のふもとである宮崎県小林市である。

　今回は，ミネラルウォーターの業界構造を検討の上，ミネラルウォーターに関するアンケート調査結果からの分析および差異からの考察をし，マーケティング戦略へのインサイトを論じる。

第2節　ミネラルウォーターの業界構造

　ここでは，ミネラルウォーターの業界の規模や参入障壁，業界構造分析を行う。

1.　ミネラルウォーター業界の規模・成長性

　ミネラルウォーター業界は，日本ミネラルウォーター協会の資料[1]にみられるようにミネラルウォーター類の国内生産と輸入の合計生産数量が1990

年175,348KL から 2000 年 1,089,634KL へ 2010 年 2,517,925KL，2013 年
3,255,255KL へと大きく成長していることが見て取れる。このことは，製品
ライフサイクル上の成長期にあるといえる。

　また，2009 年の住友信託銀行の調査月報によると，この業界は国内外とも
に大手企業が過半のシェアを握っており，寡占化が進んでいるとしている[2]。
国内ではサントリー，キリンMC ダノン，日本コカ・コーラの 3 社で全体の
ほぼ 50％を占め，上位 3 社のシェアが徐々に高まっている。「酒類食品産業の
生産・販売シェア」（日刊経済通信社）によると，日本でミネラルウォーターを
製造・販売する企業数は 300 社程度とされ，ミネラルウォーター類の銘柄数
は 320 ～ 330 とみられている。ミネラルウォーターは味による差別化が難し
く，撤退をする企業も多い模様である。しかし，日本ミネラルウォーター協会
によると，現在では毎年変動があり正確な数ではないが，国産で約 800 銘柄，
輸入品で約 200 銘柄で，合計約 1,000 銘柄が流通していると推定している。

　次に，ミネラルウォーターの上位 10 銘柄は，次のとおりである（図表10-2-1）。

図表 10-2-1　ミネラルウォーター類の銘柄別販売集中度（2008 年）

商品名	シェア	メーカー
日本の天然水	20.7%	サントリー
森の水だより	14.8%	日本コカ・コーラ
キリン　アルカリイオンの水	11.3%	キリンMC ダノンウォーターズ
ボルビック	7.6%	キリンMC ダノンウォーターズ
六甲のおいしい水	6.1%	ハウス食品
富士山のバナジウム天然水	3.2%	アサヒ飲料
エビアン	2.6%	伊藤園
コントレックス	1.4%	サントリー
財宝温泉水	1.4%	財宝

（出所：日刊経済通信社調査部「酒類食品産業の生産・販売シェア」2009 年）

　しかし，このデータも公開されているものであるが，現在では価格競争をはじ
めとする業界内の競争激化により，シェアは当然変動しているものと思われる。

2.　ミネラルウォーターにおける参入障壁
　次の 5 つの視点から参入障壁を考える。

1)　規模の経済：大量生産が可能な商品であり，規模の経済が効く分野である。
2)　資本力：初期の設備投資には費用がかかるが，比較的小さな資本でも参入可能である。
3)　商品差別化：TV 広告をはじめとする広告による差別化が行われているが，商品数が多数のため，消費者からのブランド・ロイヤルティが必ずしも高いとはいえない。
4)　流通チャネル：ミネラルウォーターを購入する自動販売機の設置力によって，また，販売ルートの確立には時間とコストがかかることから，参入障壁は高いといえる。
5)　法律等：商品によって特許はとられているため，必ずしも新商品の差別化は大きいとはいえない。

以上のことから，ミネラルウォーター業界における参入障壁は低いといえる。

3.　ミネラルウォーターの業界構造（マイケル・ポーター）分析

　マイケル・ポーター（Michel Porter）による 5 つの競争要因について考える。

図表 10-2-2　ミネラルウォーター業界の競争要因

＜新規参入＞ ＊ビールメーカーや飲料メーカーの新商品 ＊各地の水道局 ＊有名な水源地を有する企業 ＊海外からの参入

（↓）

＜供給バーゲニング＞ ＊採水地の供給状況 （→）	＜既存商品による業界競争＞ ＊低価格競争 ＊広告展開 ＊店頭でのプロモーション ＊自動販売機の設置	＜買い手のバーゲニング＞ ＊ブランド・ロイヤルティ ＊ミネラルウォーターのトラブル （←）

（↑）

＜代替品＞ ＊宅配と通信販売 ＊浄水器

（筆者作成）

　ミネラルウォーター業界は業界内競争において,広告展開,店頭でのプロモーション, 自動販売機の設置等による競争が激しい上に, 2.でみたように新規参入が低いことから, より一層の競争激化となっている。また, 競争要因については, 採水地の供給状況や買い手のブランド・ロイヤルティ, 販売しているミネラルウォーターに異物混入などがあると競争状況が変化する。そして, 代替品として, 水道水を浄化する浄水器が各家庭で設置されてきていること, 宅配や通信販売によるミネラルウォーター購入がより一層の競争激化をもたらしていると考えられる。

第3節　アンケート調査結果および分析

1. アンケート調査目的および項目について

　大きな差別化の要因がみられないもので, かつ, 身近な生活に欠かせないミネラルウォーターを取り上げた。そして, ミネラルウォーターに対するイメージ分析を行うために, 因子分析を実施した。また, 美ウォーターの認知度や満足度, 推奨度における判別分析を実施した。アンケート調査は, 2014 年 6 月中旬に社会人と中村学園大学と福岡大学の大学生を中心に,359 サンプル実施した。

2. アンケート調査結果（基礎データより）

1)　ミネラルウォーターを購入する際に重視する項目

　　ミネラルウォーターを購入する際に重視する項目の平均値が高いのは, 価格（4.3649）, ボトルのサイズ（3.8663）, 味（3.8273）, 割引・特売（3.7772）, 飲みやすさ（3.7604）で, 逆に平均値が低いのは, インターネットで購入（1.5042）, 効能・効き目（2.4095）, 店員の説明（2.5042）であった。

2)　美ウォーターを知っているか否かの認知度は 358 人中,「知っている」が「66 人（18.4％）」であった。

3)　美ウォーターの満足度は「満足」3 人,「やや満足」7 人,「普通」27 人,「不満」1 人で, 142 人中,「わからない」が 104 人という結果であった。わか

らないを除く満足度は，10 人÷38 人＝ 26.3％であった。

4)　美ウォーターを何で知ったのかに対して，88 人中，「友人・知人から」22 人，
「店で見かけた」16 人，「インターネット」6 人，「その他」44 人であった。
友人・知人の口コミが大きく，流通チャネルでの開拓も望まれる。

5)　5 つの銘柄を提示した中でミネラルウォーターで思い浮かぶのは，の問いに
358 人中，「ボルビック」108 人，「富士山の天然水」86 人，「エビアン」28 人，
「日田天領水」24 人，「美ウォーター」2 人，「その他」110 人の順であった。

　以上のことから，美ウォーターの認知度が低いのは，市場に参入してから年
数が経過していないことや広告展開が始まったばかりで消費者への認知が低い
ことであることが考えられる。

3.　ミネラルウォーターの因子分析結果

　ミネラルウォーターに関するイメージ分析を探るために因子分析を実施し
た。その結果は次のとおりである。これによりマーケットセグメンテーション
に役立つ（図表 10-3-1）。

　5 つの因子がみられた。

　因子 1 は，店員の説明（0.784）と高い数値から「店員説明重視」とネーミ
　ングした。

　因子 2 は，価格（0.773），割引・特売（0.616）の数値が高いことから，「価
　格重視」とした。

　因子 3 は，パッケージの形（△0.877），パッケージの色（△0.854）の数値
　が高いことから，「パッケージ反応」とした。

　因子 4 は，飲みやすさ（△0.803），味（△0.784）の数値が高いことから「飲
　みやすさ反応」とした。因子 5 は，広告で見た（0.841），POP 広告（0.654）
　の数値が高いことから「広告重視」とした。

　因子 5 は，広告で見た（0.841），POP 広告（0.654）の数値が高いことから「広
　告重視」とした。

図表 10-3-1　ミネラルウォーターの因子分析結果

	因子1	因子2	因子3	因子4	因子5	共通度	残差分散
1) 効能・効き目	0.293	△0.091	△0.227	△0.473	0.042	0.371	0.629
2) 味	0.146	0.142	△0.040	△0.784	0.071	0.663	0.337
3) 飲みやすさ・のど越しの良さ	0.068	0.070	△0.058	△0.803	0.075	0.664	0.336
4) 原産国・採水地	0.128	△0.008	△0.269	△0.312	0.157	0.211	0.789
5) パッケージの形	0.126	0.126	△0.877	△0.109	0.150	0.835	0.165
6) パッケージの色	0.148	0.117	△0.854	△0.119	0.218	0.827	0.173
7) ボトルのサイズ（大きさ）	△0.014	0.467	△0.298	△0.080	0.051	0.315	0.685
8) 知名度	△0.042	0.332	△0.210	△0.135	0.278	0.252	0.748
9) 価格	0.054	0.773	0.027	0.079	0.076	0.614	0.386
10) 割引・特売	0.108	0.616	0.025	0.008	0.245	0.452	0.548
11) おまけやキャンペーン	0.137	0.391	△0.132	0.039	0.417	0.365	0.635
12) 広告で見た	0.122	0.143	△0.215	△0.107	0.841	0.801	0.199
13) 友人等からの口コミ	0.339	0.266	△0.087	△0.142	0.541	0.506	0.494
14) POP広告	0.412	0.118	△0.184	△0.138	0.654	0.664	0.336
15) 店員の説明	0.784	0.108	△0.075	△0.194	0.260	0.738	0.262
16) 自宅から近くにお店がある	0.435	0.262	△0.079	△0.116	0.146	0.299	0.701
17) インターネットで購入	0.273	△0.003	△0.204	△0.146	0.106	0.149	0.851
18) 自動販売機で購入	0.142	0.264	△0.026	△0.116	0.019	0.105	0.895
二乗和	1.400	1.777	1.919	1.776	1.956		
寄与率	0.078	0.099	0.107	0.099	0.109		
累積寄与率	0.078	0.176	0.283	0.382	0.490		

固有値1以上で因子数を区分した。(サンプル359)

4.　推奨度の判別分析

1) 美ウォーターを知人や友人に勧められるのかという推奨度は, 309人中,「はい」が25人 (8.1％),「いいえ」が73人 (23.6％),「わからない」が211人であった。推奨度が低いことがわかる。

2) そこで, 美ウォーターに関する判別分析を実施した。目的変数は推奨する・しないで, 説明変数は因子分析項目で用いた「効能・効き目」から「自動販売機で購入する」までの18項目である。判別分析結果は, 誤判別率20.138％で, 項目と大きなその係数は「効能・効き目」(△0.638),「味」(0.523),

「飲みやすさ」（△0.527），「価格」（△0.520），「広告」（△0.487），「自動販売機で購入」（0.443）「割引・特売」（△0.440）であった。これらのことから，商品内容の説明が求められることがわかった。つまり，店頭販売でのプロモーションにて，店員の説明，広告，価格への配慮が必要である。

5.　差異からの考察

　因子分析結果から，セグメンテーションの基礎になるセグメントの存在があることがうかがえる。例えば，ミネラルウォーターでは5つのタイプの消費者の存在である。このことが意味しているのは，同じ商品に対する消費者の認識的差異がみられることである。もとより，因子分析の固有値1以上で因子数を区分しなければ，その他の消費者の存在もいることになる。しかし，経営資源の限られている企業のマーケティング戦略を展開するには，市場の消費者像を明らかにし，そこに資源を集中していくことになる。この場合に，認識的差異が類似してればよいのであるが，全く異なる消費者に対しては，因子数のすべてに対応するのではなく，どれかに焦点をあて，マーケティング戦略を展開するのが妥当であると考える。

　次に，ミネラルウォーターにおける市場空間において，5つのタイプの消費者の存在があることから，空間的差異が読み取れる。つまり，違うタイプの消費者が同じ空間にいることを意味している。大きな差異のない類似性の高い商品では，認識的差異と空間的差異がみられることがわかった。

第4節　マーケティング戦略へのインサイト

1.　消費者行動の視点

　今回の事例における因子分析結果から，市場は5つのセグメンテーションに区分されていることが明らかになった。それをよりターゲット消費者の行動として，ヘンリー・アサエル（Henry Assael）の観点から捉える。

図表 10-4-1　消費者購買意思決定の分類

	高い関与	低い関与
意思決定（時間がかかる）	複雑な意思決定	衝動的購買
慣習（時間がかからない）	ブランド・ロイヤルティ	慣習

(出所：Henry Assael, *Marketing Management: Strategy and Action*, Kent,1985, p.127.)

図表 10-4-1 は消費者購買意思決定を示したものであるが，今回取り上げた事例は，消費者における低い関与で時間のかからない意思決定としての対象となる商品である。すなわち，慣習で購入しているものと考えられる。また，ヘンリー・アサエルは，図表 10-4-2 のようなブランド間の差異による関与を提示している。

図表 10-4-2　ブランド間の差異による関与

	高い関与	低い関与
ブランド間に重要な差異	複雑意思決定あるいはブランド・ロイヤルティ	多様な探索 （無差別選択）（経験）
ブランド間に差異少なし	不協和の削減あるいは帰因	慣習 （ランダム選択） （見せかけのロイヤルティ）

(出所：Henry Assael, 2nd ed., op.cit, p.84.)

この図表 10-4-2 は，ミネラルウォーターの商品が慣習による購買意思決定として位置づけられるのではなく，ブランド間に差異があれば，購買意思決定が変わってくるといえることを提示している。ミネラルウォーターの中にブランドが構築されていれば，慣習からブランド・ロイヤルティか多様な探索（バラエティ・シーキング）になってくるのである。それによって，マーケティング戦略のあり方が異なってくる。例えば，ミネラルウォーターでは因子5の広告重視のセグメントや因子3のパッケージ反応セグメントはブランドを意識している消費者であり，その存在に向けてのマーケティング・ミックスのプロモーション展開で，ブランド間に差異を及ぼし，その結果，消費者のセグメントの一部がマーケティング戦略に反応することが考えられる。逆に因子2の価格重視のセグメントに対応しようとすると，低価格競争に巻き込まれること

になり，ブランド構築は困難になると考えられる。残りの 2 つのセグメント，因子 1 の店員説明重視セグメントと因子 4 の飲みやすさ反応のセグメントは，ブランド構築のマーケティング・ミックス展開の中で反応してくるものと思われる。

2.　脱コモディティへ向けて

　あまり商品の差別化のみられない商品はコモディティと呼ばれるカテゴリーであり，そこで，脱コモディティへ向けたマーケティング戦略を考える（図表 10-4-3）。

　池尾によると，脱コモディティ化に向けた取り組みは，1）価値の類型にお

図表 10-4-3　脱コモディティ化の方向性

価値次元の変容	感性的価値 （暗黙・定性）	②　感性的価値の強化 （デザイン・使用感など）	④　新たな経験価値による 新カテゴリーの創造 （真の脱コモディティ化）
	機能的価値 （形式・定量）	①　コモディティ化	③　サブカテゴリーの創造 （用途開発・価値転換）
		既存（顕在的）	新規（潜在的）
		価値前提の変容	

（出所：池尾恭一他『マーケティング』有斐閣，2010 年，408 頁）

ける軸足のシフト（機能的価値から感性的価値），2）価値の前提における軸足のシフト（既存の顕在的価値から潜在的価値），3）その両方向での軸足のシフトという 3 つの方向性で考えられるべきものとしている[3]。コモディティ化は，差異の程度については，差異の小（同質性）であり，差異の小から大に向けて，類似商品から大きく異なる商品へと展開を考えることになる。今回事例で取り上げているミネラルウォーターは差異の小であり，コモディティ化といえる。

　脱コモディティの取り組みとして，感性的価値の強化（①→②）として，ミネラルウォーターの中の美ウォーターでは，パッケージデザインの斬新さや売り場での POP 広告を用いた目立つ工夫が，因子 3 のパッケージ反応セグメントと因子 5 の広告重視セグメントに対応できる。このことで，感性的価値の

強化につなげることが可能である。

　また，サブカテゴリーの創造（①→③）として，美ウォーターは焼酎との水割りといったことで，脱コモディティ化が図られることになる。

　そして，脱コモディティ化の3つ目の新カテゴリーの創造では，美ウォーターにはお酒の飲み方や料理の食仕方の中のパーツとして用いられることが考えられる。それは美ウォーターにとって，脇役の役目となることを意味している。

第5節　まとめにかえて

　本論文は，カテゴリーとして差異化にみられないミネラルウォーターについて，アンケート調査の実施とその分析を行い，差異からの考察を行っているとともに，マーケティング戦略へのインサイトを試みた。また，マーケティング戦略へのインサイトとして，セグメントにおける消費者行動の視点と脱コモディティについてふれている。

　また，ミネラルウォーターといった大きな差異のない類似性の高い商品では，差異の観点から，認識的差異と空間的差異がみられることがわかった。

　次に，美ウォーターにおける脱コモディティ化の方向として，感性的価値の強化とサブカテゴリーの創造に向けての2つのマーケティング展開が考えられる。

　残された課題として，今回は，大学生や社会人を対象としたアンケート調査であったが，対象範囲を広げるとともに，広告展開にともなう認知度および売上効果や店頭プロモーション効果を測定していく必要がある。

注

1)　日本ミネラルウォーター協会の公式ホームページの統計資料欄より参照。2014年，8月8日付。

2)　住友信託銀行調査月報「産業界の動き〜ミネラルウォーターは景気の壁を乗り越えられるのか？」2009年6月号，2-3頁。

3)　池尾恭一，青木幸弘，南知恵子，井上哲浩『マーケティング』有斐閣，2010 年，
　　407-409 頁。延岡健太郎『MOT 入門』日本経済新聞社，2006 年，を参考に青木幸
　　弘が加筆修正している。

参考文献

・池尾恭一，青木幸弘，南知恵子，井上哲浩『マーケティング』有斐閣，2010 年。
・片山富弘『顧客満足対応のマーケティング戦略』五絃舎，2009 年。
・金森努『差別化マーケティング』TAC 出版，2009 年。
・ジャック・トラウト，スティーブ・リブキン著，吉田利子訳『独自性の発見』
　　　海と月社，2012 年。
・高橋宣行『差別化するストーリーの描き方』PHP 研究所，2011 年。

第11章　脱コモディティ化戦略の差異に関する考察

第1節　問題意識

　はじめにコモディティ化とは何かについては，東（2017）が企業視点の定義と顧客視点の定義を紹介しているので，次に引用する。「企業視点の定義として，延岡・伊藤・森田（2006）は『コモディティ化とは参入企業が増加し，商品の差別化が困難になり，価格競争の結果，企業が利益を上げられないほどに価格低下すること』と述べている。青木（2011）はコモディティとは『差別性がなく価格競争に陥りやすい商品である』と指摘したうえで，コモディティ化とは『企業間での模倣や同質化の結果，製品間での差別性が失われてコモディティと同じような状況になること』と主張している。一方，顧客視点の定義では，「楠木・阿久津（2006）は，コモディティ化とは，『ある商品カテゴリーにおける競合企業間で製品やサービスの違いが価格以外にないと顧客が考えている状態』と指摘する。恩蔵（2007）は，コモディティ化とは，『企業間における技術水準が次第に同質的となり，製品やサービスにおける本質部分で差別化が困難となり，どのブランドを取り上げてみても顧客側からするとほとんど違いを見出すことができない状況』であるとしている [1]。

　また，コモディティ化の主な定義については，鈴木（2012）が論者の定義リストを作成しており，統一見解はないとしている [2]。

　コモディティ化のことがいわれて久しいが，ここでは改めて脱コモディティ化戦略の方向性について論じてみる。それには，脱コモディティ化戦略の実際例や先行研究を踏まえて，差異の程度である大中小と消費者ニーズの明確・不明確による区分での戦略の方向性を提案する。筆者は2014年に『差異として

のマーケティング』を上筆して以来, 改訂を行いながら, 現在第5版に至っている。根底にあるのは, 差異の有効性に対する疑問である。今回は, その一端を論じたい。主な先行研究2つと筆者が取り組んだ差異の程度が小さい沖縄産マンゴーとゴーヤの取組み事例を取り上げながら, 脱コモディティ化戦略の新たな提案を試みることにする。差異の大中小[3]とは, 差異の小 (同質性に近い), 差異の中, 差異の大の3つに区分することで, 差異の程度の大きさを表現することができる。差異の小から大に向けて, 類似商品から大きく異なる商品へと展開されることになる。コトラーらは, 差別化の基本となる属性として, コア機能, 特徴, 性能品質, 適合品質, 耐久性, 信頼性, 形態, スタイル, カスタマイゼーションを挙げている[4]。ここでの差異の程度はこれらの複合における差異を意味しており, それらの個別の差異やその優劣を対象としていない。

第2節　主な先行研究

　ここでは, 脱コモディティ化戦略に向けた方向性を提示している主な先行研究を取り上げる。

　恩蔵 (2007) は市場参入戦略において, 顧客にとっての提供価値の視点を加味することで, 次の4つの方向性を提示している[5]。顧客が新製品に接したときにパフォーマンスの違いを認識できる水準としての「知覚差異」, 既存の製品カテゴリーと比較した場合に違いを認識できる水準としての「既存製品カテゴリーの違い」という2軸で整理している。

図表11-2-1　4つの市場参入戦略

	既存製品カテゴリーの違い：小	既存製品カテゴリーの違い：大
知覚差異：小	①経験価値戦略	③カテゴリー価値戦略
知覚差異：大	②品質価値戦略	④独自価値 (先発) 戦略

(出所：恩蔵『コモディティ化市場のマーケティング論理』有斐閣, 41頁)

　図表11-2-1によると, 知覚差異が小さく既存製品カテゴリーの違いも小さい場合は, 価格競争に巻き込まれない為にも「①経験価値戦略」を考えるべき

である。シュミット（Schmitt）らによる経験価値とは，製品の機能価値とは
別に顧客の五感や感情に訴えることによって生まれる価値のことである。例と
して，サントリーの緑茶飲料「伊右衛門」を取り上げている。次に「②品質価
値戦略」は，コストパフォーマンスを向上させるということである。例として，
いなばペットフードの「CIAO」を取り上げている。「③カテゴリー価値戦略」
の成功のカギは，コモディティ化市場において新しいサブカテゴリーが構築さ
れたことを消費者に納得させられるか否かである。具体例として，高級万年筆
カテゴリー「モンブラン」，花王の健康緑茶飲料の「ヘルシア緑茶」である。
そして，「④独自価値戦略」は伝統的な先発ブランド戦略の枠組みが適用され，
オリジナルであること，先発ブランドであること，世界初であることを強調す
れば先発優位性が発揮されるであろうとしている。具体例として「ウオークマ
ン」や「iPod」を取り上げている。

　また，池尾（2010）によると，脱コモディティ化に向けた取り組みは，1)
価値の類型における軸足のシフト（機能的価値から感性的価値），2) 価値の前提
における軸足のシフト（既存の顕在的価値から潜在的価値），3) その両方向での
軸足のシフトという 3 つの方向性で考えられるべきものとしている[6]。

図表 11-2-2　脱コモディティ化の方向性

感性的価値 （暗黙・定性）	感性的価値の強化 （デザイン・使用感など）	新たな経験価値による新カテゴリーの創造 （真の脱コモディティ化）
機能的価値 （形式・定量）	コモディティ化	サブカテゴリーの創造 （用途開発・価値転換）
	既存（顕在的）	新規（潜在的）

（出所：池尾『マーケティング』有斐閣，2010 年，408 頁）

　この 2 つの先行研究は重要な示唆を与えている。図表 11-2-1 は，消費者の
知覚差異の程度と既存製品カテゴリーの区分であるが，知覚差異が小さく既存
製品カテゴリーが小さい場合には経験価値戦略による脱コモディティ化戦略で
ある。これは，図表 11-2-2 における感性的価値の強化と同様である。また，
図表 11-2-1 の品質価値戦略とカテゴリー価値戦略は，図表 11-2-2 の感性的価

値の強化とサブカテゴリーの創造に対応していると思われる。そして，独自価値戦略は，新たな経験価値による新カテゴリーの創造に対応していると考えられる。このように，恩蔵と池尾の脱コモディティ化戦略の志向はそれぞれに対比することで，類似と差異を有していることがわかった。

第3節　取組み事例

1．マンゴーとゴーヤ

　ここでは，コモディティ商品の例として，沖縄県産のマンゴーとゴーヤの普及に向けて，片山ゼミナールでアンケート調査を実施した結果を示すことにする。2014年6月2日から6日の間，大学近くにあるスーパーマーケットの「西鉄ストア」と「サニー」を訪れ，消費実態調査の一環として主に主婦を対象にマンゴー197人，ゴーヤ200人の回答者を得た[7]。主な回答結果は次のとおりである。

　1）沖縄県産マンゴーの認知度は46％，何で知ったのかに対しては「店でみかけた」が46％，満足度は満足が20％，やや満足が12％で合計32％に対して，わからないが38％であった。また，マンゴーで思い浮かぶ産地は，宮崎産76％と圧倒的トップで，フィリピン産11％で沖縄県産は3％であった。

　そこで，沖縄県産マンゴーを使用して調理する提案を図表11-3-1のように提示した。これは，マンゴーを利用した際の料理に手間暇がかかるか・かからないと料理をした際の価格の高低による4象限の料理案を提示している。このことは，マンゴーを差異の小と捉え，料理のパーツとみなしているものである。これは，先述のサブカテゴリーの創造を展開していることになる。これによって，マンゴーの消費量は増えることが期待されるが，作り手の一方的な提案に過ぎないことが明確である。また，脱コモディティ化の方向性の1つである感性的価値の強化としてのブランド化を図ることが考えられる。

図表11-3-1　マンゴー調理提案の一例

	料理をした時の価格が高い	料理をした時の価格が安い
料理の手間暇が かからない	マンゴーバナナシフォンケーキ（800） マンゴーパフェ（800） マンゴーサラダ（650） マンゴークレープ（700）など	マンゴーヨーグルトアイス（300） マンゴースムージー（300） マンゴーチーズケーキ（450）など
料理の手間暇が かかる	マンゴーパン（600） スペアリブのマンゴージャム煮（1200） マンゴーチーズタルト（700）など	マンゴージャム（450） マンゴーういろう（450） マンゴージュレ（300）など

（　）内の数字は予想価格・片山ゼミ作成

　2）沖縄県産のゴーヤの認知度は71％で，何で知ったのかに対しては「店でみかけた」が58％，満足度は満足18％，やや満足20％で合計38％に対して，わからないが26％であった。上記のマンゴー同様に，沖縄県産ゴーヤを使用して調理する提案を図表11-3-2のように提示した。

図表11-3- 2　ゴーヤ調理提案の一例

	料理をした時の価格が高い	料理をした時の価格が安い
料理の手間暇が かからない	ゴーヤと生ハムの夏パスタ（1000） 南瓜とゴーヤのヘルシーパイ（800） など	ゴーヤのスムージー（200） ゴーヤの胡麻和え（300）など
料理の手間暇が かかる	ゴーヤの夏野菜カレー（1200） ゴーヤのチンジャオロース（900） ゴーヤのピザ（700）など	麻婆ゴーヤ（500） ゴーヤの佃煮（300）など

（　）内の数字は予想価格・片山ゼミ作成

　先ほどのマンゴー同様に，ゴーヤを差異の小と捉え，料理のパーツとみなしているものである。これも，サブカテゴリーの創造を展開していることになる。これによって，ゴーヤの消費量は増えることが期待されるが，作り手の一方的な提案に過ぎないことが明確である。また，先程と同様に感性的価値の強化のブランド化を図る戦略も考えられる。

　以上の2つのケースからいえることは，サブカテゴリーの展開を創造しているに過ぎないことで，アイデア次第でいくらでも料理方法が出てくるとはいえるが，これが脱コモディティ化戦略の1方向に過ぎないことである。また，感性的価値の強化としてのブランド化を図る方向も考えられる。サブカテゴリーの創造と感性的価値の強化のいずれか，又は両方を目指す方向の選択もで

てくる。その際は，経営資源の質・量，競争状況の程度などを踏まえての経営者の判断となる。

　次に因子分析の結果，マンゴーには３つの因子として，プロモーション反応，ブランド志向，価格志向がみられた。また，ゴーヤには４つの因子として，プロモーション重視，形態志向，味志向，特売・キャンペーン志向がみられた。これらのセグメンテーションに応じたマーケティング戦略が考えられる[8]が，これの考え方は差異の小さい範囲の中でのことであり，差異の小同士だけではなく，差異の中・大との競争展開や脱コモディティ化戦略を考慮していく必要があると考える。

2. 地域資源活用

　地域活性化に関連する地域資源の活用にも，差異による脱コモディティ化戦略の方向性を考慮することが必要であると考える。

　まず，地域資源の定義は，中小企業地域資源活用促進法には，次のように定義されている。

　　1）地域の特産物として相当程度認識されている農林水産物または鉱工業品

　　2）地域の特産物である鉱工業品の生産にかかる技術

　　3）文化財，自然の風景地，温泉その他の地域の観光資源として相当程度認識されているもの，である。そして，地域資源活用事業の定義とは，1）地域資源を活用して行われる新商品の開発，生産または需要の開拓に関する事業，2）観光資源を活用して行われる新サービスの開発，提供または需要の開拓に関する事業，となっている[9]。

　また，地域資源活用のポイントは，競合する商品・サービスとの差別化を図るための「売れる商品づくり・マーケティング」であるとしている。産地鉱工業資源の活用では地域技術の活用による新商品の開発によって競合品との差別化を図っている。また，伝統技術を有する産地では，その知名度が商品の差別化に貢献している。農林水産資源の活用では，地元の農林水産物や地域の知

名度を差別化のポイントとしている企業が多い。一方，観光資源の活用でも，各種観光資源そのものの魅力に加えて，例えば，地元のコミュニティとのふれあい，日常生活との異なる体験などによって，サービス提供の差別化を図っている，としている [10]。ここでの地域資源の活用は地域ブランドへと展開されていくことになる。

　ここで脱コモディティ化戦略の方向性としての事例を取り上げる。高知県馬路村は，ゆずの産地で有名である。ゆずそのものは差異の小であり，ゆずに加工をすることで，ゆずドレッシングを製造・販売して成功している。このことは，差異の小から差異の程度を大きくすることで，ゆずのイノベーションを起こしてきているといえる。ここでの地域資源の活用には，脱コモディティ化戦略の方向性を探索できる事例がある。そのようなことをふまえて，次に脱コモディティ戦略としての新提案を試みることにする。

第4節　脱コモディティ化戦略としての新提案

　ここではコモディティ化として，玉ねぎを取り上げ，脱コモディティ化戦略の方向性について考察する。手間と価格の2軸による区分で，玉ねぎについて考慮すると，次の図表11-4-1のようなことが考えられる。

図表11-4-1　玉ねぎ調理提案の一例

玉ねぎ	手間がかかる	手間がかからない
価格高い	玉ねぎドレッシング 玉ねぎカレー　など	玉ねぎスープ など
価格安い	玉ねぎ漬物 玉ねぎオムライス　など	玉ねぎサラダ など

（筆者作成）

　ここでの脱コモディティ化戦略の方向性は，玉ねぎを活用した調理という手段によって，玉ねぎが元の形態を変えることと追加されるものとによって作成されたものでの製品・商品となる。その方向性としては，料理のパーツになることで，玉ねぎの消費量が増加することである。または，玉ねぎの産地を意識

したブランド化を図る方向性である。

　次に玉ねぎを例にした差異の程度を考慮した際の例は，次の図表 11-4-2 のとおりである。

図表 11-4-2　差異の程度による玉ねぎの事例

差異の程度	差異の状態	差異の例
差異：小	類似度高いがほぼ同じ	玉ねぎ同士
差異：中	元（元を使用する・加工する）から少し変化しており，類似度が少ない	玉ねぎ漬物（玉ねぎの形が部分的にも残っている）
差異：大	元（元を使用する・加工する）からかなり変化しており，類似度がほとんどない	玉ねぎ→ドレッシング（玉ねぎの形がわからない）

（筆者作成）

　差異の程度が小さい場合は，玉ねぎ同士によるコモディティ化の状態にある。差異の程度が中の場合は，玉ねぎの形状は多少みられるものの玉ねぎ漬物のように，元を使用する或いは加工されて元の形状から少し変化している状況である。そして，差異の程度が大きい場合は玉ねぎドレッシングのように，元を使用する或いは加工されて元の形状からかなり変化しており類似度がほとんどない状態である。このように差異の程度を考慮して，脱コモディティ化戦略の方向性を考えることが重要である。

　そこで，筆者が考える差異の小程度からみた脱コモディティ化戦略の方向性を次の図表 11-4-3 ように提示する。差異の小程度からみたとは，当初，差異の程度は小さい場合を想定しており，次に顧客価値への対応や生産者のこだわりによって，差異の程度も中・大程度に変化することを考慮しているからである。また，消費者ニーズの明確と不明確による区分であるが，消費者ニーズが不明確な状態から明確な状態への橋渡し対応として考えており，消費者ニーズの明確と不明確は表裏一体であると考えている。

　差異小の戦略には，消費者ニーズが明確である場合には価格競争になることが予想され，脱コモディティ化戦略には，ブランド化を図る方向が考えられる。また，消費者ニーズが不明確な場合にはプロモーション戦略で商品などの認知度向上を図り，これもブランド化への方向を模索することになる。差異小の戦

図表 11-4-3　差異小からみた脱コモディティ化戦略の方向性

差異の程度 / 消費者ニーズ	消費者ニーズ・明確	消費者ニーズ・不明確（掘り起こし）
差異小	価格競争化かブランド化	プロモーション
差異中	改善化	付加価値化
差異大	イノベーション化	ブランド化

（筆者作成）

略には，丁度可知差異というものがあり，これは刺激の識別が可能な最小値のことである。それはロングセラーブランドにみられる定期的に少しずつ変えていくことの例として，アサヒビールのスーパードライ，明治のブルガリアヨーグルトなどがあげられる[11]。これも，差異小における脱コモディティ戦略の在り方であり，ブランド化を図り，ロングセラーを目指す戦略方向である。

　差異の小に対する脱コモディティ化戦略の方向は，玉ねぎを例にとると，○○産のイメージ向上によるブランド化にするか，産地を意識しない消費者向けの価格競争という 2 つの方向が考えられる。どちらの方向を選択するかは，経営資源のあり様によって変わる。当然ながら，両方の方向を取ることも考えられる。玉ねぎにおける消費者ニーズの明確な場合とは，玉ねぎを使用してどのような料理をするのかにつながっている。そのために玉ねぎを利用するのである。その際に，こだわりの料理やもてなしの料理にはブランド化された玉ねぎが用いられ，そうでない場合には価格の安い玉ねぎが用いられることになる。一方で消費者ニーズが不明確な場合には，玉ねぎの価値を高める，あるいは使用量を高めるプロモーション戦略を展開することで，玉ねぎに対する消費者ニーズを明確にする方向となる。

　次に，差異の中程度における脱コモディティ化戦略として，消費者ニーズが明確な場合は，ニーズに基づいた対象商品の品質の改善により，消費者の認識として購入費用をかけた以上の商品品質の良さを展開することが考えられる。シーズとニーズのマッチングである品質表を作成していく段階で品質の改善が図られることになる。このことを改善化と位置付ける。元より，商品そのものだけでなくマーケティングミックスにおける品質の改善が求められる。玉

ねぎの例では，元の玉ねぎが玉ねぎ漬物に変化した段階では，玉ねぎ漬物の品質改善に対応していかなければならない。また，玉ねぎ漬物に対する消費者ニーズが不明確な場合は，それに対するニーズ調査の実施を行いながら，かつ品質改善に工夫をしながらの付加価値を付けて脱コモディティ化戦略となる。例えば，味付けの工夫としてワサビ風味などが考えられる。

　そして，差異の大としての脱コモディティ化戦略として，消費者ニーズが明確な場合は，対象商品に対するイノベーション化であり，イノベーションといわずとも鮮度の向上を目指す方向が考えられる。消費者ニーズに基づいた様々なイノベーション展開が考えられる。例えば，玉ねぎドレッシングでは玉ねぎの育成方法からドレッシング製造方法などの幅広いイノベーション化である。また，玉ねぎドレッシングに対する消費者ニーズが不明確な場合は，ブランド化を図るべく広告などの感性的価値の強化に向けた展開が考えられる。

　また，差異の小さい地域資源と脱コモディティ化戦略の関係では，地域ブランドの形成フロー（図表11-4-4）[12]における地域資源の転換には，地域資源の発見・発掘がある。先述の玉ねぎはコモディティ化の状態にあり，脱コモディティ化戦略の方向性として，図表11-4-3に提示する方向性が考えられるのである。また，地域ブランド形成フローにおける顧客価値は，消費者ニーズの把握・明確化であり，地域ブランド形成フローの地域住民のこだわりは，対象商品への差異の程度の変化を起こす起点となると考えられる。差異の起点である差起の源泉[13]には，ニーズ対応，競争心，危機感によってもたらされる。

第5節　まとめにかえて

　本論文では，第2節で2つの先行研究についてふれ，第3節でマンゴーとゴーヤに関する取組み事例を取り上げて，第4節で脱コモディティ化戦略の方向性を提示した。差異の程度の認識に応じた脱コモディティ化戦略の方向性を提示することで，コモディティ化状態から脱コモディティ化戦略を考えることができる。

図表 11-4-4　地域ブランド形成フロー

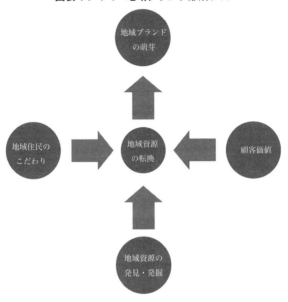

（歴史・文化，食材・食事，特産品，お祭りなど）（筆者作成）

（出所：片山富弘編『地域活性化への試論〜地域ブランドの視点〜』五絃舎，2014 年，
　110-111 頁）

　学術的示唆として，差異の程度を大中小の 3 区分と消費者ニーズの明確・不
明確による脱コモディティ化戦略の方向性を提示したことである。地域資源に
よる地域ブランド形成フローにおける顧客価値や生産者のこだわりにも関係し
ていることが分かった。しかし，差異の小から差異の中を飛び越えて差異の大
の脱コモディティ化戦略をとることが有効なのかといった売上・利益データに
よる分析によってその点を検証していくことが課題である。また，今回は製品・
商品に焦点をあてて論じているが，店舗などにコモディティの対象を拡大して
脱コモディティ化戦略の方向性を検討する必要がある。また，実務的示唆とし
て，差異の程度に応じた脱コモディティ化戦略の方向性を考慮することができ
ることである。しかし，残された課題として，学術的示唆と同様に，今後，実

証を行っていく必要がある。

注

1) 東利一「脱コモディティ化戦略における顧客像の探求」『流通科学大学論集～流通・経営編～』第29巻，第2号，2017年，1-2頁を参照。
2) 鈴木和宏「消費財市場におけるコモディティ化の一考察：定義と要因を中心に」関西学院商学研究，66号，2012年，161-162頁。
3) 片山富弘『差異としてのマーケティング（第4版）』五絃舎，2021年，26頁。
4) フィリップ・コトラー，ケビン・レーン・ケラー，アレクサンダー・チェルネフ著，恩藏直人監訳『マーケティング・マネジメント（原著16版）』丸善出版，2022年，274頁。
5) 恩藏直人「第2章4つの顧客価値と市場参入戦略」『コモディティ化市場のマーケティング論理』有斐閣，2007年，37-58頁を参照。
6) 池尾恭一，青木幸弘，南知恵子，井上哲浩『マーケティング』有斐閣，2010年，407-408頁。延岡健太郎『MOT入門』日本経済新聞社，2006年，を参考に青木幸弘が加筆修正している。
7) 沖縄県産のマンゴーとゴーヤの普及に向けて，片山ゼミナールでアンケート調査報告資料（2014年）の一部を引用した。
8) 片山富弘「第6章マーケティングセグメンテーションにおける差異を考える」『差異としてのマーケティング（第4版）』五絃舎，2021年に詳しい。
9) 財団法人全国中小企業情報化促進センター編『地域資源活用の売れる商品づくり』同友館，2008年，208-209頁。
10) 同上，7頁。
11) ロングセラーに不可欠なリニューアル術「丁度可知差異」とは
https://xtrend.nikkei.com/atcl/contents/18/00396/00006/（2023年1月18日閲覧）
12) 片山富弘編『地域活性化への試論～地域ブランドの視点～』五絃舎，2014年，110-111頁。
13) 片山富弘『差異としてのマーケティング（第4版）』五絃舎，2021年，27-28頁。

参考文献

・池尾恭一，青木幸弘，南知恵子，井上哲浩『マーケティング』有斐閣，2010年。
・伊藤実『成功する地域資源活用ビジネス』学芸出版社，2011年。
・恩藏直人『コモディティ化市場のマーケティング論理』有斐閣，2007年。
・片山富弘編『地域活性化への試論～地域ブランドの視点～』五絃舎，2014年。
・片山富弘『差異としてのマーケティング（第4版）』五絃舎，2021年。
・佐藤義典『マーケティング戦略実行チェック99』日本能率協会マネジメントセン

ター，2007 年。
・財団法人全国中小企業情報化促進センター編『地域資源活用の売れる商品づくり』
　同友館，2008 年。
・土肥健夫『地域資源活用マニュアル』同友館，2008 年。
・延岡健太郎『価値づくり経営の論理』日本経済新聞出版社，2014 年。
・シュミット ,B 著, 嶋村和恵, 広瀬盛一訳『経験価値マーケティング』ダイヤモンド社,
　2000 年。
・フィリップ・コトラー，ケビン・レーン・ケラー，アレクサンダー・チェルネフ著,
　恩蔵直人監訳『マーケティング・マネジメント（原書 16 版)』丸善出版，2022 年。
・リチャード・A・ダベニー著，東方雅美訳『脱コモディティ化の競争戦略』中央経済
　社，2011 年。

第12章　地域ブランドの差異化の諸相

第1節　地域ブランドの重要性

　地域活性化のためにマーケティングの必要性が叫ばれている。地方自治体においても，企業でのマーケティングの考え方や手法を活用している。その主なねらいは，地域活性化であり，結果としての税収増加や地域住民の所得向上である。地域活性化のためには，特産品戦略，観光地戦略，イベント戦略などがマーケティングの視点からとりあげられることになる。すなわち，観光マーケティングである。また，農林漁村地域の活性化のためのルーラル・マーケティングもその一部と考えられる。

　例えば，特産品は本物志向，自然志向，健康志向などの消費者・観光客ニーズの多様化に対応できる可能性を秘めているとともに，特産品の振興は経済波及効果だけでなく，自立的な地域づくりやその地域らしさをアピールする上で大きな役割をもっている。また，特産品の種類においては，開発，生産，販売などの流通プロセスごとや地域経済の活性化，文化の振興などの目的別に区分けされており，具体的には，①物産，②地場産業，③地域特産，④伝統的工芸品，⑤農林水産品などの分野がある。

　地域ブランドが叫ばれることの背景には，従来の特産品とは異なったものがある。今までは，高度成長期の需要に応える意味で，地域の特産品を低価格で大量生産・販売による地域の活性化をねらったものであったが，近年は少子高齢化や後継者難や消費者の商品に対するレベル向上によって，基本的には，そ

の地域に暮らす人々の思いや生活の向上をねらったものに変化してきている。地域ブランドという言葉はかなり多様な意味で用いられているのが現状である。本章は，地域ブランドにおける差異化の諸相について考察を行うことが主目的である。

第2節　地域ブランドに関する主な先行研究

　ここで，地域ブランドに関する主な日本の先行研究をとりあげる。

　1）中小企業基盤整備機構（平成17年6月）の地域ブランドマニュアルにおける地域ブランドの定義は，経済産業省の地域ブランドの定義をもとに発展させていることがみられる[1]。そこで，最初に「地域ブランド」の定義を決めておく必要がある。図表12-2-1は経済産業省による地域ブランドの概念図である。これによれば，「地域ブランド化とは，（Ⅰ）地域発の商品・サービスのブランド化と，（Ⅱ）地域イメージのブランド化を結びつけ，好循環を生み出し，地域外の資金・人材を呼び込むという持続的な地域経済の活性化を図ること」とある。したがって，単に地域名を冠した商品だけが売れていてもダメであるし，その地域のイメージがよいだけでもいけない。この両方がうまく影響し合い，商品と地域の両方の評価が高くなっていく必要がある。地域ブランドが高まれば，その地域名をつけた商品の売れ行きに結びつく。そしてその地域の雇

図表12-2-1　地域ブランドの概念図　（経済産業省）

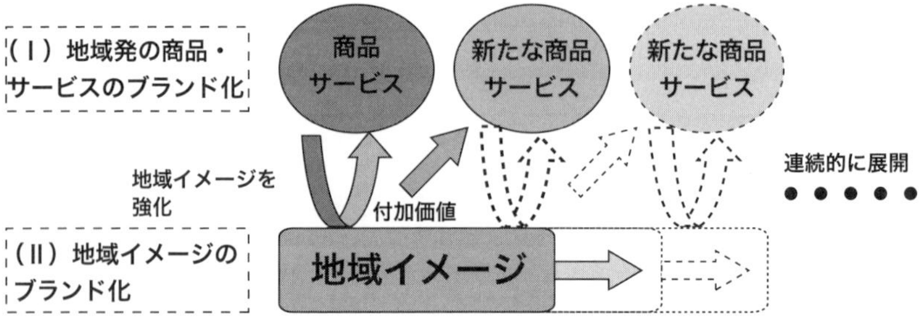

（出所：経済産業省）

用を促進し，地域イメージがよくなり，観光などへの相乗効果が生まれ，地域を豊かにする。こうした好循環を生み出すことになる。

　つまり，地域ブランドとは，地域の特長を生かした“商品ブランド”（PB = Products Brand）と，その地域イメージを構成する地域そのもののブランド（RB = Regional Brand）とがある。これらのどちらか一方でも地域ブランドとはならないし，両方が存在してもそれぞれがバラバラであったのでは「地域ブランド」とは呼べない。地域の魅力と，地域の商品とが互いに好影響をもたらしながら，よいイメージ，評判を形成している場合を「地域ブランド」と呼ぶことができる。

　そして，地域ブランドのマネジメントや地域ブランド・チェックシートを作成し，その判定方法を提示している。このことは，地域ブランドの現状を認識させ，望ましい方向に導くための手法であり，まさに地域における中小企業の活性化を意識したものであるといえよう。

　2）富士通総研経済研究所の研究レポート（No.251, 2006年1月）では，「地域ブランド関連施策の現状と課題～都道府県・政令指定都市の取り組み～」と題して，12自治体の事例研究を実施し，地域ブランド形成に向けた取り組みを整理した上で，その課題と解決方法を検討している。地域ブランド関連施策を対象，目的，地域イメージの違いの観点から4タイプに類型化している。

図表12-2-2　地域ブランド概念図

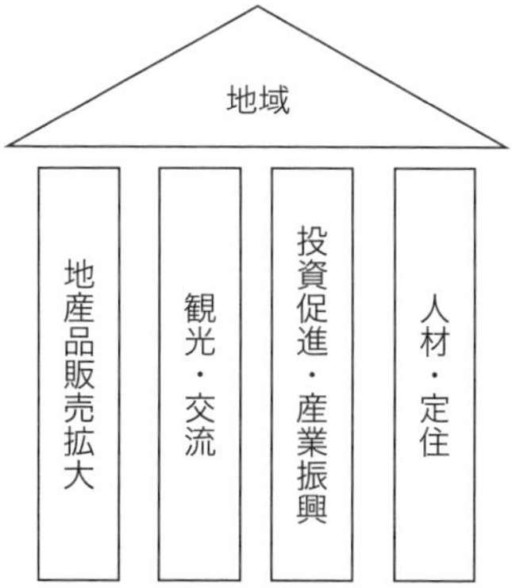

地域

地産品販売拡大　観光・交流　投資促進・産業振興　人材・定住

（出所：富士通総研経済研究所「研究レポート」No.251, 2006年, 6頁）

地域ブランド関連施策を展開するためには，①施策の対象と目的のギャップ，②実施体制のギャップ，③イメージのギャップなどの解消が課題となることを示している[2]。ここでの地域ブランドの概念は，屋根（地域）と柱（人材・定住，観光・交流，地産品販売拡大，投資促進・産業振興）なら成るとし，地域自体をブランド化することにより，柱の部分の達成を目的としている（図表12-2-2）。また，一般的ブランドとの大きな違いとして，一般的ブランドはブランド構築のために行動する実施者の範囲が限定的であるのに対して，地域ブランドでは，実施者が非常に広範囲であることをあげている。

3）青木幸弘によると，地域ブランド構築の基本図が一般企業のブランド構築と符号しており，特産品などの地域資源加工品ブランドや農水産物ブランド，観光地，商業地ブランドは製品ブランドに相当し，地域全体のブランドは企業ブランドに相当するとした上で，地域ブランド構築の基本構図を明らかにして

図表 12-2-3　地域ブランド構築の基本構図

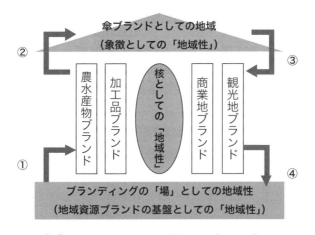

①「地域性」を生かした地域資源のブランド化
②地域資源ブランドによる地域全体のブランド化
③地域ブランドによる地域資源ブランドの底上げ
④地域資源ブランドによる地域（経済）の活性化

（出所：青木幸弘「地域ブランド構築の視点と枠組み」『商工ジャーナル』2004年8月号，16頁）

いる（図表 12-2-3）。

　地域ブランド構築の第 1 ステップとして，ブランド化可能な個々の地域資源（農水産物，加工品，商業集積，観光地など）を選び出し，ブランド構築の基盤ないし背景として地域性を最大限に活用しつつ，ブランド化していく段階がある。第 2 ステップは，地域資源を柱としつつそこに共通する地域性（当該地域の自然，歴史，文化，伝統に根ざすもの）を核として「傘ブランド」としての地域ブランドを構築していく段階である。第 3 ステップは，地域ブランドによる地域資源ブランドの強化と底上げの段階である。この段階では，地域ブランドが象徴する地域性と各地域資源ブランドに共通する核となる地域性との間に一貫性，整合性が存在する必要がある。第 4 ステップは，底上げされた地域資源ブランドによって，地域経済や地域自体が活性化される段階である。地域に経済的な価値をもたらすのは，各地域資源ブランドであり，地域ブランドが確立され，各地域資源ブランドの競争力が増すことによって，地域経済の活性化が進むことが期待される[3]。

　4）関満博と及川孝信の『地域ブランドと産業振興』（2006 年 3 月）では，地域ブランドの過去と未来と区分し，従来の産地における独特の地域ブランド形成から，現在の地域ブランドで論じられている地域の重要性，それは，「人の姿の見える地域」を指し，それを豊かにするための産業化が求められていることを強調している。9 つの地域の事例展開を通じて，地域産業マーケティングのあり方を示している[4]。ここでの地域ブランドとは，派手さや注目度よりも，持続可能な地域が誇りを抱いて取り組める内容であると信じており，各地の「身の丈」にあった，段階的な取り組みこそが地域ブランド形成の真骨頂であると考えている。また，地域ブランド化の発達プロセスを図式化している（図表 12-2-4）。

　5）財団法人東北開発研究センターの地域ブランド研究会の『創造地域ブランド』（2005 年 7 月）における地域ブランドは，「こういう地域にしたい」という活動の積み重ねによって構築されるものであり，信頼と誇りに裏打ちされた地域のありようが地域ブランドといえるとしている[5]。地域ブランド形成の 4 つの方向性を提示している。①地域の暮らし方を描くブランド，②小さなも

図表 12-2-4　地域ブランド化の発達プロセス

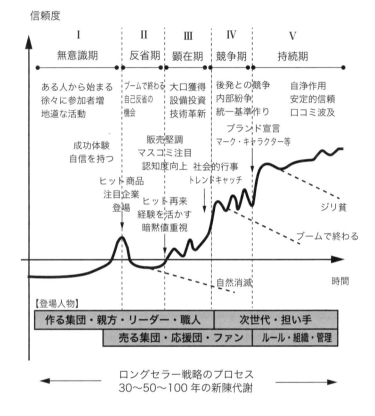

(出所：関満博・及川孝信『地域ブランドと産業振興』新評論，2006 年，6 頁)

の，見えなかったものの価値を生かすブランド，③人に貢献するブランド，④価値を共有するブランドである。また，地域ブランド形成の要素は，図表 12-2-5 のとおりである。

　6) 阿久津聡と天野美穂子の「地域ブランドとそのマネジメント課題」『マーケティング・ジャーナル』（No.105, 2007 年）では，47 都道府県を対象に実施したアンケート調査をもとに地域ブランドの取り組みと現状認識を行ったうえで，地域ブランドについて論じている[6]。この論文における地域ブランドの定

図表 12-2-5　地域ブランド形成の要素

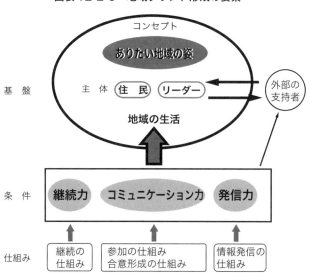

（出所：東北開発研究センター『創造地域ブランド』河北新報出版センター，2005年，27頁）

義は，地域の活性化を目的とした，ある地域に関係する売り手（あるいは売り手集団）の，当該地域と何らかの関係性を有する製品を識別し，競合地域のものと差別化することを意図した名称，言葉，シンボル，デザイン，あるいは組み合わせとしている。これは，AMAのブランド定義を地域ブランド版に組みなおしたものであるといえよう。また，アーカーのブランド・エクイティの考えを基礎に地域ブランド・エクイティの必要性を示している。

　7）日本総合研究所の金子和夫によると，地域ブランドを開発・育成・確立するためには，地域にこだわった商品づくり，消費者と直結した流通チャネル，生産者の名前と顔と思いを伝えるプロモーションの3点に関する展開ポイントを示している[7]。①地域にこだわった商品づくりでは，(1)地域特性の掘り起こし，(2)マーケットインの発想，(3)商標の登録である。②消費者と直結した流通チャネルでは，(1)地産地消で安定性を確保，(2)参加体験施設でファンづくり，(3)生産者と消費者をダイレクトに結ぶ直接販売システムである。③生産者の

顔と名前と思いを伝えるプロモーションでは，（1）商品に情報価値を付加，（2）デザインなどの表現戦略，をあげている。また，地域ブランドのビジネスモデル化を提示する一方で，今後の課題として，地域においてブランドの運用に関するガイドラインを作成するとともに，地域全体でガイドラインの理解と浸透を図るためのマネジメント体制を整備することをも示している。

8）フィリップ・コトラー（Philip Kotler），ドナルド・ハイダー（Donald Haider），アービング・レイン（Irving Rein）らの『地域のマーケティング』(*Marketing Places* の訳本 1996 年）では，地域と訳されているが場所を意味しているもので，これをマーケティング・ミックスの製品として捉えて論じている[8]。地域ブランドの先駆けとして位置づけられている。

9）田中章雄『事例で学ぶ！地域ブランドの成功法則 33』では，経験則から導き出される法則を 33 にまとめている[9]。その地域ブランドの観点はブランドの視点であり，本質とかかわっているものである。例えば，その法則 1 として「ブランドとは，徹底したこだわりにより，差別的優位性がつくられた商品に与えられる称号である」としている。また，その続編としての意味合いをもっている『地域ブランド進化論』では，地域ブランドとして地域名のついた商品であっても，次の場合には当てはまらないとしている[10]。①その地域の原材料を使用していない，②その地域で製造されていない，③その地域特有の特徴や製法が生かされていない，④その地域がもつイメージと乖離している，⑤顧客満足度が低い（評判が悪い），⑥類似商品と同等か安い価格でしか売れない，⑦継続的な製造・販売ができない，⑧商品に携わる人が極めて限られており，地域全体への広がりがない，の 8 つのうち 1 つでも，該当すれば地域ブランドとして成立しにくいと指摘している。また，同時に地域ブランド戦略の立て方と進め方を示している。

10）和田充夫を始めとする電通 abic-project 編『地域ブランド・マネジメント』では，地域ブランドの定義として，その地域が独自にもつ歴史や文化，自然，産業，生活，人のコミュニティといった地域資産を体験の場を通じて，精神的な価値へと結びつけることで，「買いたい」「訪れたい」「交流したい」「住

みたい」を誘発するまちとしている[11]（図表 12-2-6）。地域ブランドの構築とは，こうした地域の有形無形の資産を人々の精神的な価値へと結びつけることであり，それによって地域の活性化をはかることであるとしている。また，地域ブランドの計画プロセスや評価と目標設定にも論じている。

図表 12-2-6　体験価値による地域ブランド構築

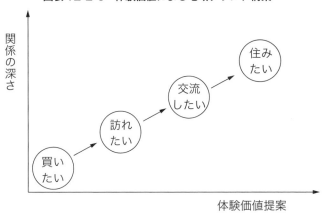

（出所：電通 abic-project 編『地域ブランド・マネジメント』有斐閣, 2009 年, 4 頁）

11）古川一郎編『地域活性化のマーケティング』では，ブランドを社会的に共有された記憶の意味で用い，「〜らしさ」がブランドとしている[12]。地域ブランドに関する議論の 3 つの問題点を指摘している。①優れたブランドを創り上げた営利企業のモデルを理想としていること，②理想と現実のギャップを明確にし，具体的なアクションにつなげていくことは難しいこと，③すでに出来上がった商品やサービスをいかにブランドに仕上げていくかということ，である。また，ブランドに対する一貫性を維持するために必要なものは，集団がぶれない基軸を共有することを強調している。

　以上みてきたように，地域ブランド研究は，各地域においてますます研究拡大の様相を呈してきている。その際に，地域ブランドの定義の統一がなされないままの状態であることは残念である。そこで，筆者の考える地域ブランドの

定義は，地域活性化のために，地域資源を顧客価値に転換することである。これは，地域の資源を活用し，マーケティングの視点で，地域の人が創りあげるものを意味し，そこには，地域住民の幸福感をもたらすものでなければならないと考える。

　以上からいえることは，地域ブランドの諸定義にみられるように，認識的差異がみられる。

第3節　ブランド研究の視点

　この節では，ブランド（BRAND）の定義，機能，価値，効果について，また，ブランド・マネジメントの視点から地域ブランドを論じる。

1．ブランド概念の基礎

（1）AMA（アメリカマーケティング協会）の定義

　①ある売り手もしくは売り手の集団の商品やサービスであることを示し，②競争者の商品やサービスから区別するために使用される，③名称，用語，記号，象徴，デザインもしくはこれらの結合である。

　上記の定義は3区分され，①は所有や保証を示し，②は商品差別化を示し，③は連想・想起させるものを示している。もっともわかりやすいのは，その分野・カテゴリーの中で，一番最初に頭の中に浮かんでくるものである。ブランドは，人の心の中にあり，とんがっているものである。辛子明太子といえば，あなたが頭に思い浮かぶのは，○○であったら，それがブランドである。なぜ，○○が思い浮かぶのであろうか，そうさせるのが，ブランディング（Branding）である。これは何も有形の商品だけでなく，無形のサービスや地域にも当てはまる重要なことである。

（2）ブランドの機能

　ブランドの機能は，論者によって異なる。ブランドには大きく3つの機能がある。第1の機能はその商品やサービスは誰が生産又は販売しているのか

という「出所表示機能」であり，第 2 の機能は，消費者の商品やサービスの品質に対する期待を保証する「品質保証機能」であり，第 3 の機能は，商品，サービスについての情報を伝達して，消費意欲を喚起する「情報伝達機能」である。この 3 つの機能を備えてはじめてブランドといえる[13]。

　また，ブランドは，ブランドは信頼の印である「保証機能」，第 2 に識別のための「差別化機能」，第 3 に名前やマークを示す「想起機能」である。AMA の定義に沿った機能ともいえる。ブランドから想起機能を引き出すためには，広告をはじめとするマーケティング・コミュニケーションの諸活動や新製品・新サービスの開発やそれらの流通を通じて，ブランドを消費者の記憶と深く結びつけることが必要なのである[14]。

（3）ブランドの価値

　顧客に価値を提供するブランドによってもたらされる便益，又は製品そのものの品質や機能を超えた付加価値のことである。いくつかの見解があるが，和田充夫は「基本価値」，「便宜価値」，「感覚価値」「観念価値」を 4 区分し，製品そのものの価値を基盤としながらも，それを超えた価値である「感覚価値」と「観念価値」が，ブランドの付加価値であるとしている。「基本価値」とは，製品がカテゴリーそのものとして存在するためにはなくてはならない価値のことであり，「便宜価値」とは，消費者が当該製品を便利に楽しく購入しうる価値である。また，「感覚価値」は，製品・サービスの購入や消費に当って，消費者に楽しさを与える価値であり，消費者の五感に訴求する価値のことで，「観念価値」は，意味をもち，語りをもつ価値のことである[15]。

（4）ブランドの効果

　いくつかのブランド効果が考えられる。①商品やサービスを繰り返し購入するロイヤルティ効果，②価格が多少高くても購入する価格プレミアム効果，③そのブランドなら流通業者が取り扱いたいと考える流通業者の協力，④一度，ブランド力が出来上がると広告費用が比較的抑えられるプロモーションの容易化などである。基本的にはロイヤルユーザーの存在であり，その拡大によって，売上高が増加することにつながってくる。

2. ブランド・マネジメント

上記でブランドとは何かをみてきたが，ここでは，そのマネジメントにふれておく。

(1) 顧客満足からブランドへの進化

ブランドは，顧客満足からブランド・ロイヤルティを経て，ブランド・エクイティの確立に至るプロセスで確立されることになる。基礎になるのは，顧客満足である。ブランドが単なる名前やマークだけを意味すると考えることは，間違いであり，それは表示上のことであり，その裏側にあるものを理解しなければならない。顧客にとって提供される商品やサービスが，顧客満足によって顧客にとって価値あるものへと変化していく。顧客満足の蓄積がブランド・ロイヤルティを形成していくことになり，その結果，ブランド・エクイティとして無形資産が蓄積されていくことになるのである。その意味では，顧客満足を継続的に顧客に提供していくことが大切であり，またそうしていかなければならないのである。

(2) ブランドの本質と構築

ブランドの本質は消費者にとっての「信頼」につきる。食品でいえば，消費者の「安心」「安全」を意味する。前述の3つの機能は，それらに意味をもたせているにすぎないのである。また，ブランドの構築は生涯を要するものであり，終わりがないものといえるが，ブランドの破壊は一瞬である。有名企業が不祥事をはじめ，不正表示などで苦労している事例がいくつも存在する。このようなことが生じないためにも，統合マーケティング戦略が必要である。なぜであろうか？ブランド構築は，マーケティング部門だけが行うものではなく，企業全体で各部門がブランド構築に貢献しているという意識をもちながら行動することで，消費者の心の中にブランドが認識されるからである。その意味では，ブランドは広告によってのみ，構築されるものではなく，広報活動や幅広い企業活動全般によらなければならない。すなわち，ブランディングとは，マーケティングそのものでもあるといえよう。

(3) 地域ブランド・マネジメント

地域ブランドとは，①ある特定の地域で生産あるいは提供される商品やサー

ビスであり，②他の地域で生産あるいは提供される商品やサービスと差別化し，③肯定的評価を受ける個性を確立している商品やサービスである[16]。具体的には，農水産品，伝統工芸品，伝統工芸品以外の加工物，サービスなどである。従来の特産品だけにとどまらず，観光地などのサービスも含まれる。商標法では「地域の名称＋商品または役務の名称」であり，ブランドの観点からは，識別，差別化，品質表示，出所表示機能を有していることが重要であり，マーケティング活動がそれを支えている。例えば，メロンは一般的に青皮・青肉だったが，赤肉の夕張メロンは，プロモーション展開や出荷基準や品質維持活動によって，全国に知られるようになっている。また，地域ブランドの要件において，その土地柄といった希少性と品質の優良性が欠かせない。地域ブランド・マネジメントにおいても，その地域ブランドの目標である地域エクイティの構築並びに運営管理が求められることになる。その意味でも，その地域ブランドに対する顧客満足の追求の積み重ねの結果として生じる，地域ブランド・ロイヤルティを目指すことが求められる。その上で，地域ブランド・ロイヤルティの累積が地域ブランド・エクイティとなるのである。そのための運営主体や目的や対象が異なってくることが地域ブランドの混乱を招くような懸念があるが，まずは地域経済の積極的に主体性のある者が地域ブランドの構築に向けて進めるべきである。しかし，それは規模としても，身の丈に応じたものにすべきで知名度の向上につれて一度に商品展開を行うものではない。最近の企業にみられる不祥事は，競争があるゆえに売上げの追求のために，また，利益捻出のために，ムリをすることから，地域ブランドの崩壊がはじまることにつながっている。

第4節　地域ブランドの展開

　ここでは，地域ブランド構築支援事業の動向，壱岐焼酎の実態，地域ブランド・チェックリストや地域ブランドの国際化について論じている。

1. 地域ブランド構築支援事業の動向

　地域ブランド構築のための各種支援事業に関する九州各県の主な動向をとり
まとめたものが，図表12-4-1である。各自治体による地域ブランド支援事業は，
比較的年数の浅いものが多く，これからといえる。

図表12-4-1　九州各県の地域ブランド構築支援事業（主なもの）

県名	担当部署名	事業名	事業年度
福岡	農政部流通振興係	福岡ブランド販売戦略事業	2002-2006
福岡	水産林務部水産振興課流通加工係	水産物消費拡大推進事業	2004-2006
福岡	商工部商業・地域経済課物産商業・調整係	地場産業創造活力支援事業	2004～
長崎	地域政策課企画調整班	都市と農村漁村の共生・対馬推進事業	2004-2006
長崎	物産流通振興課	長崎ブランド確立事業	2002～
大分	林業水産部漁業管理課	おおいたの魚豊の活けぶり支援事業	2004-2006
宮崎	企画調整課企画班	みやざきブランド宣言定着化事業	2004-2006
宮崎	同上	スポーツランドみやざき推進事業	1988～
鹿児島	総務部広報課報道係	地域情報発信事業	1994～
鹿児島	林務水産部水産振興課	かごしまのさかなづくり促進事業	2001-2006

（出所：菅野由一・松下哲夫・井上明彦「特集47都道府県調査「地域ブランド構築
　　で経済活性化」『日経グローカル』NO.3，2004年より加工。）

　長崎県では物産流通振興課が平成14年度より「長崎ブランド確立事業」を
展開していた。これは，三輪素麺の産地表示違反により販路が閉ざされた島原
手延べ素麺の産地ブランド確立のために，島原市内の事業所が製造した手延べ
そうめんのみに対し，統一ブランドマークを貼付しているものである。また，
物産展などへの出店支援事業も行っている。こうした事業のおかげで，島原手
延べそうめんの知名度も向上してきたが，ブランドが乱立しており，一定基準
による品質認証制度の構築が求められている。

　この他にも長崎県内には，焼酎の産地として認知されていない壱岐焼酎や優
れた品質をもちながら幻のうどんの域を出ない五島うどんなどがある。産地ブ

ランド確立のためには，安定した商品を継続的に消費地に供給することが求められているが，産地事業所の大部分が中小事業所であるため，消費者の信頼にこたえ切れていないのが実情である。こうした優れた産品がありながら，産地ブランドとして確立していない産地を指定して品質のばらつきや宣伝不足などの課題を抽出して共同 PR や認証制度創設などを進め，産地ブランドを確立することにより産地の活性化を図ろうとするものである [17]。

2. 壱岐焼酎の実態調査

(1) 壱岐焼酎を取り上げる意味

壱岐の島は周りが海にかこまれており，人的交流が盛んであるものの島という特定の地域であること，歴史的に麦焼酎の発祥の地であること，現在も麦焼酎が根付いていること，日本で地理的表示の産地指定を認められている地域であることなどから，地域ブランド形成プロセスの調査対象地域とした。

(2) 壱岐焼酎の実態調査

原材料は麦であり，水も玄武岩を通じたものを利用して，明治 33 年の酒税法ができる前は自家用として焼酎を作っているところが多くあった。しかし，酒税法をきっかけにビジネスとして展開するために，より一層の品質や味へのこだわりが生じた。さらなる発展のために，消費者ニーズへの対応として，まろやかさやソフトな味を追究して多様な商品が生まれている。

(3) これまでの実態調査に対する考察

これまでの調査からみえてきたことは，地域ブランド形成プロセスは，その地域における歴史性や文化性に根づいた，その商品に対するこだわりや品質が消費者ニーズに対応する形で地元貢献につながり，やがて地元という地域だけでなく地域拡大というふうにスパイラル・アップした地域活性化への構図が，図表 12-4-2 のようにみられることである。

壱岐の焼酎は顧客価値に転換する前は自家消費・自家用途のためであったが，地域住民が生活のために企業を起こし，ビジネスを展開してきている。この自家消費からビジネス展開への変化が顧客価値を考えることにつながっており，

図表12-4-2　地域ブランド形成のプロセス図

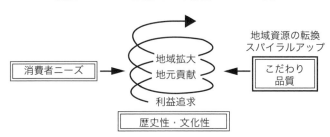

（著者作成）

地域で獲れる麦や水という地域資源を顧客価値に転換させることであり，地域活性化につながっていくものであるといえる。構図で示している要素項目はどれひとつ欠けても，地域ブランド形成にならない。例えば，歴史性や文化性があるからといって，こだわりや品質が良くなくては地域ブランドにならないし，消費者ニーズにマッチさせなくては継続維持が困難であると考えられる。地域資源の転換は顧客にとって価値あるものでなければ自画自賛で終わってしまう。

　また，地域ブランド形成プロセスにおいて，初めの消費者，通常，イノベーター（革新者）の存在への考察が欠かせない。社会心理学者のヤンケロビッチによる意識のピラミッド，価値観のヒエラルキーによる観点では，①ソース（Source）＝基本的意識，性格として人がもって生まれた先天的資質，②バリュー（Value）＝価値観として種々の物事に対する姿勢，社会との接点でもつ生活意識，③クライテリア（Criteria）＝ある判断，選択を迫られた時に優先順位を決めるよりどころ，④テイスト（Taste）＝生活の志向，好み，感性で，具体的な事象に対する志向，好み，意見，考え方，⑤マニフェステーション（Manifestation）＝生活行動，実際の選択，行動となっている。人間の意識は①から⑤への流れをたどるとしているが，森によると行動から意識へと逆流することもあるとしている[18]。地域ブランド形成プロセスにおけるイノベーターについて，価値観のヒエラルキーでみることにする。①ソースは個人のもって生まれたものであるからあまり影響するとは考えにくい。②バリューはその地域で生活するという価値観である。③クライテリアは地元優先，④テイストは焼酎が好きか否

か，⑤マニフェステーションは地元焼酎を購入するといったことになる。これらのことから，焼酎のイノベーターは地元を愛し，焼酎が好きな人々のことである。しかし，このイノベーターは地域ブランドを形成しようと考えていたのではなく，結果によって地域ブランドが出来上がったというのが論理の帰結である。そこには，このイノベーターがアーリーアダプター（初期採用者）に影響を与えたからこそ，地域ブランドが形成されている状況にあるといえる。

3.　地域ブランド・チェックリスト

　マーケティング・コントロールの考え方は，地域ブランドを考える際にも，チェックリストの作成によって，効率的に地域ブランド構築に向けて作業を進めることができる。このことは，地域ブランド・マネジメントに役立つものである。この場合も，チェックリスト項目は，地域の実情や対象ブランドによっても多少異なってくる。

　例えば，独立行政法人中小企業基盤整備機構「地域ブランドマニュアル」平成 17 年 6 月の中に，地域ブランド戦略への取り組み状況を管理者や担当者が自己採点できるようにし，問題点を導き出せるように，30 項目による簡易版の地域ブランド・チェックシートが提示されている[19]。主なチェック項目として，ブランドの理解 15 点，ブランド・マネジメント 15 点，ブランドの管理 15 点，ブランド・プレミアム 15 点，ブランド・コミュニケーション 15 点，ブランド・ロイヤルティ 15 点，マインド 10 点の合計 100 点となっている。

　また，取り組み体制に関するチェックリストを博報堂・地ブランドプロジェクト編『地ブランド』（120-124 頁）を参考に作成した（図表 12-4-3）。

　このチェックリストのメリットは，地域ブランド推進にあたり，作業上のモレの確認ができるということであり，チェックリスト協働作業の中で，組織に一体感が生じれば，活動にはずみがつくことになる。

4.　地域ブランドの国際化

　地域ブランドは国際化が可能であろうか？という問いには，可能であると考

図表12-4-3　地域ブランドチェックリスト

あなたが取り組むのは何のブランドですか？（対象の明確化）
何のためにその取り組み（ブランド化）を行うのですか？（目的の明確化）
ブランドに関する価値の内容を確認していますか？
そのブランドを支持してほしいのはどんな人々ですか？
そのブランドがお客様にできる約束は何でしょうか？
そのブランドの競合はどこですか？
取り組みの主体・責任者は誰ですか？
取り組みを成功させるために巻き込むべき人・組織・団体は？
取り組み期間は？
必要な予算はどこから入手しますか？
どのくらいの予算が見込めますか？
成果は何で確認しますか？

（出所：博報堂・地ブランド・プロジェクト編『地ブランド』を参考）

えられる。そもそも地域ブランドは，その地域のみならず広く日本国内を意識していることは確かである。ここでの国際化とは，国内を越えて海外で知れ渡ることを意味している。つまり，地域ブランドの認識，特産品の海外展開，海外における地域ブランドへの信頼があることをさしている。例えば，メイド・イン・ジャパン（Made in Japan）は，日本製品に対する信頼の印として海外では有名である。これは，日本を指していることになるが，これの地域版も当然，存在することが考えられる。これの普及には，海外からのビジネスマン，観光客，留学生などによる地域ブランドに対する信頼が必要である。

　地域ブランドの国際化は，商品のライフサイクルのような考え方を用いるこ

とができる。地域ブランドの海外への導入期，成長期，成熟期，衰退期といった区分である。地域ブランドの展開においては，マーケティング戦略が欠かせない。日本政府は，ジャパン・ブランドとして地域の特産品などを海外展開することを試みている。福岡県では，博多織がとりあげられている。

インターブランド社によるブランド資産評価ランキング50において，日本に関するブランドがとりあげられているのは，トヨタ，ソニー，ニンテンドーである。海外では，企業名であり，商品名である。しかし，地域ブランドは観光に関連して浮上する可能性がある。日本は現在，観光において日本へのインバウンド政策を進めているからである。例えば，大分の湯布院は韓国人の観光客に人気がある。これは，韓国人にとっては，地域ブランドである。

地域ブランドが海外で展開されるかどうかは，地域ブランドの顧客吸引力にかかわっていると考えられる。それは，希少性であり，かつ，品質の優良性が顧客にとって魅力であるものであるかどうかである。海外で展開される前にまず，地元から愛されることであり，その空間的広がりの中で海外に受け入れられることになる。メイド・イン〇〇地域のブランドが海外で受け入れられるには，様々な要因を考慮しながらのマーケティング展開を実施していくことになろう。

第5節　差異化の考察

差異化の本質は何であろうか。商品レベルであれ，企業レベルであれ，差異化の本質は価値の発見であり，創造であると考える。差異化戦略は顧客にとっての価値を追求したものであり，また，追求しようとしているのである。では，価値の発見や創造をして終わりではなくて，顧客に受けいれられないと本当の差異化戦略は成功したとはいえない。逆に，企業側の自己満足では差異化が成功したとはいえない。また，差異化の成功には，競合企業もその差異化の凄さを認めることによっても成立する。本当は認めたくないが，市場が認めてくれば，否応なしに認めざるを得ない。そのことで，さらなるイノベーションのきっかけになっていき，次に差異化の項目が生じてくることになる。差異化を支え

るものとして，企業の独自の経営資源が存在していなくてはならない。人・モノ・カネ・技術・情報などであり，特に人による差異化を生み出すソフト部分，知恵の部分が重要である。とともに，ハードの部分においても，継続して差異化を押し出す資源がなければ一過性のものとなってしまい，そのようにならないようにしなければならない。

　次に，差異化の視座はどのようにとらえたらよいのであろうか。3つの視点が考えられる。1つ目は空間の視点である。これは，同じ時間のなかで，差異化が行われており，商品レベルや企業レベルで競争状態にあることを示している。2つ目は地域の視点である。これは，同じ商品であっても，地域が異なることで，差異化が行われており競争状態にあることを示している。ここでの地域の視点は空間に包含してもよい。3つ目は時間の視点である。これは，同じ商品であっても，先発や後発といった参入時間が異なることで差異化が行われており競争状態にあることを示している。このように差異化の諸相は3つの視点で整理することができる。壱岐焼酎の例でいえば，空間の視点では壱岐に7つの酒蔵があり差異化が行われ，地域の視点では焼酎にモンドセレクション受賞などの商品変化がみられることでの差異化が行われ，時間の視点ではたくさんあった自家用消費の酒蔵から7つの酒蔵に集約されていったことでの差異化となる。

　また，差異化は，一括りにして差異化とよばれているが，3つに区分できるものと私は考える。差異の起点というべき「差起（さき）」が生じ，差異の進むべき地点としての「差変（さへん）」があり，その移動中は「差進（さしん）」というべきものが考えられる。差起は何らかの危機感やイノベーションを起こそうとする思いが出発点となっている。壱岐焼酎という商品もそのままでは特徴がなく売れないので，何らかの差異を起こそうとするのである。差異の結果としての差変はパッケージの変化や販売先の変化となって表れてくる。その方向ともいうべき差進は壱岐焼酎のターゲットである消費者の拡大，初期採用者という段階に進むことになる。

　そして，差異化に終わりはない。差異化が始まった「差起」から「差進」を

経て,「差変」にいたる連続性,つまり,「差変」が次の時点では「差起」となっていく。その意味では,壱岐焼酎も常時変化していくことになる。

第6節　まとめと課題

　地域ブランドの先行研究を示しながら,差異化の考え方を壱岐焼酎への展開で試みた。地域ブランドは,その地域に生活する者がどうしたいのかを反映した結果といえる。地域生活者の想いが1つのベクトルになったときに,強い地域ブランドが生じるものと考えられる。そのためには,強いリーダーとその支援者によって,地域ブランド構築のためのマーケティング戦略が必要である。

　今後は地域ブランドの測定力が課題となってくる。つまり,誰に対して,地域ブランドの何を,どのような尺度で測定するのかである。特に,地域ブランドの国際化を尺度であらわすには困難が予想される。しかし,恣意的であっても,地域ブランドの測定はある程度,意味を有するものであると考える。

注
1)　独立行政法人中小企業基盤整備機構「地域ブランドマニュアル」平成17年6月の中に,経済産業省の地域ブランドの定義も提示されている。
2)　生田孝史,湯川杭,濱崎博「地域ブランド関連施策の現状と課題〜都道府県・政令指定都市の取り組み〜」研究レポート No.251,富士通総研経済研究所,2006年1月。
3)　青木幸弘「地域ブランド構築の視点と枠組み」『商工ジャーナル』2004年8月,14-17頁。
4)　関満博,及川孝信『地域ブランドと産業振興』新評論,2006年。
5)　財団法人東北開発研究センター『創造地域ブランド』河北新報出版センター,2005年。
6)　阿久津聡,天野美穂子「地域ブランドとそのマネジメント課題」『マーケティング・ジャーナル』No.105,日本マーケティング協会,2007年。
7)　www.chiiki-dukuri-kyakka.or.jp の中の地域ブランドの展開ポイントを参照。
8)　井関利明監訳,前田正子,千野博,井関俊幸訳『地域のマーケティング』東洋経済新報社,1996年。(Philip Kotler, Donald Haider, Irving Rein, *Marketing Places* ,Free Press, 1993. の訳本)
9)　田中章雄『事例で学ぶ！地域ブランドの成功法則33』光文社,2008年に多くの地

域ブランドに関する事例が紹介されている。

10）田中章雄『地域ブランド進化論』繊研新聞社，2012年，12頁。

11）電通 abic-project 編『地域ブランド・マネジメント』有斐閣，2009年，4頁。

12）古川一郎編『地域活性化のマーケティング』有斐閣，2011年，2頁。

13）www.chiiki-dukuri-kyakka.or.jp の中のブランド機能を参照。

14）青木幸弘・恩蔵直人編『製品・ブランド戦略』有斐閣アルマ，2004年，113-130頁。

15）和田充夫『ブランド価値共創』同文館出版，2002年，19-25頁。

16）永野周志『よくわかる地域ブランド・改正商標法の実務』ぎょうせい，2007年。

17）www.jsbri.or.jp/new-hp/work/research/pdf/brand/chapter2.pdf の中の地域ブランド構築のための各種支援策の動向を参照。

18）森行生『ヒット商品を最初に買う人たち』ソフトバンク新書，2007年，56-64頁。

19）独立行政法人中小企業基盤整備機構「地域ブランドマニュアル」平成17年6月の中に，30項目による簡易版の地域ブランド・チェックシートが39-45頁に提示されている。

参考文献

・青木幸弘，恩蔵直人編『製品・ブランド戦略』有斐閣アルマ，2004年。

・片山富弘監修『九州観光マスター検定1級公式テキストブック』福岡商工会議所，2007年。

・片山富弘『顧客満足対応のマーケティング戦略』五絃舎，2009年。

・片山富弘監修『九州観光マスター検定2級公式テキストブック（新版）』福岡商工会議所，2011年。

・財団法人九州経済調査協会編『フードアイランド九州』九州経済調査協会，2004年。

・財団法人東北開発研究センター『創造地域ブランド』河北新報出版センター，2005年。

・関満博，及川孝信『地域ブランドと産業振興』新評論，2006年。

・田中章雄『事例で学ぶ！地域ブランドの成功法則33』光文社，2008年。

・田中章雄『地域ブランド進化論』繊研新聞社，2012年。

・電通 abic-project 編『地域ブランド・マネジメント』有斐閣，2009年。

・永野周志『よくわかる地域ブランド・改正商標法の実務』ぎょうせい，2007年。

・西日本新聞社編『九州データ・ブック2005』西日本新聞社，2004年。

・日本交通公社編『観光読本』東洋経済新報社，2004年。

・長谷政弘『観光マーケティング』同文館，2000年。

・長谷政弘編『新しい観光振興～発想と戦略～』同文館出版，2003年。

・古川一郎編『地域活性化のマーケティング』有斐閣，2011年。

第13章　小売マーケティング戦略の差異について考える

第1節　はじめに

　小売マーケティング戦略とは，マーケティング戦略の小売業版である。小売業の範囲は，有形店舗と無形店舗などの多岐にわたっている。フィリップ・コトラー（Philip Kotler）は，小売業には独自のマーケティング戦略が必要であるとしており，小売業者にとって最も重要な意思決定は，標的市場に関するものであるとしている。そして，標的市場を明確にし，その輪郭が描けて初めて，製品の品揃え，店内装飾，広告のメッセージと媒体，価格，サービスレベルについて，首尾一貫した意思決定を下すことができる[1]。また，レビーとウエイツ（M.Levy & B.A.Weitz）は，小売マーケティング戦略は，標的市場，小売業態，持続的な競争優位計画の3つに関する意思決定が重要であるとしている[2]。本論文では，マーケティング戦略とマーケティング・マネジメントの範囲や，小売マーケティング戦略のフレームワークと小売マーケティング・ミックスについて述べていく。問題は戦略の中にマネジメントを含んでいるのかによって，差異が生じていることである。差異の考え方については，第1章第3節差異についての箇所を参照頂きたい。

第2節　マーケティング戦略とマーケティング・マネジメントの範囲

　マーケティング戦略の対象とする範囲は，多義性により，戦略そのものと管

理というマネジメントを含んだものがあることである。つまり，マーケティング戦略といった場合に，純粋に戦略だけ，マーケティング戦略とマネジメントの両方を対象としていることである。例えば，コトラーのマーケティング・マネジメントの中では，マネジメントの要素であるコントロールを含んで記載されている。すなわち，PDCA のサイクルの中で，戦略立案は P に相当し，コントロールは C に相当する。しかし，マーケティング戦略の本には，全体戦略と4P 戦略だけの記載がみられるものがある。つまり，戦略に絞って記載されているのは当然のことながら，マネジメントの概念が欠如していることになる。

このような状況が存在することは，マーケティング戦略とマーケティング・マネジメントの差異であり，論者による認識的差異を生じさせていることになる。このことは，整理整頓されないままに現状に至っており，次節で述べる小売マーケティング戦略にも同様のことがみられる。

第3節　小売マーケティング戦略のフレームワーク

小売マーケティング戦略については，論者によって様々な内容があり，マネジメント分野とマーケティング分野からの区分と結合の両方が見受けられる。主なものを取り上げる。

1.　戦略的小売マネジメント・モデル

アーノルド（D.R.Arnold），カペラ（L.M.Capella），スミス（G.D.Smith）の戦略的小売マネジメント・モデル（図表13-3-1）は，小売業におけるマーケティング戦略の流れそのものである。経営者の思想ともいえる経営哲学に始まり，小売業のおかれた状況を分析し，現在目的と将来のあるべき姿とのギャップを分析し，戦略を立案することになる[3]。また，ターゲットの標的市場に対し，小売ミックス（商品，価格，コミュニケーション，立地）戦略を立案，実施していくことになる。その際，図表では，フィードバックの仕組みが示されているように，P・D・C・Aの経営サイクルを回すことが大切である。

図表13-3-1　戦略的小売マネジメント・モデル

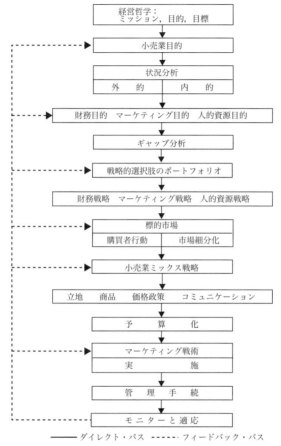

（出所：D.R.Arnold, L.M.Capella, G.D.Smith, *Strategic Retail Management*, Addison-Wesley, 1983, p.30)

　神谷蒔生は小売業マーケティング・システムの構成と展開プロセスを図表13-3-2のように提示している[4]。標的市場の設定が重要であり，その後に，マーチャンダイジングや店舗開発の流れが示されている。そして，戦略の後に，組織と管理の流れとなっている。

図表 13-3-2　小売マーケティング・システムの構成と展開プロセス

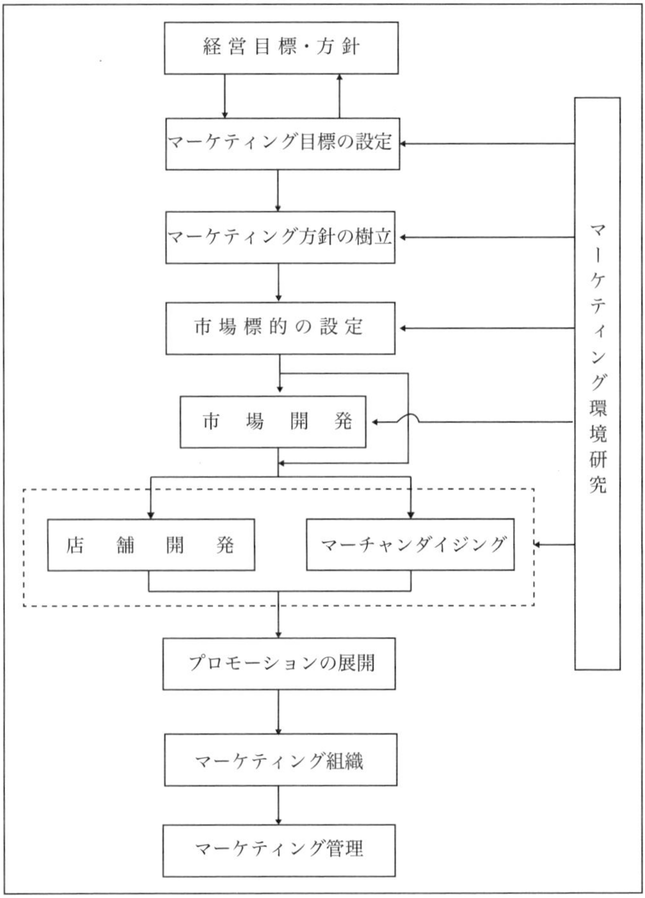

```
            ┌──────────────────┐
            │  経 営 目 標・方 針  │
            └──────────────────┘
            ┌──────────────────┐                    ┌───┐
            │ マーケティング目標の設定 │◄───────────────│ マ│
            └──────────────────┘                    │ │
            ┌──────────────────┐                    │ ケ│
            │ マーケティング方針の樹立 │◄───────────────│ テ│
            └──────────────────┘                    │ ィ│
            ┌──────────────────┐                    │ ン│
            │  市 場 標 的 の 設 定  │◄───────────────│ グ│
            └──────────────────┘                    │ 環│
              ┌────────────────┐                    │ 境│
              │  市 場 開 発  │◄──────────────────│ 研│
              └────────────────┘                    │ 究│
         ┌ ─ ─ ─ ─ ─ ─ ─ ─ ─ ─ ─ ─ ─ ─ ─ ─ ┐      │   │
         │ ┌───────────┐  ┌───────────────┐ │      │   │
         │ │ 店 舗 開 発 │  │ マーチャンダイジング │◄───────│   │
         │ └───────────┘  └───────────────┘ │      │   │
         └ ─ ─ ─ ─ ─ ─ ─ ─ ─ ─ ─ ─ ─ ─ ─ ─ ┘      │   │
            ┌──────────────────┐                    │   │
            │  プロモーションの展開  │                    │   │
            └──────────────────┘                    └───┘
            ┌──────────────────┐
            │  マーケティング組織   │
            └──────────────────┘
            ┌──────────────────┐
            │  マーケティング管理   │
            └──────────────────┘
```

(出所：神谷蒔生『小売業マーケティングの実務』同文舘出版，1987年，9頁)

2.　小売マーケティング戦略の計画プロセス

　　サムリ（A. Coskum Samli）による小売マーケティング戦略の計画プロセス（図表 13-3-3）は，小売目的とポジションの言明からスタートし，小売市場区分の決定，実施計画，小売業ミックスの決定が行われ，そして，消費者満足に至る

図表 13-3-3　小売マーケティング戦略計画過程

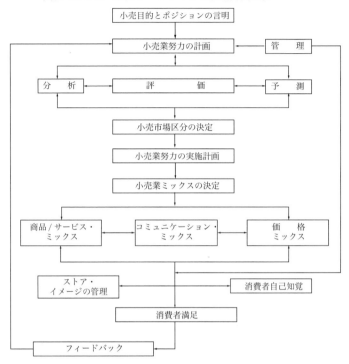

(出所：A .Coskum Samli, *Retail Marketing Strategy*, Quorum Books, 1989, p.4)

プロセスの中で消費者自己知覚とストア・イメージの管理が相互に影響を及ぼすことが示されている[5]。

　ゴーシュ（A.Ghosh）の小売マーケティング戦略開発のフレームワーク（図表 13-3-4）は，顧客分析と競争者分析からはじまり，標的市場の選択，小売ミックス計画，小売イメージ・モニターの流れとなっている[6]。小売イメージを意識していることが見て取れる。

図表 13-3-4　小売マーケティング戦略開発の枠組み

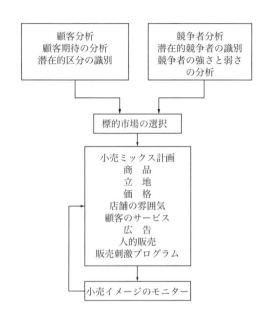

（出所：Avijit Ghosh, *Retail Management*, The Dryden, 1990, p.159）

3.　マネジメント分野とマーケティング分野の結合

　和田充夫は小売企業の成長ダイナミズムとして，小売業の成長フローを図表13-3-5のように提示している[7]。これは，小売企業の成長ダイナミズムを示しており，成長循環を可能ならしめる潤滑油としての企業心（野心，好奇心と行動力，決断力，実行力）を組み込んでいることである。また，この図表は，戦略と組織設計を含んだマネジメントとマーケティング分野の結合を示しているものといえよう。

　また，デビッド・ウォルターズやジャック・ハンラハン（David Walters & Jack Hanrahan）のように財務の視点を加えて，つまり，投資収益の観点として，小売マーケティング戦略を捉えている[8]。

図表 13-3-5　小売企業の成長ダイナミズム

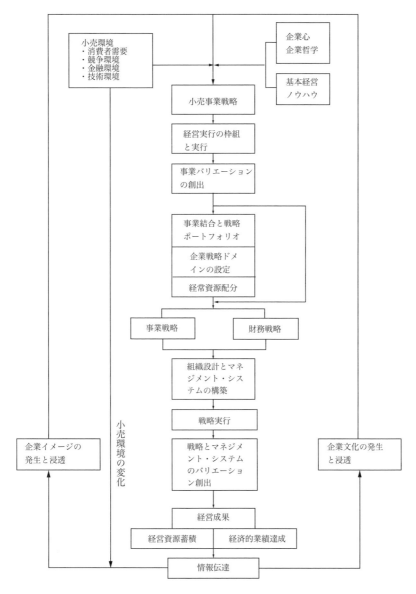

(出所：和田充夫『小売企業の経営革新』誠文堂新光社，1989 年，58 頁)

4. 筆者の考える小売マーケティング戦略

　ターゲット顧客に対して，店舗での品揃えが形成され，ストア・フォーマットとなり，同時に小売マーケティング・ミックスを展開することが，小売マーケティング戦略である。平面的には，第2章第2節の図表2-2-1のマーケティング戦略の構成図と捉えてよいが，小売業独自の観点として，ストア・イメージから構成されるストア・ロイヤルティの構築や顧客満足への対応を考慮していかなければならない。また，小売マネジメント分野と小売マーケティング戦略の分野はもとより重なる箇所が多いが，どちらが優位というのではなく，マネジメント分野では戦略を受けて，組織構築とコントロールまでを対象としているのに対して，マーケティング分野では市場セグメントの選定と小売マーケティング・ミックスに重点をおくことで違いが出てくるのは当然のことである。したがって，小売マーケティング戦略の範囲は，環境分析，消費者分析，市場セグメントの選定，小売マーケティング・ミックスの構築までを対象とするのが，わかりやすい。そして，小売マネジメントにおいては，小売マーケティング戦略を受けての組織設計とコントロールを対象とするのが望ましいと考える。小売マーケティング戦略と小売マネジメントが混在していることから，小売経営者はどれを適用するかは，小売企業の置かれた状況によって異なることから，「小売マーケティング戦略のコンティンジェンシー性」と呼ぶことにする。

第4節　小売マーケティング・ミックス

　通常の4Pはターゲットに対して有効な諸要素を組み合わせて展開していくものであるが，マーケティングの根幹であった4Pで終了ではなく，まぎれもなくマーケティング・ミックスはマーケティングの展開とともに進化してきているのである。このことは，マーケティング・ミックスの時間的差異であるといえよう。

　そして，小売マーケティング・ミックスの4つについての領域を示すことにする（図表13-4-1）。

図表13-4-1　小売マーケティング・ミックス

プロダクト	プライス	プロモーション	プレイス
品揃え	価格設定	広告	立地
ブランド	割引	販売促進	駐車場
PB の開発	EDLP	人的販売	輸送
仕入	クレジット	PR	保管
サービス	リベート	コミュニケーション	チャネル　など
保証　など	協賛金　など	など	

（出所：筆者作成）

　小売マーケティング・ミックスは，ターゲット消費者のニーズに対応することが肝心である。また，小売業は立地産業ともいわれることから，小売マーケティング・ミックスのなかでも，プレイスの立地が重要であり，かつ，それに適合したプロダクトも重要となる。

　小売マーケティング・ミックスは，マネジリアル・マーケティング・ミックスの内容と同じ範疇であり，プレイスやプロダクトのウエイトがマネジリアル・マーケティング・ミックスと異なることから差異は同質性の差異といえる。

第5節　まとめにかえて

　小売業は環境対応が重要であり，かつ，立地産業ともいわれる。小売マーケティング戦略は，マーケティング戦略の小売業版である。それゆえに，マーケティング戦略の考え方をベースに小売業独自のマーケティング戦略が必要となる。小売業はターゲット顧客への対応による小売業態（ストア・フォーマット）を変化させ，同時に小売マーケティング・ミックスを変化させる。そのことによる顧客満足の追求は，小売マーケティング戦略といっても，マーケティング戦略の小売業版であり，変わることはないのである。

注

1) フィリップ・コトラー著，恩蔵直人監修，月谷真紀訳『コトラーのマーケティング・マネジメント　ミレニアム版』ピアソン・エヂュケーション，2001 年，635-653 頁。
2) M.Levy & B.A.Weitz, *Retail Management*, McGraw-Hill Irwin, 2001, p171.
3) D.R.Arnold, L.M.Capella, G.D.Smith, *Strategic Retail Management*, Addison-Wesley, 1983, p30.
4) 神谷蒔生『小売業マーケティングの実務』同文舘出版，1987 年，9 頁。
5) A .Coskum Samli, *Retail Marketing Strategy*, Quorum Books, 1989, p.4.
6) Avijit Ghosh, *Retail Management,* The Dryden, 1990, p.159.
7) 和田充夫『小売企業の経営革新』誠文堂新光社，1989 年，57-65 頁。
8) David Walters & Jack Hanrahan, *Retail Strategy :Planning and Control*, Macmillan Press, 2000, p.58.

参考文献

・渥美俊一『商業経営の精神と技術』商業界，1997 年。
・渦原実男『小売マーケティングとイノベーション』同文舘出版，2012 年。
・小西滋人『小売競争の理論』同文舘出版，2003 年。
・神谷蒔生『小売業マーケティングの実務』同文舘出版，1987 年。
・白石善章『流通構造と小売行動』千倉書房，1992 年。
・田中進，野村賢二郎『小売業の経営診断』同友館，1998 年。
・デビッド・ウォルターズ著，小西滋人，上野博，小西英行，小木紀親訳『小売流通経営』同文舘出版，2002 年。
・三浦一『現代小売マーケティング論』千倉書房，1997 年。
・渡辺敬二『小売企業の経営学』中央経済社，2000 年。
・David Walters & Jack Hanrahan, *Retail Strategy :Planning and Control*, Macmillan Press, 2000.
・J.Barry Mason and Morris L. Mayer, *Modern Retailing :Theory and Practice*, Irwin, 1990.
・Lusch and Dunne, *Retail Management*, South-Western, 1990.
・Avijit Ghosh, *Retail Management*, The Dryden,1990.

第14章　マーケティング・オーディットにおける差異

第1節　問題意識

　最近，マーケティングの大家であるフィリップ・コトラー（Philip Kotler）が『マーケティング 10 の大罪』と翻訳された本を出された [1]。この本には，マーケターに対する叱咤激励が記述されているようにみえる。マーケターの実践上における不備を指摘しているのである。その 10 の大罪を挙げると，市場の定義が不明確で顧客主導になっていない，ターゲット顧客を十分理解していない，競合に対する認識が不足している，利害関係者との関係を適切に管理できていない，新たな機会を見出せない，マーケティング計画策定プロセスに問題がある，製品やサービスを十分に絞り込めていない，ブランド構築力やコミュニケーション能力が低い，マーケティングを効果的・効率的に推進できる組織になっていない，テクノロジーを活用しきれていない，である。これらは，マーケティングを展開するにおいて，心がけないといけない項目であるにもかかわらず，このような大罪を犯すのであろうか。これらの 10 の大罪を犯さない意味でも，マーケティング戦略には，マーケティング・コントロールというチェック機能が存在するにもかかわらず，その機能が有効に働いていないことになる。そこで，本章では，マーケティング・コントローラーシップの側面から論じることにする。マーケティング・コントローラーシップとは，マーケティング戦略目標を有効にドライブする(導く)コントロールの精神と技法のことである。特に，マーケティング・オーディット（監査）における差異について論じる。

第2節　マーケティング・コントロール

1.　マーケティング・コントロールの定義

　マーケティング・コントロールは，企業が効率的にかつ効果的に運営されているかどうかを確かめる上で重要である。コントロールという概念は，今まで生産や財務などの活動で用いられ，主として計画基準，方針，標準などの設定あるいは活動実績の測定，比較，評価や分析といった循環的な調整機能を果たしてきている。しかし，マーケティングでは企業の管理統制できない環境要因や競争要因による影響を受ける為，マーケティング・コントロールによって常にマーケティング戦略とのチェックが不可欠と考えられる。

　次に，マーケティング・コントロールの定義を確認する。

● マーケティング活動を監視し，規制するために，企業が遂行する処置である。マーケティング・プランの有効性と効率性は，マーケティング・コントロールの活用によって最善に決定される。（バロンのマーケティング用語辞典）

● 現実の成果を評価して，望ましい成果に近づけ，あるいは計画それ自体の方向を評価して，環境条件の変化に対応させる努力が必要である。マーケティング管理におけるこのような努力の過程がマーケティング統制（Marketing Control）である。（阿部周造，久保村隆裕『マーケティング管理』千倉書房）

　すなわち，上の2つの定義では，コントロールの概念をマーケティングに適用してきたものであり，マーケティング戦略よりも計画面を重視したものであり，改善レベルであって，改革レベルのものを志向していない。また，マーケティング戦略の結果系である財務面をも考慮する必要があると考える。

　そこで，私は，現在のマーケティング・コントロールの定義として，「マーケティング・パフォーマンスの向上を目指し，マーケティング諸活動をチェックし，改善・改革に至るプロセスである」と強調しておきたい。

2.　マーケティング・コントロールの役割

　マーケティング・コントロールの効果として，次の視点が重要であると考える。P (Plan)・D (Do)・C (Check)・A (Action) のサイクルを回す際に，C (Check) 機能について，経営者をはじめとする組織構成員が認識することである。また，それは，環境要因や競争要因を考慮しているからこそ，変化への対応が必要で戦略的対応に不可欠であり，コントロールの柔軟性とも呼ぶべきものであろう。しかし，目標に始まる全体的一貫性は常にもたなければならない。つまり，目標を達成するためにその手段を展開するが，その手段を目標とした場合の下位展開などの時である。例えば，目標の整合性などはその例である。そして，目標を達成させるために組織の構成員にその目標を浸透させなければならない。その役割を担うのは，マーケティング・コントローラーであり，マーケティング・オーディッターである。

3.　マーケティング・コントロール分類

　マーケティング・コントロールはいくつかに分類することができる。阿部周造・久保村隆裕によると「マーケティング統制は，計画と実績の関係を取り上げて短期的計画の達成を狙うマーケティング業務の統制と，計画や目標そのものをも評価するマーケティング監査に大別される。マーケティング業務の統制は，業務の遂行を評価する標準を設定し，これと実績を比較し，その差異の原因を明らかにして，改善策を講ずるという手順によって行われるのが普通である。また，マーケティング監査は，全体のマーケティング活動についての総合的，組織的，定期的な診断である[2]。」すなわち，マーケティング・コントロールは 2 つに区分され，マーケティング業務のコントロールとマーケティング・オーディット (監査) である。マーケティング戦略に関するコントロールはマーケティング・オーディットで実施し，日常のマーケティング諸活動に関するコントロールはマーケティング業務のコントロールであり，従来のコントロールの意味合いに属するものである。

　また，コトラーのマーケティング・コントロール分類は，図表 14-2-1 に示す

図表 14-2-1　コトラーのマーケティング・コントロール分類

タイプ	責任者	コントロールの目的	方　法
1．年間計画 コントロール	トップ／ミドル	計画どおりの成果 を検討	販売分析 マーケットシェア分析 売上費用比率分析 財務分析 顧客態度分析 ＊マーケットベース・ス 　コアカード
2．収益性 コントロール	マーケティング・コ ントローラー	収益分析	収益性分析 　製品別，地域別，顧客 別，チャネル別，セグメ ント別など
3．効率性 コントロール	ラインとスタッフ コントローラー	マーケティング費用 の効率性とその効果 の評価と改善	効率性分析 　セールスマン，広告， 販売促進，流通
4．戦略 コントロール	トップ/マーケティン グ・オーディッター	市場，製品，チャネ ルに関して，企業は 最善の機会を追求し ているかの検討	評価尺度を使ったマー ケティングの有効性分 析，マーケティング監査 ＊マーケティング・エク 　セレンス・レビュー ＊企業倫理的・社会的責 　任レビュー

（出所：コトラー『マーケティング・マネジメント』プレジデント社，1989年，765頁）
＊印は，7版より9版で増加している項目

4タイプである。

　コトラーの分類を阿部・久保村の分類と対比すると，ここでは，年間計画，収益性，効率性の3つが，マーケティング業務のコントロールの対象になり，戦略コントロールがマーケティング・オーディットに該当するものである。

4.　マーケティング・コントロールと関連諸概念

　マーケティング・コントロールは前述にみてきたように，マーケティング業務のコントロールとマーケティング・オーディットに区分されており，ある意味で経営監査に近いものといえよう。マーケティング業務のコントロールは従来のコントロール概念と同じであるが，その違いを特徴的に表わすものが，マー

ケティング・オーディットである。特にマーケティング・オーディットと各監査との差異を示したのが，図表 14-2-2 である。マーケティング・オーディットの目的は，戦略的コントロールであり，評価は主観的で，仮説を含むマーケティング論理が基準法であり，監査手法は定まったものはなく，企業毎の個別対応によるチェックシートによるものである。また，チェックシートそのものも，様々である。

　また，マーケティング・コントロールとその関連諸概念との違いの観点からは，マーケティング・コントロールとは，監査や業績評価を使用しながら，診断機能を有している企業内部のコントロールである。経営分析をコントロールのツールとして活用することができるといえよう。

図表 14-2-2　マーケティング・オーディット（M・A）と各種監査との相違点

		M・A	会計監査	業務監査	環境監査
法的ルール		無	有	有	有
リ　ス　ク		大	小	小	小
評　価		主観的	客観的	客観的	客観的
評価者	内部	○	○	○	△
	外部	○	○	－	○
目的及び効果		戦略的コントロール	投資家・株主の保護	経営管理	環境対応
基　準　法		マーケティング論理	証券取引法 商法 監査基準法	監査基準法	ISO14000 シリーズ
監査手法 チェックシート		不定・個別	一定・統一	一定・個別	一定・個別

（筆者作成）

　なお，ここでの内部コントロールとは，外部・内部の区分のうち，内部者が実施するコントロールという意味であり，外部環境などの外部を対象としていないということを意味しているのではない。

第3節　マーケティング・オーディットについて

　ここでは，マーケティング戦略を監査するマーケティング・オーディットについて，定義，チェック項目，有効性への疑問などについて論じる。

1.　マーケティング・オーディットの定義

　マーケティング・オーディットの多くの参考文献になっているアベ・シャッチマン（Abe Shuchman）の定義は，次の通りである。「マーケティング・オーディットは，全体的なマーケティング業務，すなわち，その基礎をなす基本的な目的，業務の政策と仮定それとともにその政策を実行し，その目的を達成するために使用される方法，手続き，人事及び組織に関して，組織的に，批判的に，そして，公正に検証し評価することである[3]。」

　また，フィリップ・コトラー（Philip Kotler）は「マーケティング・オーディットは，問題の所在と機会を明らかにし，会社のマーケティング・パフォーマンスを改善する為の方策を勧告する目的で，企業又は事業単位のマーケティング環境，目的，戦略及び活動の包括的，組織的，独立的，かつ定期的検証である[4]。」これは，『マーケティング・マネジメント』第7版での内容であるが，第2版では，評価・測定・勧告というオーディットのプロセスを示しているのに対して，第7版では目的の中に問題の所在と機会を明確にすることがうたわれている。

　次に，オーブレイ・ウイルソン（Aubrey Wilson）による定義では，「マーケティング・オーディットは，隠れたマーケティング資源を発見し，活用するための自己管理手法[5]」としており，これは企業が既にもっている様々なマーケティング資源のすべてを点検・見直すことによって，マーケティング資源を活性化し，マーケティング活動の原点に立ち返って企業経営の戦略を考えてみることが，マーケティング・オーディットの狙いであるとしている。

　そして，バロンのマーケティング用語辞典では，「マーケティング・オーディットは，マーケティング・プログラムの有効性をレビューするための戦略的ツー

ルである。マーケティング・オーディットは企業のマーケティング可能性の包括的，体系的，定期的な評価である。オーディットは，マーケティング機能の目的，方策，戦略を実行する組織と人事の様々な方法と同様にマーケティング機能の目的，方策，戦略を試査する。新しいマーケティング・プランを立案し，企業のすべてのマーケティング・パフォーマンスを改善する為に用いられる[6)]。」

　以上のように，マーケティング・オーディットの各定義は様々であるが，相対的に，マーケティング・オーディットは，企業の全体的なマーケティングの有効性を評価する際に，経営管理に役立つために実施されるものといえよう。

2.　マーケティング・オーディットのチェック項目

　マーケティング・オーディットのチェックリスト項目には，論者のマーケティング・アプローチとしての切り口がみられる。これは，マーケティング・オーディットの結果をどのように活用していくのかについての違いがみられる。

(a) フィリップ・コトラー (P・KOTLER)

　フィリップ・コトラーのマーケティング・オーディットのチェックリストでは，マーケティングを取り巻く環境からのマーケティング活動をチェック項目としていることから，マーケティングの機会を検討することに役立っている(図表 14-3-1)。

図表 14-3-1　マーケティング監査の構成要素

Part I マーケティング環境監査

マクロ環境
A.　人口動態
　1.　企業活動にとって機会や脅威となりうる主要な人口動態の変化は何か。
　2.　これらの変化に対して企業はどのような対応策をとったか。
B.　経済環境
　1.　所得，物価，貯蓄，信用におけるどのような変化が，企業に影響を与えるか。
　2.　これらの変化に対して企業はどのような対応策をとったか。
C.　エコロジカル環境
　1.　企業にとって必要な天然資源とエネルギーの供給とコストについてどのような見通しがあるか。
　2.　公害や環境保護に対する企業の役割についてどのような考え方が表明され，かつ何が実行さ

れているか。
D. 技術
  1. 製品技術と製造技術において，どのような変化が生じつつあるのか。これらの技術における企業のポジションはどうか。
  2. 現在の製品に取って代わるような製品として何が考えられるのか。
E. 政治環境
  1. マーケティング戦略や戦術に影響を与えると思われる法律として，どのようなものが制定の動きをみせているか。
  2. 政府，地方自治体のどのような活動に注意を払っておく必要があるか。公害規制，雇用機会均等，製品安全基準，広告や価格統制などの領域で，マーケティング戦略に関係するものとして現在何が行われているのか。
F. 文化環境
  1. 企業の事業活動や製品に対して一般消費者はどのような態度を示しているのか。
  2. 消費者のライフスタイルや価値観に，企業に影響を与えると思われる変化が生じつつあるか。

業務環境
A. 市場
  1. 市場規模，市場成長，地域的広がり，そして収益性に関してどのような変化が生じつつあるのか。
  2. 中心となる市場セグメントはどの部分か。
B. 顧客
  1. 現在の顧客や見込み顧客が，当企業や競争企業の社会的評判，製品の品質，サービス，販売員，価格などについて，どのように評価しているか。
  2. セグメントの異なる顧客がそれぞれどのような購買意思決定を行っているか。
C. 競争企業
  1. 主要な競争相手はどこか。それら企業の目標と戦略はどのようなものか。またそれらはどのような長所と短所を持っているか。その規模とマーケット・シェアの大きさはどうか。
  2. 将来競争状況がどのようになると予想されるか。また当該製品の代替製品の動きはどうなるか。
D. 流通チャネル
  1. 主要な流通チャネルはどれか。
  2. 個々の流通チャネルの効率性と成長性はどの程度か。
E. 供給業者
  1. 主要な原材料調達の見込みはどのようなものか。
  2. 供給業者の販売パターンにどのような傾向がみられるか。
F. 関連サービス業者
  1. 輸送サービスのコストとその利用可能性はどうか。
  2. 倉庫施設使用のコストとその利用可能性はどうか。
  3. 資金調達コストとその調達可能性はどうか。
  4. 広告代理店と調査会社は有効に機能しているか。
G. 公衆
  1. 公衆は企業にとってどのような問題と機会を提供しているか。
  2. 公衆と有効な話し合いが行われているか。

Part II マーケティング戦略監査

A. 事業ミッション
  1. 事業ミッションは市場志向の観点から明確に説明されているか。それは現実的なものか。
B. マーケティング目標

1. 企業目標とマーケティング目標が明確に設定され，それに基づいてマーケティング計画が策定され，またその成果を評価する尺度が用意されているか。
2. 企業の競争環境，経営資源，市場機会に照らして，マーケティング目標は適切なものであるか。

C. 戦略

1. マーケティング目標を達成するために，明確なマーケティング戦略を構築しえているか。その戦略は信頼できるものであるか。そして製品ライフサイクル，競争企業の戦略，経済情勢に適合したものであるか。
2. マーケット・セグメンテーションの基準は最善のものであるか。そして各市場セグメントを評価し最善のセグメントを選択するための指標は適切であるか。ターゲット・セグメントの状況は正確に把握されているか。
3. ターゲット・セグメントに対して，適切なポジショニングとマーケティング・ミックスの開発が行われているか。マーケティング資源は，製品品質，サービス，セールスフォース，プロモーション，流通のマーケティング・ミックスの各要素に対して適切に配分されているか。
4. マーケティング目標の達成のために，マーケティング資源は十分であるか，あるいは過剰ではないか。

Part III　マーケティング組織監査

A. 組織構造

1. 顧客の満足を左右するような企業活動に関して，十分な権限と責任を有するマーケティング担当者が配置されているか。
2. マーケティング機能，製品，最終ユーザー，販売地域ごとに，マーケティング活動が適切に構築されているか。

B. 機能効率

1. マーケティングと販売との間に十分なコミュニケーションと協同体制ができ上がっているか。
2. プロダクト・マネジメント・システムは効果的に働いているか。プロダクト・マネジャーは，利益計画作成できるのか，あるいは売上計画のみ作成できるのか。
3. マーケティング分野において，一層の訓練や士気高揚あるいは監督や評定を必要とするグループはないか。

C. 企業内効率

1. マーケティングと製造，R&D，購買，財務，会計，法務の各部門との間に注意すべき問題は生じていないか。

Part IV　マーケティング・システム監査

A. マーケティング情報システム

1. マーケティング・インテリジェンス・システムは，顧客，潜在顧客，ディーラー，競争企業，供給業者，公衆について，正確かつ十分でタイムリーな情報を収集しているか。
2. マーケティング・リサーチが，企業の意思決定者によって適切に使用されているか。
3. 市場と販売予測の手法は最善のものであるか。

B. マーケティング・プランニング・システム

1. マーケティング・プランニング・システムは十分理解され，かつ有効に機能しているか。
2. 販売予測や潜在市場需要分析が，正しく行われているか。
3. 販売割当が妥当な基準で設定されているか。

C. マーケティング・コントロール・システム

1. コントロールの手順は，年間計画目標を達成するのに適当なものであるか。
2. 個々の製品，市場，販売地域，流通チャネル別の収益性を定期的に分析するための体制がで

きているか。
3. 種々のマーケティング費用は定期的に検討されているか。
D. 新製品開発システム
 1. 新製品のアイデアを集め，創造し，そして選択するための組織作りが行われているか。
 2. 新製品アイデアに多額の投資を行う前に，適切なコンセプト・リサーチと事業収益性分析が行われているか。
 3. 新製品を市場に導入する前に，適切な製品テストと市場テストが行われているか。

Part V　マーケティング生産性監査

A. 収益性分析
 1. 企業の個々の製品，対象市場，販売地域，流通チャネルの収益性はどの程度か。
 2. いずれかの事業分野に参入すべきか，拡大すべきか，縮小すべきか，あるいは撤退すべきか。そして，その短期的かつ長期的な剰益成果はどのように予想されるか。
B. 費用有効性分析
 1. 過度に費用を費やしていると思われるマーケティング活動があるか。費用を削減する処置がとられうるのか。

Part VI　マーケティング機能監査

A. 製品
 1. 製品ライン目標は何か。これらの目標は妥当であるか。
   現在の製品ラインは，目標に合致しているか。
 2. 製品ラインは拡張されるべきか，上方拡張や下方拡張か双方向への拡張か，あるいは縮小されるべきか。
 3. 販売を中止した方がよい製品はないか。製品ラインに追加すべき新製品はないか。
 4. 当社と競争企業の製品の品質，特徴，スタイル，ブランドに対する顧客の知識と態度はどうか。製品戦略で改善すべきはどの部分か。
B. 価格
 1. 価格目標，価格政策，価格戦略およびその手順はそれぞれどのようなものか。
   価格は，コスト，需要，そして競争に関する妥当な基準に基づいて設定されているか。
 2. 顧客は，その企業の製品の価値と比べて，その価格が妥当とみているか。
 3. 需要の価格弾力性，経験曲線効果，競争企業の価格と価格政策について，どの程度熟知しているか。
 4. 価格政策は，流通業者と供給業者のニーズおよび政府規制とどの程度調和したものであるか。
C. 流通チャネル
 1. 流通目標と流通戦略はどのようなものであるか。
 2. 市場の到達範囲とサービス水準は適当であるか。
 3. チャネル・メンバーは適切か。
 4. 流通チャネルを変更する必要はないか。
D. 広告，販売促進，パブリシティ
 1. 広告目標は何か。またそれは妥当なものであるか。
 2. 広告に対して正しい支出が行われているか。広告予算はどのように設定されるのか。
 3. 広告テーマや広告コピーは有効なものであるか。顧客や一般消費者は当企業の広告をどのようにとらえているか。
 4. 広告媒体はうまく選択されているか。
 5. 内部の広告スタッフは適切か。
 6. 販売促進は効果的に行われているか。予算は適切か。

7.　パブリシティ予算は適切か。パブリック・リレーションズのスタッフの能力はどうか。
E.　セールスフォース
　1.　セールスフォース目標は何か。
　2.　その企業目標を達成するのに十分なほどのセールスフォースが揃っているか。
　3.　セールスフォースは，地域，市場，製品別といったように適切な分け方で組織化されている
　　　か。販売員を指揮するのに十分なセールスマネジャーがいるか。
　4.　セールスフォースは，高い士気や能力あるいは努力を示しているか。
　5.　販売目標の設定と成果の評価の方法は適切であるか。
　6.　競争企業のセールスフォースに比べて当企業セールスフォースはどうか。

（出所：『マーケティング・マネジメント』プレジデント社，625-628 頁）

(b)　ティルマン（TIRMANN）

　ティルマンのマーケティング・チェックリストは，マーケティングの 4P に
視点を当てたチェックリストであり，マーケティング・ミックスのオーディッ
トともいえる（図表 14-3-2）。

(c)　マイク・ウイルソン（M・WILSON）

　マイク・ウイルソンのチェックリストの特徴的なことは，各フェイズでの
チェックリストを示している点にある（図表 14-3-3）。

(d)　オーブレイ・ウイルソン（A・WILSON）

　オーブレイ・ウイルソンのマーケティング・チェックリストは，マーケティ
ング資源の発見や情報の収集，マーケティング資源に対する評価などマーケ
ティング資源の活性化をねらったものである（図表 14-3-4）。

　マーケティング・オーディットは，マーケティングの進化につれて，絶えず，
進化していかなければならない要素をもっている。それは，マーケティングが
環境対応であり，また競争対応であり，マーケティング論理の発展があるから
である。その結果，チェックリストに反映されることになる。最近では，環境
主義を取り入れた「グリーン・マーケティング」からの視点や関係性を考慮に
いれた CS（カスタマー・サティスファクション）からの視点などを加えていく必
要がある。

図表14-3-2　ティルマンのマーケティング・チェックリスト

製品	流通	ダイレクトセリング	広告
製品計画 製品ラインの幅はどうか。顧客の条件に適合しているか。 製品ミックスは満足のいくものか。 十分な努力が新しいマーケットの製品開発に当てられていて，成熟した製品には比較的少なく当てられているか。 主要製品はライフサイクルのどの段階であるのか。 どんな製品または製品ラインが不採算なのか。 **製品の価格化** 顧客，得意先，競争相手について会社の価格化はどうか。 利益マージンは企業にとって，得意先にとって適切か。 コスト適応（志向）または市場適応（志向）であるか。 デイスカウント構造はどうか。 **製品のブランド化** ブランド・ポリシーはどうか。すなわち，プライベートレッテルまたはブ	**流通チャネル** 全体的な流通戦略として独特のセールス・フォース，セールスネットワーク代理店，メイルオーダー化，フランチャイズなどのうち，どれが選ばれるか。これはベストな戦略か。 流通チャネルについてマーケット・カバレッジはどの程度か。 選ばれた特約店は，よき製品の有効性を提供してくれるか。 会社とその流通チャネルの関係のタイプカ宝あるか。はどうか。協力の程度，依存の程度，コントロールの程度 流通チャネルすべてのレベルで少なくともサービス，財務的な信用，販売力を提供しているか。 **物理的流通** 配達はスケジュールどおりか。 注文は迅速に処理されているか。 明らかな流通障害は何か。 在庫品に関する良好なコントロールが存在するか。	**セールス・フォース構成と組織** セールス・フォースの規模はどうか。競争会社と総売上高対セールス・フォース，コストの比率は比較できるか。 現在のセールス・フォース構造を支持している合理性は何か。それは変更されるべきか。 流通パターンまたはマーケットの変化を考慮に入れているか。 余りにも多すぎる階層レベルまたは余りにも少なすぎる階層レベルがあるか。 販売特約店にもとづく地域配分は潜在可能性があるか。 仕事の負担量は平等か。 セールスマンのルーチン化はどのように組織されているか。 自社のセールス・フォース以外のセールスマンが使われているならば，自前のセールス・フォースを用意することを考えるべきか。 **計画とコントロール**	**組　織** 広告活動はよく調整され，首尾一貫しているか。 プロモーション活動は，広告キャンペーンとよく関連しているか。 その会社は，その代理店とどのようなタイプの関係をもっているか。 何が代理店選択の基準となっているか。 広告とプロモーションと他のマーケティング活動との接点は，どのようになっているか。 **計画とコントロール** 広告アプローチは全体的なマーケティング目的と会社または製品の望まれるイメージと一致しているか。 ブランド意識の観点から定められた特定の活動適応（志向）のコントロール可能な目的にキャンペーンがブレイク・ダウンされているか。 広告予算の規模はどうか。予算はどのように編成されたか。 予算は，余りにも高すぎないか。あるいは余りにも低すぎないか。

ランドされないまたは個々に区別されたファミリーまたは会社ブランドか。 トレード・マークはどのように選ばれたか。 **製品の研究・開発** 会社は最近5年以内に新製品の導入に成功しているか。 新製品の研究開発に対して，どんなフォーマル・プロセスがあるか。 製品の改良は，パッケージング，新しい特徴，質的に便利に改良されたスタイリングを利用しているか。	顧客サービス，製品利用度，時間の点で流通条件に合う適切な流通ポイント，輸送機器があるか。 流通コストはコントロールされているか。 **顧客サービス** 製品は有効に適時に配達されているか。 顧客は販売特約店で適切にアドバイスされているか。 保証は確実で能率的に管理されているか。 クレジットは有効に利用できるか。サービスは有効であるか。 販売のフォローアップサービスがあるか。	セールス・フォースの目的はなにか。その目的はマーケットシェア，満足できる売上高，顧客の満足すべきレベル，特定のマーケット開発の達成を意味するのか。 その目的は販売組織の誰もがその業務をよく理解するために十分に明確で詳細なものか。 統制の程度と監督の範囲は，目的が達成されるのを確認するのに十分か。 **動機と報酬** 適切な奨励計画があるか。セールス・フォースのモラルはよいか。 報酬システムが機能し，動機づけされているか。 セールスマンは，よく訓練されていて，最近の販売テクニックとツールを持っているか。	キャンペーンの計画のミックスはどうか。得意先へ。得意先から顧客へ。 広告効果はどのように測定できるか。事前および事後テストは？

（出所：『監査理論研究』同文舘, 197-198 頁）

図表 14-3-3　M. Wilson のチェックリストの一例

1. 認識調査
   1.1 　目標を満足させるさまざまなグループ（たとえば，消費者，購買者，流通業者，得意先，特約店）を明確にし，十分確かめているか。
   1.2 　彼らが要求する満足度を客観的にチェックしているか。
   1.3 　いかによく，われわれの全体的な提供（すなわち，製品，価格，プロモーションパッケージ）が彼らの必要性を現実に満足させているかどうか認識しているかどうか。
   1.4 　競争会社の提供がどのようによく，これらの必要性を満足させているか認識しているか。
2. 会社の必要性
   2.1 　マーケティング活動が，どのように企業の利益構造に貢献しているか，明らかにされているか。
   2.2 　マーケティング・マネジメントチームは，財務構造を理解しているか。
   2.3 　財務業績の長所と弱点を診断するための用具として，マネジメント比率を使用している

　　か。
　2.4　改善の必要のある領域を確かめるために，われわれの財務業績を他の部門または他の会社と比較しているか。
3.　現在そして将来の製品提供
　3.1　現在の製品は，市場システムのコスト有効性においてさまざまなグループの現在の必要性に適合しているか。
　3.2　彼らのライフサイクルが何にもとづいているか認識しているか。
　3.3　最近，製品分類を評価しているか。
　3.4　製品開発方法は十分に有効であるか。
4.　価格アプローチ，政策および構造
　4.1　市場に対応した価格化に対してシスティマティクなアプローチを保有しているか。
　4.2　インフレーション，通貨変動などに照らして，価格化は十分に最新のものであるか。
　4.3　論理的で，かつ最新の価格構造を保有しているか。
　4.4　異なる市場および（または）製品グループに対して，適切な価格戦略を使用しているか。
5.　流通活動
　5.1　現在の流通戦略は，期待される市場アクセスと期待される顧客へのサービス水準を与えているか。
　5.2　流通ネットワーク，販路，競争と相対して力のバランスの変化を探く十分に考慮しているか。
　5.3　十分に販路を維持し，かつコントロールしているか。
　5.4　物流システムは，市場と会社の活動の変化と調和して維持されているか。

（出所：『監査理論研究』同文舘，204-205 頁）

図表 14-3-4　A. Wilson のチェックリスト

1.1	当社には積極的なマーケティング・プランがあるだろうか？
1.2	マーケティング・プランは業務計画，プロジェクト計画と一致しているだろうか？
1.3	マーケティング・プランは，どのくらいの期間にわたるものなのだろうか？
1.4	マーケティング・プランの見直し・修正をおこなったのは，最近ではいつだろうか？
1.5	目標（定量的・定性的）に対して社内でコンセンサス（合意）はあるだろうか？（例：①利益 ②販売金額 ③販売台数 ④得意先顧客数 ⑤マーケット・シェア（市場占拠率）⑥市場浸透率　など）
1.6	目標の見直しを定期的におこなっているだろうか？
1.7	マーケティング・タスク（マーケティング上の達成課題）と必要な資源（ヒト・モノ・カネ・ノウハウ・情報・タイム）について，最近，「ギャップ分析」をおこなったことがあるだろうか？
1.8	現在のマーケティング・プランは，「ギャップ」を埋めることができるだろうか？
1.9	「ギャップ」を埋めるためには，どのようなマーケティング資源が必要とされるだろうか？さらに，そうした資源は自社内で調達することができるだろうか？
1.10	製品／サービス別のマーケティング・プランはあるだろうか？
1.11	自社内すべての（あるいは関連部門の）マネジャーは，マーケティング・プランの控（コピー）をもっているだろうか？
1.12	マネジャーは，マーケティング・プランを定期的に活用しているだろうか？
1.13	マーケティング・タスク（マーケティング上の達成課題）についての①定義づけ，①配分，③スケジュール化はおこなわれているだろうか？　さらに，その達成度はモニターされているだろうか？
1.14	だれが配分，スケジュール化，モニターなどについて責任をもっているのだろうか？

1.15　タスクが達成されなかったり,満足のいく成果があがらなかった場合,その対応策は決まっているだろうか?

1.16　失敗した目標に対するコンティンジェンシー計画(不測事態対応計画)はあるだろうか?

1.17　マーケット・セグメントは優先順位によって決められているだろうか?(〈リスト 2　製品 / サービスの範囲〉解説と質問の項目 2.2,および〈リスト 16　顧客業界〉の質問項目 16.9 を参照のこと)

1.18　セグメントの優先順位を決めるのに,どのような判定基準が設けられただろうか?

1.19　それはいまも有効だろうか?

1.20　マーケティング資源の配分は,セグメントの優先順位を反映しているだろうか?(〈リスト 11　間接的プロモーション活動〉の解説を参照のこと)

1.21　ソフト分析(SOFT- 長所・短所・機会・脅威)分析をおこなったことがあるだろうか?(〈リスト 4　企業業績〉の質的項目 4.1 を参照のこと)

1.22　製品 / サービスとコミュニケーション活動とのミックス政策は,当社の長所を反映しているだろうか?

1.23　当社の「弱点」,「弱点のインパクト度」,「弱点の発生度」について確認したことがあるだろうか?
《リスト 7　市場の規模と構造》の解説と質問項目 7.18-7.20,および〈リスト 8　市場の未来図〉の解説を参照のこと)

1.24　脅威に対してコンティンジェンシー・プラン(不測事態対応計画)をもっているだろうか?

1.25　自社の「弱点」をカバーするために,どのような行動をとったことがあるだろうか?

(出所:『マーケティング・チェックリスト』プレジデント社,40-41 頁)

3.　マーケティング・オーディットの有効性への疑問

　マーケティングは企業がおかれている環境からの影響を受けやすく,かつ,統制不可能な要因に左右されやすいことを考慮しなければならない。また,マーケティングはアートかサイエンスかの議論がマーケティングの有史以来つきまとっている大きな難題を抱えている分野である。そして,会計監査との違いにみられるように,予測と判断にまで入って評価することは意義や価値があるのか?すなわち,マーケティング・オーディットは監査として,有効性を持ちえるのであろうか?という疑問が生じてくる。例えば,次のような場合である。マーケティング戦略の重要な位置を占めている 1 つに,製品のライフサイクル戦略がある。一般的に,製品の導入段階,成長段階,成熟段階,衰退段階の 4 つのステージに区分されている。現在の製品が,この製品のライフサイクルのどのステージにポジショニングされるかという判断基準は,基本的には,製品の売上高成長率であるが,それが何%ならば,どのステージにあるという明確な基準はない。また,競争企業数からみても同じである。そうすると,製品

のライフサイクルはどの段階にあると，いえるのであろうか？

　また，マーケティング戦略は製品のライフサイクルのステージに応じた戦略であるか？というマーケティング・オーディットのチェックリストの例にみられるチェック項目は意味があるのか？ということにある。さらに，製品のライフサイクルの各ステージに応じた戦略を実施しようとしている，あるいは，実施中であるとして，それが期待どおりの成果を生むとは必ずしも限らない。そうであるならば，時間と費用をかけてのマーケティング・オーディットは有効であるのか？についての考慮の余地がある。

4.　疑問への解決視座

　有効性という場合，コスト対効果にてそれが有効かどうかを判断する基準がある。この場合，コストは比較的算出しやすいが，効果をどのようにみるかで判断基準が異なってくる。コスト面は，外部オーディッターを利用した場合は，それに係る費用とオーディッターの対象になった部門・人の使用時間分の人件費とを加えた費用で算出できる。効果の把握は，有形効果と無形効果の両方が考えられる。有形効果においては，マーケティング・オーディットを実施した場合とそうでない場合との売上高や利益の実績差異によって把握することができる。無形効果については，マーケティング志向が組織体として学習することができるということである。そして，前述の製品ライフサイクル戦略について，意味や意義を見出すとすれば，製品のライフサイクルのどのステージにあるのか？ということを発見することが重要なのではなくて，その発見していくプロセスにおいて説明資料などが準備用意され，オーディッターにとって納得のいく説明になっているかである。製品のライフサイクルの各ステージに応じた戦略を実施しようとしている場合は，その戦略の実施中である資料やデータの存在を確認し，その目標値を変化させる要因項目を把握しているかなどのチェック項目としてのマーケティング・オーディットの役割にその存在意義を見出すことになる。

　また，マーケティング・オーディットに有効性を見出すならば，(a) マーケ

ティング・プランナーが常に心がける項目である。と同時に，（b）マーケティング・プランの立案がなされた後に，マーケティング実行に入る前にすぐにオーディッターとプランナーとの間で，そのチェックリストについての見直しや変更をすることが実践的に重要である。そして，（c）マーケティング・チェックリストを作成していくプロセスで，マーケティング・プランのモレを考慮することができる。また，コンティンジェンシー・プラン（不測事態対応計画）を作成していくことにもつながっていく。これは，マーケティング環境について，オーディットしていく時に，目標値を変化させる要因項目を考えることができ，そして，それに対応する方策を事前に考えておくことが，目標を達成に導くことにつながっていくのである。

5. マーケティング・オーディットが有効性を発揮する為の条件

　マーケティング・オーディットが有効であるための条件を考慮する。

　（a）企業規模が大きいほど，統合マーケティングの観点からマーケティング・オーディットを実施するほうが，その効果は大きいものと考えられる。理由は，フィリップ・コトラーによる戦略的コントロールとして，マーケティング・オーディットとして位置付けられているからである。また，企業規模が小さくても同様であるが，効果の速度という面では小さいほうが有利である。そして，企業規模の大小にかかわらず，効果の大きさはオーディットの結果の組織運営いかんによるものと考えられる。それは，組織は戦略に従うというアルフレッド・チャンドラーの命題によるからである。

　（b）マーケティング・オーディットの導入期の企業にとっては，実施結果にとらわれているよりも，マーケティング志向の欠如やマーケティングシステムの欠陥がないかについて，チェックを受けていることに重点をおくことが大切であると考える。マーケティング・オーディットの展開期の企業にとっては，実施しているオーディットの際の指摘内容がどのように実行に反映されているかなどがチェックの重点とされる。

　（c）マーケティング・オーディットのチェックリストは，常に改善していく

必要がある。その内容は決して固定的なものではない。その企業に合ったチェックリストを作り上げていくべきである。ただし，マーケティング論理の変化からの視点，例えば，顧客満足，グリーン・マーケティングなどはチェックリストの項目に付け加えておく必要がある。

　(d) マーケティング・オーディッターは組織間の壁にひっかからないようにすべきである。これは，マーケティング・オーディットに関わった各部門の上層部から下層部までにともすれば，いやみをいわれるなどチェックする行為自体が反抗心を生じやすいからである。これには２つあり，１つはオーディッター自身の性格によるものであり，もう１つは被監査部門の人によるものである。いずれにしても，会社の業績をよくしようとしているものであるという意識に立って相互にチェックリストに協力していくことが望まれる。

第4節　考　察

　本節では差異の概念を通じて，マーケティング・オーディットを考察する。

　1) マーケティング・オーディットの定義やスタイルが，多種多様に存在することは，論者による認識的差異が認められるということである。具体的には，第３節でみたように，論者の立場からの差異が生じてきているのである。マイク・ウイルソンのチェックリストの特徴的なことは，各フェイズでのチェックリストを示している点にあり，また，オーブレイ・ウイルソンのチェックリストは，マーケティング資源の発見や情報の収集，マーケティング資源に対する評価などマーケティング資源の活性化をねらったものとなっている。

　2) フィリップ・コトラーによるマーケティング・オーディットの概念の変化は時間的差異に相当する。具体的には，『マーケティング・マネジメント（第7版）』での内容であるが，第２版では，評価・測定・勧告というオーディットのプロセスを示しているのに対して，第７版では目的の中に問題の所在と

機会を明確にすることがうたわれている。同一人物でありながら，時代の状況
変化に応じて差異が生じている例である。

　3）差異化の観点から，差異に化がついたものは，差起から差進を経て，差
変の一連の流れを差異化とみることができる。マーケティング・オーディット
の定義やスタイル，チェックリストにおいても差異化のなかに存在することに
なり，その連続性のなかにある限り，終着点はみられない結論となる。このこ
とは，マーケティング自体の定義の差異が確認されているのと同じ状況である。

注

1)　Philip Kotler, *Ten Deadly Marketing Sins:Signs and Solutions,* John Wiley & Sons,
　　2004.（フィリップ・コトラー著,恩蔵直人監修,大川修二訳『マーケティング 10 の大罪』
　　東洋経済新報社，2005 年に翻訳されている）
2)　阿部周造・久保村隆裕『マーケティング管理』千倉書房，1993 年，56-60 頁。
3)　Michael J. Baker, *MARKETING : Critical perspectives on business and
　　management,* Routledge, 2001, pp3-12.
4)　フィリップ・コトラー著，村田昭治監訳『マーケティング・マネジメント』プレジ
　　デント社，1989 年，618-632 頁。
5)　オーブレー・ウイルソン著，川勝久・松野弘訳『マーケティング・チェックリスト』
　　プレジデント社，1986 年，15 頁。
6)　Betsy-Ann Toffler, Jane Imber, *Dictionary of Marketing Terms,* Barrons, 1994,
　　p.327.

参考文献

・青山監査法人 / プライスウオーターハウス経営監査グループ編『新しい経営監査』
　　東洋経済，1998 年。
・阿部周造・久保村隆裕『マーケティング管理』千倉書房，1993 年。
・伊丹敬之『マネジメント・コントロールの理論』岩波書店，1997 年。
・伊丹敬之『経営戦略の論理』日本経済新聞社，2003 年。
・碓氷悟史・船津忠正『組織的監査の理論と実務』同文舘，1981 年。
・碓氷悟史『監査理論研究』同文舘，1993 年。
・大西時雄『実践業務監査』同友館，1994 年。
・可児島俊雄・友杉芳正・津田秀雄『経営業務監査』同文舘，1988 年。
・可児島俊雄『経営監査論』同文舘，1995 年。

・小西一正『内部統制の理論』中央経済社，1998 年。
・鳥羽至英・八田進二・高田敏文『内部統制の統合的枠組み・理論編』白桃書房，
　1996 年。
・鳥羽至英・八田進二・高田敏文『内部統制の統合的枠組み・ツール編』白桃書房，
　1996 年。
・友杉芳正『内部監査の論理』中央経済社，1992 年。
・内部監査研究プロジェクト著『Q&A　戦略的内部監査』清文社，2003 年。
・アーサーアンダーセン『業績評価マネジメント』生産性出版，2000 年。
・オーブレー・ウイルソン著，川勝久・松野弘訳『マーケティング・チェックリスト』
　プレジデント社，1986 年。
・ダイヤモンド・ハーバード・ビジネス・レビュー編集部『業績評価マネジメント』
　ダイヤモンド社，2001 年。
・ドバノン他著，デロイト・トーマツ・コンサルティング事業部訳『価値創造企業』日
　本経済新聞社，1999 年。
・ニューマン著，高宮晋監訳，作原猛志・岡嶋隆三訳『戦略的経営とコントロール・シ
　ステム』マネジメント社，1979 年。
・フィリップ・コトラー著，村田昭治監訳『マーケティング・マネジメント』プレジデ
　ント社，1989 年。
・ベリングポイント株式会社『内部統制マネジメント』生産性出版，2004 年。
・マルコム・マクドナルド著，浦郷義郎訳『マーケティング監査』白桃書房，1999 年。

第15章　マーケティング4.0と5.0に関する考察

第1節　はじめに

　マーケティングは製品中心の考え方（マーケティング1.0）から消費者中心の考え方（マーケティング2.0）に移行してきた。企業は製品から消費者に，さらに人類全体の問題へと関心を広げてきている。マーケティング3.0とは，企業が消費者中心の考え方から人間中心の考え方に移行し，収益性と企業の社会的責任がうまく両立する段階である[1]。このことが示しているのは，マーケティングの時間的差異[2]の現象である。それは，環境変化への対応によってその差異が生じているのである。さらに，2017年にフィリップ・コトラー，ヘルマワン・カルタジャ，イワン・セティアワンは，マーケティング4.0を提示し，2021年にマーケティング5.0を提示している。

　マーケティング4.0は，デジタル革命時代のマーケティング・アプローチであり，オンラインとオフラインの出会いである。企業と消費者の間のオンラインとオフラインの相互作用の組み合わせ，ブランド確立のためのスタイルと実態の組み合わせ，IOT（モノのインターネット）による機械のネットワークと人の間のネットワークの組み合わせが本質であるとしている[3]。また，マーケティング5.0は，人間模倣の適応であり，カスタマージャーニーを通じて，価値を創造し，コミュニケートし，届け，拡張することである[4]。一連のテクノロジーを用いて，人間的マーケターの可能性に近づけることである。一連のテクノロジーとは，AI，NLP，センサー，ロボット，AR（拡張現実），VR（仮想現実），

IOT, ブロックチェーンなどである。

　ここでは，変化の激しいマーケティングの変化について，コトラー等が提唱しているマーケティング4.0と5.0を中心に論じることにする。

第2節　マーケティング4.0への考察

1.　マーケティング1.0，2.0，3.0，4.0，5.0の比較

　マーケティングの変化を示すのに，コトラーの提示しているマーケティング1.0，2.0，3.0の比較表に今回の4.0と5.0の内容を追加してみたのが，図表15-2-1である。

図表15-2-1　マーケティング1.0, 2.0, 3.0, 4.0,5.0の比較

	マーケティング1.0	マーケティング2.0	マーケティング3.0	マーケティング4.0	マーケティング5.0
	製品中心のマーケティング	消費者志向のマーケティング	価値主導のマーケティング	ソーシャルメディア主導のマーケティング	データ主導のマーケティング
目的	製品を販売すること	消費者を満足させ，つなぎとめること	世界をよりよい場所にすること	世界とつながることで自己実現	人間模倣の適応
可能にした力	産業革命	情報技術	ニューウエーブの技術	ソーシャルメディア	最新の技術の組み合わせ(AI・AR・VR・ロボット・センサー・IoT等)
市場に対する企業の見方	物質的ニーズを持つマス購買者	マインドとハートを持つより洗練された消費者	マインドとハートと精神を持つ全人的存在	自己実現の欲求を満たす全人的存在	全人的存在
主なマーケティング・コンセプト	製品開発	差別化	価値	顧客エンゲージメントカスタマージャーニー	予測・文脈・拡張のマーケティング
企業のマーケティング・ガイドライン	製品の説明	企業と製品のポジショニング	企業のミッション，ビジョン，価値	企業のドメイン，パーパス	アジル
価値提案	機能的価値	機能的・感情的価値	機能的・感情的・精神的価値	機能的・感情的・精神的価値	機能的・感情的・精神的価値
消費者との交流	1対多数の取引	1対1の関係	多数対多数の協働	多数対多数の協働	多数対多数の協働

（出所：フィリップ・コトラー他著，恩蔵直人監訳『コトラーのマーケティング3.0～ソーシャル・メディア時代の新法則～』朝日新聞出版，2010年，19頁にマーケティング4.0と5.0を筆者加筆）

　マーケティング4.0は，ソーシャルメディア主導のマーケティングであり，その目的は世界とつながることで自己実現である。主なマーケティング・コンセプトは，顧客エンゲージメントであると考える。FacebookやTwitterやLine

などのソーシャルメディアによる顧客同士のつながりや企業と顧客とのつながりや絆を従来よりもさらに深めることで，信頼を構築していくことにあるからである。また，企業のマーケティング・ガイドラインは，マーケティング 3.0 と同様に企業のミッション，ビジョン，価値に近いのであるが，企業のドメインやパーパス（Purpose）を重視することが大切であると考えた。顧客との絆を深めるのに企業の立ち位置であるドメインやパーパスが明確である必要からである。また，2021 年のマーケティング 5.0 は，データ主導のマーケティングであり，人間模倣の適応で，最近の技術を用いて，予測・文脈・拡張のマーケティングを展開し，アジル（アジャイル）なマーケティングを実践することである。

2.　マーケティング・コンセプトの変化

マーケティング・コンセプトの変化についても，マーケティング 3.0 の提示されたものに，筆者なりの考えを追加したものが，図表 15-2-2 である。

図表 15-2-2　マーケティング・コンセプトの変化

戦後	右肩上がり	混乱	不確実	ワンツウワン	ファイナンス主導	不安定
1950 年代	1960 年代	1970 年代	1980 年代	1990 年代	2000 年代	2010 年代
マーケティング・ミックス	4P	ターゲッティング	マーケティング戦争	エモーショナル・マーケティング	ROI マーケティング	顧客エンゲージメント
製品ライフサイクル	マーケティング・マイオピア	ポジショニング	グローバル・マーケティング	経験価値マーケティング	ブランド資産価値マーケティング	エコロジカル・マーケティング
ブランドイメージ	ライフスタイル・マーケティング	戦略的マーケティング	ローカル・マーケティング	インターネット・マーケティング	顧客資産価値マーケティング	サービス・ドミナント・ロジック
セグメンテーション	マーケティング概念の拡大	サービス・マーケティング	メガ・マーケティング	スポンサーシップ・マーケティング	社会的責任マーケティング	ソリューション・マーケティング
マーケティングの概念		ソーシャル・マーケティング	ダイレクト・マーケティング	マーケティング倫理	消費者のエンパワーメント	地域ブランド
マーケティング監査		ソサエタル・マーケティング	顧客リレーションシップ・マーケティング		ソーシャル・メディア・マーケティング	カスタマージャーニー
		マクロ・マーケティング	インターナル・マーケティング		部族主義	コンテンツマーケティング
					オーセンティック・マーケティング	
					共創マーケティング	

（同上，52 頁に筆者加筆）

マーケティング3.0が書かれたのが2010年で，10年間を振り返って，マーケティング分野に疎かだった投資効率を用いたマーケティングによる価値主導として，2000年代をファイナンス主導とネーミングしている。マーケティング4.0が登場するに当たり，世界情勢不安定な状況を鑑み，また，過去の時代のネーミングからみて，不安定を選択するのが良いと判断した。2010年代のコンセプトについては，マーケティング4.0によく記載されているキーワードと私が重要と考えるマーケティング分野のキーワードを取り上げた。マーケティング4.0によく記載されているキーワードとして，顧客エンゲージメント，カスタマージャーニー，コンテンツマーケティングである。私が重要と考えるマーケティング分野のキーワードは，ソリューション・マーケティング，エコロジカル・マーケティング，地域ブランド，サービス・ドミナント・ロジックである。ここでは，詳細な説明は省略する。

3. キーワードの視点

マーケティング4.0で出てくる多くのキーワードの中から5つのキーワードに絞って，考察を行うことにする。特に，鳥山（2017）の監訳をもとにコメントを考える。

1）消費者購買意思決定モデル

インターネット社会の変化につれて消費者購買意思決定モデルも変化してきている。P. コトラーは次の5Aを提示してきた。

図表15-2-3　消費者購買意思決定モデル・リスト

モデル名	消費者購買意思決定モデル	提唱者
AIDMA（アイドマ）	Attention → Interest → Desire → Memory → Action （注目）　　（関心）　　（欲求）　　（記憶）　　（行動）	サミュエルローランド・ホール
AISAS（アイサス）	Attention → Interest → Search → Action → Share （注目）　　（関心）　（検索）　（行動・購入）（共有）	秋山隆平，杉山恒太郎（電通）
IGSAS（イグサス）	Iine → Grouping → Shoot&Share → Augment → Spread （いいね）（仲間になる）（撮って共有）（拡張・加工）（拡散）	大学生意識調査プロジェクト
AISARE（アイサレ）	Attention → Interest → Search → Action → Repeat → Evangelist（エバンジェリスト）　　　　　　（リピート）	押切孝雄
5A	Awareness → Appeal → Ask → Act → Advocacy （気づき）　　（魅了）（尋ね・求め）（購買）（推奨表明）	P. コトラー

（筆者作成）

　消費者意思決定モデルにおいては，ローランド・ホールが提唱した AIDMA モデルも，インターネット時代を迎えて，電通の AISAS モデルや，類似した VISAS（バイサス）（最初の V が Viral）などへ変化してきた。また，大学生意識調査プロジェクトによる IGSAS はまさにインスタグラムを活用したものであり，消費者意思決定モデルも多様化してきている。また，押切は購入後，リピートし，他人へ推奨するとしている。

　今回，P. コトラーは 5A を提唱し，気づき，魅了し，尋ね・求め，購買し，推奨表明を考慮したモデルとなっている。伝統的マーケティングでは初めの 2 つの A が重視されてきたが，デジタル社会では Ask は検索エンジンやソーシャルメディアを使用し，Act は EC（電子商取引）サイトのことであり，Advocacy はソーシャルメディアを活用することであるとしている。これに関連して，オムニチャネル，すなわち，実店舗やオンラインストアをはじめとする，あらゆる販売チャネルや流通チャネルを統合することの展開が進むことを意味している。

2）マーケティング 4.0 が狙うべき消費者

　3 つのターゲットがある。1 つめは，世代としてミレニアル世代，1980 年前後から 2005 年ごろにかけて生まれた世代である。インターネットとともに育ち，前後世代と比べ，人と人のつながり方が異なる。複数の仕事をもつ，ネットワークによって連結し，起業家精神が旺盛である。2 つめは，ジェンダーとして女性である。従来に比べて，マーケティング施策に敏感で，企業でも高い地位に就くようになってきている。3 つめは，メディア特性としてネチズンである。ネットワークとシチズンの合成語である。「ネット市民」で，インターネットやソフトに習熟した才能ある人たちのことである。

　これらは，デジタル・マーケティング戦略からみれば，イノベーターであり，アーリーアダプターである。これらが，デジタル・マーケティングそのものをライフサイクルからみれば，成熟期へと展開していくことになる。

3）顧客エンゲージメント

　従来の CRM では，優良顧客優遇に加えて，囲い込み策が重要視されてきた。

これは，ロイヤルティ重視の考え方であるが，真の愛着や結びつきのほうが重要であることを強調するために，顧客エンゲージメントの概念を用いてきている。基本的には，顧客満足度の向上が，顧客ロイヤルティにつながり，そして，顧客資産となっていたが，顧客ロイヤルティと顧客資産の間に顧客エンゲージメントが位置するものと考えられる。

顧客エンゲージメントとは，企業自体や商品，ブランド等に対する消費者の深い関係性のことで，「愛着」，「結びつき」，「絆」を意味する。それは，「満足」や「誠実」からさらに踏み込んだ感情であり，消費者の積極的な関与や行動を伴う。顧客エンゲージメントを生じさせるには，ブランド構築を強化するストーリーテリングの役割を重視する。人々の心の奥底までにメッセージを届けるには，その人を感動させられるようなストーリーが必要であるとしている。これは，ストーリー・マーケティングや物語マーケティングであり，マーケティング3.0で示していたクリエイティブ社会には，欠かせないと思われる。

4) マーケティング 4.0 での自己実現

自己マーケティング 4.0 は，SNS を用いることで，実現のマーケティングであるともいえる。そこで，アブラハム・マズローの欲求段階説[5]（1954 年）を引用しながら，ソーシャルメディアは「総表現化社会」化を推し進め，そこで承認欲求レベルがみたされることによって，「自己実現の欲求」にまで到達する人が増加していることやユーチューブで有名になる，他人より優れている部分を磨くことで，世に知られるブランドとしてアピールが可能であることに，多くの人が気付いたことを述べている。そして，心理学的知見とデジタル化が交差したところに，新しいマーケティングの可能性が存在すると指摘している。

自己実現の内容に疑問がある。例えば，SNS のインスタグラムで「いいね」の数が多いからといって，自己承認レベルであり，自己実現レベルとはいえない。本来，自己実現は目標に向かって達成されたことからの充実感であるからである。また，逆にネット炎上に代表されるように，逆自己実現の状態になりかねないのである。

しかし，アブラハム・マズローの欲求段階説は，西洋側の考え方であり，ヘ

ルム・シュッテ (Hellmut Scutte)[6] の欲求の5段階は, ステータスの欲求 (Status), 称賛の欲求 (Admiration), 所属の欲求 (Affiliation), 安全の欲求 (Safety), 生理的欲求 (Physiological) でアジア側の考え方で異なっている。

5) PAR と BAR

マーケティング 4.0 の成功尺度として, 次の2つを示している。PAR (Purchase Action Ratio) (購買行動比) で, そのブランドを認知した人のうち, 購入に移行した人の割合のことである。また, BAR (Brand Advocacy Ratio) (ブランド認知推奨比) で, 推奨者領域へと移行した, そのブランドを認識している顧客の割合のことである。従来用いられているコンバージョン率などと併用されていくと思われる。

小括として, マーケティング 4.0 は, 時代の変化を捉えて論理の説明を行っているだけでそんなに目新しい考え方ではないと思われる。マーケティング 3.0 が 2010 年に出版されてからマーケティング 4.0 の登場までは 2017 年の7年間を SNS による普及の速さによる環境の変化に対するマーケティングの対応, スタイルを提示しているに過ぎない。このことは, 時間的差異は当然ながら生じているものの, またまだ, マーケティング 2.0 が消滅しているのではなく, 同時空間的に併存していることを忘れてはならないと考える。

第3節　マーケティング定義の構図からの視点

私は第1章の中で, マーケティング定義の変遷にみる差異を論じた。その時に提示したマーケティング定義の構図がある[7]。それは, 主体, 市場 (顧客),

図表 15-3-1　マーケティングの定義の構図

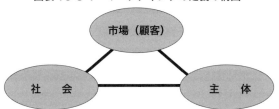

(出所：片山富弘『本書』五絃舎, 23 頁)

社会である（図表15-3-1）。これによって，各種スタイルのマーケティングの差異を説明した。

この図表15-3-1を用いて，マーケティング1.0から4.0を説明する。すなわち，マーケティング定義の構図からの視点である。マーケティング1.0では，製品中心のマーケティングであることから，主体を企業に読み替えて，企業から顧客に対しての働きかけとなるので，図表としては，企業から市場へ矢印が流れていくことで表現できる（図表15-3-2）。

図表 15-3-2　マーケティング 1.0 のイメージ図

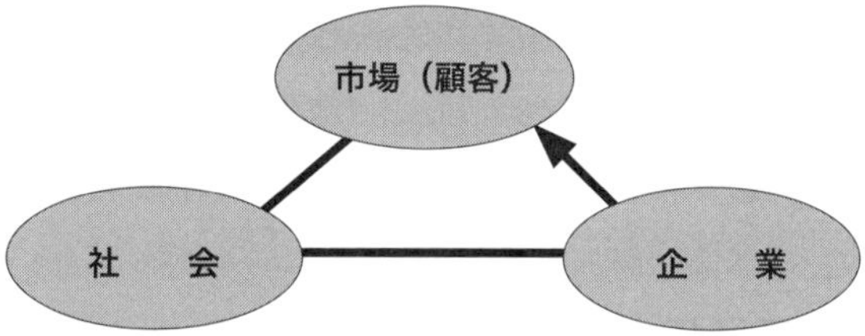

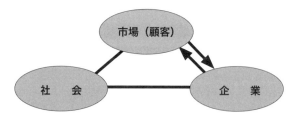

（筆者作成）

また，マーケティング2.0は，消費者志向のマーケティングであることから，市場（顧客）とのやりとりを表現する図表となる（図表15-3-3）。

図表 15-3-3　マーケティング 2.0 のイメージ図

（筆者作成）

次に，マーケティング3.0では，価値主導のマーケティングであることから，社会による評価を受けることや社会とのつながりをも表示した図表表現となる（図表15-3-4）。

そして，マーケティング4.0では，ソーシャルメディア主導のマーケティン

グであることから，顧客と企業はもちろんのこと，社会とのつながりが深くなることを表示した図表となる（図表 15-3-5）。

図表 15-3-4　マーケティング 3.0 のイメージ図

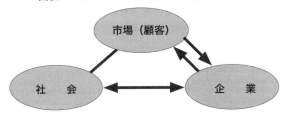

（筆者作成）

図表 15-3-5　マーケティング 4.0 のイメージ図

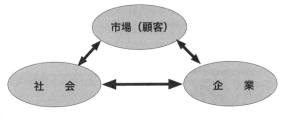

（筆者作成）

　以上のように，マーケティング 1.0 から 4.0 までをマーケティング定義の構図を用いて変化を表示することができる。元の構図では主体となっているところを企業に変えたところが，イメージし易い点である。

　また，マーケティング 5.0 は，次のように提示されている（図表 15-3-6）。

図表 15-3-6　マーケティング 5.0 の 5 つの要素

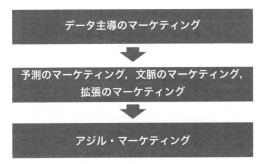

（出所：マーケティング 5.0, p.13）

第4節　まとめにかえて

　今回は，マーケティングの変化をコトラーなどのマーケティング4.0と5.0を中心にみてきた。デジタル時代，まさにSNSによってマーケティングの在り方も変化してきており，現在は過去のマーケティング2.0や3.0も同時空間的差異として存在しているが，やがて，ソーシャルメディア主導のマーケティングやデータ主導のマーケティングになっていくであろう。従来のこれまでのマーケティング1.0～3.0とこれからのマーケティング4.0と5.0の混在の「ハイブリッド・マーケティング」や「ミックス・マーケティング」の時代になったといえよう。今回は，事例の紹介をすることよりも，マーケティング4.0と5.0の基底にある考え方やコンセプトやキーワードを取り上げた。残された課題として，マーケティング理論化への道筋にマーケティング4.0と5.0はつながっていくものと考えられるが，まだまだ理論構築への大きな課題が残っていると思われる。

注

1)　フィリップ・コトラー，ヘルマワン・カルタジャ，イワン・セテイアワン著，恩蔵直人監訳，藤井清美訳『コトラーのマーケティング3.0～ソーシャル・メディア時代の新法則～』朝日新聞出版，2010年，1-2頁を引用。

2)　片山富弘『差異としてのマーケティング』五絃舎，2014年に3つの差異として，認識的差異，空間的差異，時間的差異を提示している。

3)　鳥山正博監訳，大野和基訳『コトラー　マーケティングの未来と日本～時代に先回りする戦略をどう創るか～』KADOKAWA，2017年，「第3章マーケティング4.0とは何か～デジタル革命時代のアプローチ～」に詳しい。

4)　Philip Kotler, Hermawan Kartajaya, Iwan Setiawan, *Marketing 5.0*, Wiley, 2021. フィリップ・コトラー，ヘルマワン・カルタジャ，イワン・セテイアワン著，恩蔵直人監訳，藤井清美訳『コトラーのマーケティング5.0～デジタルテクノロジー時代の革新戦略～』朝日新聞出版，2022年に詳しい。

5)　アブラハム・マズローの欲求段階説は，自己実現の欲求 (Self-actualization)，承認（尊重）の欲求 (Prestige)，社会的欲求・所属と愛の欲求 (Belonging)，安全の欲求，生理的欲求である。

6)　Hellmut Schutte with Deanna Ciarlante, *Consumer Behavior in Asia*, Macmillan

Business, 1998, P.93, Figure 4.2.
7)　片山富弘「第 1 章マーケティング定義の変遷にみる差異」『差異としてのマーケティング』15-29 頁に詳しい。

参考文献
・押切孝雄『デジタル・マーケティング集中講義』マイナビ，2017 年。
・片山富弘『差異としてのマーケティング』五絃舎，2014 年。
・鳥山正博監訳，大野和基訳『コトラー　マーケティングの未来と日本〜時代に先回りする戦略をどう創るか〜』KADOKAWA ，2017 年。
・フィリップ・コトラー，ヘルマワン・カルタジャ，イワン・セテイアワン著，恩蔵直人監訳，藤井清美訳『コトラーのマーケティング 3.0 〜ソーシャル・メディア時代の新法則〜』朝日新聞出版，2010 年。
・フィリップ・コトラー，ヘルマワン・カルタジャ，イワン・セテイアワン著，恩蔵直人監訳，藤井清美訳『コトラーのマーケティング 4.0 〜スマートフォン時代の究極法則〜』朝日新聞出版，2017 年。
・Hellmut Schutte with Deanna Ciarlante, *Consumer Behavior in Asia*, Macmillan Business, 1998, P.93, Figure 4.2.
・Philip Kotler, Hermawan Kartajaya, Iwan Setiawan, *Marketing 3.0*, John Wiley & Sons, 2010.
・Philip Kotler, Hermawan Kartajaya, Iwan Setiawan, *Marketing 4.0*, John Wiley & Sons, 2017.

第16章　マーケティングと諸思想のかかわり

第1節　問題意識

　あらゆる学問は哲学に包含されているといわれている。マーケティングは実学重視であり，一見哲学とは無関係に思われるが，哲学の視点がかかわっている。例えば，マーケティング分野では，科学哲学論争が現在でも存在している。また，ロバート・バーテルズの学説史においても，マーケティング思想における初期の記述やマーケティング思想の成熟期における思想が取りまとめられている[1]。今回はその内容とは異なった観点から，マーケティングと哲学をはじめとする諸思想とのかかわりについて，いくつかの観点から論じている。マーケティングの考え方や物事のとらえ方は諸思想に影響を受けているのか，諸思想に影響を受けているとしたら，どのような箇所なのかを探っていきたい。今回の対象として，最近のマーケティング4.0やマーケティング・ミックスにおけるプロダクツを題材に諸思想とのかかわりをみていく。

第2節　マーケティング4.0にみる諸思想

1.　マーケティング4.0について

　マーケティングは製品中心の考え方（マーケティング1.0）から消費者中心の考え方（マーケティング2.0）に移行してきた。企業は製品から消費者に，さらに人類全体の問題へと関心を広げてきている。マーケティング3.0とは，企業

が消費者中心の考え方から人間中心の考え方に移行し，収益性と企業の社会的
責任がうまく両立する段階である。このことが示しているのは，マーケティン
グの時間的差異の現象である[2]。それは，環境変化への対応によってその差異
が生じているのである。さらに，2017年にフィリップ・コトラー，ヘルマワ
ン・カルタジャ，イワン・セティアワンは，マーケティング4.0を提示してい
る。これらの現象は，マーケティングのパラダイム・シフトであろうか？とい
う問いがわいてくる。

マーケティング4.0は，デジタル革命時代のマーケティング・アプローチで
あり，オンラインとオフラインの出会いである。企業と消費者の間のオンライ
ンとオフラインの相互作用の組み合わせ，ブランド確立のためのスタイルと実
態の組み合わせ，IOT（モノのインターネット）による機械のネットワークと人
の間のネットワークの組み合わせが本質であるとしている[3]。

ここでは，変化の激しいマーケティングの変化について，コトラー等が提唱
しているマーケティング4.0がパラダイム・シフトであるかについて論じるこ
とにする。

マーケティングの変化について，コトラーの提示しているマーケティング
1.0, 2.0, 3.0の比較表に今回の4.0と5.0の内容を追加してみた表が第15章，
図表15-2-1（242頁）である。

マーケティング4.0は，ソーシャルメディア主導のマーケティングであり，
その目的は世界とつながることで自己実現である。主なマーケティング・コ
ンセプトは，顧客エンゲージメントであると考える。FacebookやTwitterや
LINEなどのソーシャルメディアによる顧客同士のつながりや企業と顧客との
つながりや絆を従来よりもさらに深めることで，信頼を構築していくことにあ
るからである。また，企業のマーケティング・ガイドラインは，マーケティン
グ3.0と同様に企業のミッション，ビジョン，価値に近いのであるが，企業の
ドメインやパーパス（Purpose）を重視することが大切であると考えた。顧客
との絆を深めるのに企業の立ち位置であるドメインやパーパスが明確である必
要からである。

2.　トマス・クーンの視点

　ここでは，初めにパラダイム (Paradigm) の定義や条件を確認することで，マーケティング 4.0 がパラダイム・シフトに該当するのかを検討する。

　トマス・クーン（Thomas Kuhn）の『科学革命の構造』によるパラダイムの定義は，「ある時代の科学的ないとなみのベースになり，範型になるような基盤の理論のこと」である[4]。ひとつの基盤理論が科学的な発想そのものを一定期間ずっと支配しており，それが根本から変動する時があって，いっきに新しい見方が受け入れられることを科学革命と呼んだ。パラダイムには，2 つの条件がある。(1) 条件 1：その業績が対立し，競合する他の科学研究活動を放棄してでも，それを支持しようとするほど熱心なグループを集めるくらい前例なくユニークなものであること。(2) 条件 2：もう一つは，その業績を中心として編成された研究グループに，解決すべきあらゆる種類の問題を提示できること。しかし，その後，パラダイムの用語の意味合いの変化として，「知の枠組み」のようなイメージで世間に理解されるようになるが，これは，クーンの本来の考え方からすると濫用であるといえよう。

　条件 1 に照らして，マーケティング 4.0 は，ソーシャルメディア主導のマーケティングであり，これまでのマーケティング 1.0 から 3.0 までとマーケティングのスタイルが大きく異なってきている。しかし，従来から言われていた IT マーケティングやインターネット・マーケティングの延長であると捉えれば，「前例なくユニークなものであること」に該当しない。また，条件 2 に照らして，「解決すべきあらゆる種類の問題解決を提示できること」も，ソーシャルメディア特有のメリットである測定効果を把握しやすいことなどは該当するといえる。したがって，条件 1 と条件 2 を考慮すれば，パラダイム・シフトとはいえない。また，従来のマーケティングである 1.0 から 3.0 は減少していく傾向にあると思われるが，マーケティング 4.0 の台頭と併存していくことになる。このことは，マーケティングが顧客価値を基盤に置いている考え方に依存している。テクノロジーの進化によって，マーケティング 4.0 が台頭してきたと捉えることが理解しやすい。しかし，最近の用語の意味合いの変化やその

範囲を考慮すれば，パラダイム・シフトとも呼べなくはない。その意味では，パラダイム・シフトでなく，「パラダイム・チェンジ」といえる。

3. ジャン・ボードリヤールの視点

　次にマーケティング 4.0 についてジャン・ボードリヤール（Jean Baudrillard）をはじめとする差異の視点から考察を行う。

　ジャン・ボードリヤールによると，経済成長を遂げた先進国の消費社会において，人々は商品（ものだけではなく，情報，文化，サービスなどを含む）を機能ではなく，他との差異を生み出す記号（情報）で選ぶとしている。生活必需品の普及が終わったら，商品が売れなくなるわけでない。その後の消費社会では，商品の役割は本来の使用目的から，自分の個性や他との違いをアピールするための記号に変化する。消費社会は，他とはわずかに違う商品を次々に作り出し，消費欲を無限に作り続ける。そして，人はこの構造にとりこまれていくことになる。ジャン・ボードリヤールはこのような原理を「差異の原理」と呼んでいる[5]。ここで記述されているこの消費社会をマーケティングに置き換えると，マーケティングは消費の欲望を掻き立てるものであり，マーケティング 1.0 から 2.0 へマーケティングの差異がみられ，2.0 から 3.0 へ，そして，3.0 から 4.0 への変化も，記号としてのマーケティングの変化であると読み取ることができる。このようにして，マーケティング 4.0 もやがて 5.0 へと変化していくことになり，変化の連続で，終わりがないのである。この点は，デリダ（Jacques Derrida）が「差延」の観点を提示している[6]。デリダにとって文字は声の正確なコピーではないと考える。声が文字に変化するとき，それは動的な存在から静的な存在へと形を変えるからである。また変化するまでの時間的なズレも生じる。声と文字は一致しているとはいえない。このように声から文字のようにオリジナルとコピーが差異を含みながら変化することを「差延」と呼んでいる。デリダにとって，物事はオリジナルからコピー，コピーからオリジナル，オリジナルからコピーへと永遠に差延されていくと捉えている。私も差異化とは，差異の起点ともいうべき差起にはじまり，その進むべき戦略的方向としての差進を通じて，差異

の変化（差変）が生じることになり，そして，差変が再び，差起となり，あらゆる差異が生じていくことをかつて論じている[7]。この一連の流れは差延といえよう。昨今の AI のテクノロジーの進化はやがてマーケティング 4.0 に影響を与え，AI 主導のマーケティング，つまり，マーケティング 5.0 に変貌をとげるであろう。

　また，記号とはオリジナルを代替するためにオリジナルを模倣したものである。消費社会ではオリジナルより記号，つまり模倣の方が重要であり，初めから模倣の生産が目的である。ボードリヤールはあらゆる現実はすべて模倣となると予言している。オリジナルのない模倣を「シミュラークル」，シミュラークルを作り出すことを「シミュレーション」と呼んでいる[8]。これをマーケティングに置き換えてみると，マーケティングも当初のオリジナルから様々な論者を経て，まさに模倣の段階がマーケティング 1.0 から 4.0 へとマーケティングのシミュレーションが生じてきているのである。ボードリヤールはオリジナル（現実）と模倣（非現実）の区別がつかない現代の状態を「ハイパーリアル」と呼んでいる。これは，マーケティングにも当てはまる状態であり，マーケティング 1.0 から 4.0 までの混在している最近のマーケティング状態を私は「ハイブリッド（Hybrid）・マーケティング」または「ミックス（Mix）・マーケティング」の状況であると考えている。

第 3 節　プロダクツにみる諸思想

　ここでは，マーケティング・ミックスにおけるプロダクツを考える際に重要な概念である製品コンセプトについて哲学とのかかわりをみていくことにする。

1．製品コンセプト

　マーケティングにおける製品の捉え方は「便益の束」として捉えられる。例えば，女性が口紅を買うのは単に口紅そのものを欲しいからではなく，美しくありたいという問題解決のために買うのである。また，電動ドリルを買う顧客は電動ドリルそのものではなく，穴をあけたいからである。そこで，製品コン

セプトには３つのレベルがあるとされる。その最も基本的なレベルは便益の
束としての中核部分，これは「コア・ベネフィット」と呼ばれ，顧客が何を求
めて製品を買うのかという根本的な問いに答えるものである。このコア・ベネ
フィットに，物理的対象の場合，機能，品質，スタイル，ブランド，パッケー
ジといった特性が加わって，「実態部分」を伴った「製品」となり，「実態製
品」と呼ばれる。また，サービスの場合，無料であるとか待ち時間を必要とす
るといったようにある特性をもって提供されるとき，正式な製品となる。マー
ケティングでは一般に 4P を構成するプロダクツには製品だけではなく，商品
やサービスも含まれている。さらに，製品そのものではないが，保証や取り付
けなどの「付随部分」がある。これは拡大された製品といわれるものであるが，
「付随的サービス」と呼ばれている。従って，製品には３つのレベルが存在し，
便益の束といわれているのである[9]。しかし，上原征彦によると，これは売り
手からみた製品の捉え方の１つにすぎないとしている。例えば，箪笥は箪笥
そのものでは完成ではなく，顧客の住まいの中にうまく位置づけられて初めて
製品となる。つまり，製品化するまでに買い手にしてもらう行為も当然考慮す
べきであることを指摘している[10]。

　また，フィリップ・コトラーは５つの製品レベルがあることを指摘してい
る[11]。それは，コア・ベネフィット，基本製品，期待製品，膨張製品，潜在
製品である。ここで，製品としているが，前述と同じ内容であると考えてよい。
コア・ベネフィットと基本製品は前述と同じである。期待製品とは，消費者が
その製品を購入する際に期待する属性と条件の一式である。ホテルの宿泊客の
場合は，清潔なベッド，洗い立てのタオルなどである。膨張製品はホテルの場
合は，豪華なテレビ，生け花，迅速なチェックインとチェックアウトへの対応
である。今日の競争はこのレベルで生じているとしている。潜在製品は，製品
に将来行われる可能性のある膨張及び転換をすべて含んでいる。ここでは，企
業が顧客を満足させ，自社製品を特徴付ける方法を探索しなければならないと
している。フィリップ・コトラーは製品コンセプトを３つのレベルから５つ
のレベルに拡大しているが，マーケターとしては３つの製品コンセプトのほ

うが理解しやすく，特に潜在製品レベルについては製品レベルよりもシステムレベルにまで拡大して製品を考えることが要求されているが，当初のコア・ベネフィットの存在が希薄になっていくという危険がある。

2.　製品コンセプトと哲学のかかわり

　サルトル（Jean-Paul Charles Aymard Sartre）の「実存は本質に先立つ」という実存主義における本質とは，その物がその物であるためには欠かすことのできない条件のことである。例えば，ハサミは「切ることができる」ことである。この条件がなければハサミにレゾンデートル（存在理由）はないことになる。物は先に本質があり，その後で存在することになる [12]。このことは，製品コンセプトのコア・ベネフィット（中核的便益）そのものであり，製品実態・製品らしさにおける製品の差異化がマーケターによって形付けられていくことになる。その結果，製品コンセプトが同じであっても，デザインなどによって多種多様な製品が開発されていくことになるのである。例えば，ハサミの場合では，持ちやすさ，重量，切れやすさ，切る物の対象の違い，色，などといった具合である。

　しかし，サルトルが言っているのは，人間の場合は，後から自分で本質を作らないといけないとしている。つまり，人間における本質＝製品コンセプトは初めから形成されているのではなく，自分で自分を作り上げ ていくことである。マーケティングの細分化された分野にパーソナル（Personal）・マーケティングがある。この場合も，自分の SWOT 分析，セグメンテーション，ポジショニングを実施してから，ターゲットに自分の価値を創造・伝達するプロセスを考えるのであるが，そもそもの自分を製品と見立てたとして，自分の本質＝製品コンセプトを創造や構築していかなければならない。実存は人間本人がやがてこうなるといった実像をイメージして，いずれにしても決定していかなければならない。その意味では，製品コンセプトはサルトルのいう「実存は本質に先立つ」の逆である。

3. 製品の差異

　製品コンセプトの構成する実態製品となる製品に関する差異化変数である。フィリップ・コトラーは図表16-3-1のように差異化の変数を列挙している[13]。しかし，実際上は差異化変数に関するものは，企業により異なり，製品だけでも無数にあるものと考えられる。例えば，製品コンセプトではコア・ベネフィット，実態製品，付加サービスのそれぞれのレベルで差異化の項目が出てくることになる。例えば，清涼飲料では，パッケージやボトルのサイズといった実態製品レベルでの差異である。

図表16-3-1　コトラーの差異の変数

製品	サービス	スタッフ	チャネル	イメージ
形態	注文の容易さ	コンピタンス	カバレッジ	シンボル
特徴・デザイン	配達	礼儀正しさ	専門技術	メディア
性能	取り付け	安心感	専門知識	雰囲気
適合性	顧客トレーニング	信頼性	パフォーマンス	イベント
耐久性	顧客コンサルティング	迅速な対応		
修理可能性	メンテナンス	コミュニケーション		
スタイル	多様なサービス			

（出所：コトラー著，恩蔵直人監修『コトラーのマーケティング・マネジメント』ピアソン・エデュケーション，2004年，218頁）

　製品の差異においても，先述のボードリヤールの記号による差異がみられる現象となっている。また，デリダのいう差延も同様である。例えば，辛子明太子も創業当時のふくやから，競合企業が乱立する時代になっており，素材にこだわっているとか，ワイン仕込みの明太子，めんべい，といったように企業のアイデアによって多数の明太子が市場に登場してきている。また，ふくやにおいても，tubu tubeのチューブ風のパッケージや，めんツナかんかんといった缶詰めのパッケージのようにバリエーションに富んでいる。これらの現象は，オリジナルからコピーへと変化するプロセスで差異が生じ，その差異がまた次の差異を生じていくのであることを意味している。このような現象は辛子明太子業界のみならず，製品や商品レベルで生じることでの企業間競争となってい

る。そして，差異化の変数のどれを選択するのかは，顧客ニーズへの対応や企業の経営資源や競争レベルによって変わってくるものと考えられる。このように哲学もマーケティング戦略の裏側でかかわっているのである。

4.　製品のネーミング

　実態製品を示す製品のネーミングにも，諸思想がかかわっている。フェルディナン・ド・ソシュール (Ferdinand de Saussure) による言語の捉え方である。以下，ソシュールとする。

　製造業者が初めて製造したもの，新製品には名前がない。そこで，その新製品に愛着形成の意味で，ネーミングが重要となってくる。ネーミングの作法は，その製造された製品の特徴を言い表したものやおしゃれなネーミングなど，消費者の記憶に残りやすいものになっている。短くて，発音しやすく，記憶に残りやすいのが，良いとされている。例えば，ネーミング大賞を受賞した小林製薬の「熱さまシート」は，消費者の発熱を抑えるという特徴をそなえた製品で，「熱をさます」という意味合いと「シート」という製品が消費者からみて何かがわかるようになっている。その意味で見事なネーミングである。このネーミングにも，言語学がかかわっている。ソシュールによると，われわれが使用している言語には 2 つの側面があり，グラスという言語はグラスという音や文字と，それが示す実際のグラスからなっている。前者をシニフィアン，能記，後者をシニフィエ，所記と呼んでいる。表現と対象は表裏一体のもので，どちらか 1 つだけでは言語は成り立たない。ところが，表現と対象の結びつきに必然性はない[14]。グラスというシニフィアンが，コーヒーカップのことをシニフィエとしてもよいのである。ここに言語の多義性や多様性が生まれる要因があるのである。その意味では製品のネーミングはシニフィアンとシニフィエに区分され，シニフィアンがシニフィエを消費者にイメージさせるものであることが重要である。辛子明太子といったシニフィアンが漬け物をイメージされても言語として問題ないのであるが，企業としては困ることになる。辛子明太子といったシニフィアンは辛子明太子の実際を示すシニフィエになっていない

といけないのである。ソシュールの言語の恣意性と呼んでいることに該当する。また，言語の意味を決めているのは差異である。例えば，味噌汁が味噌汁であることをわれわれが理解できるのは，牛乳でもなくスープでもなくカレーでもない。つまり，ほかのものがそれではないという差異が言語の意味を決めている。このようにネーミングにも，差異の思想が意識するとしないにかかわらず，かかわっているのである。

第4節　ドメインと哲学

　製品コンセプトを考えていくと，その企業における存在を考えることにつながってくる。つまり，ビジネス・ドメイン，ここでは，以下，単にドメインとする。

1. ドメインについて

　ドメインとは，事業領域のことであり，企業の活動範囲の広がりのことを指している。ドメインは，誰に（WHO），何を（WHAT），どのように（HOW）で示される。このドメインが組織活動の特徴を表現しているのである。ドメイン設定の意義は3つある。1つは，事業範囲が明確になることにより企業組織のメンバーに意識を集中させることができる。2つ目は，事業範囲を行う上での必要な経営資源が明確になることで無駄をしないですむということになる。3つ目は，内外に向けた自社の存在感の形成がなされるということである。このドメインを考えることで，企業の活動領域や生存領域が明確になるのである。

2. ドメインと哲学のかかわり

　ドメインを考えることは，誰に，何を，どのように提供するのかを具体的に考えることであり，事業の構想でもある。それは，先述の製品コンセプトとも関連しており，製品コンセプトはサルトルの本質を考えること，すなわち，なぜその製品が存在するのかということである。その製品コンセプトやその製品実態を形成するのは製品企画担当者であり，「実存は本質に先立つ」ということ

にかかわっている。同様にドメインも，経営者にとって企業の存在領域や存在理由にかかわる重要な決定事項であり，誰に，何を，どのように提供するのかを決定するのは，企業の本質にかかわっている。すなわち，企業の本質を決定するのは経営者であり，その経営者はその事業運営を通じて，ドメインを確立することで，経営者らしい人間が形成されていくことなる。本質と実存の相互作用の中での人間形成になっていく。事業が順調であれば事業運営を通じての人間形成となるが，事業に失敗した際に，実存は別の人間形成を行っていくということになる。また，生まれながらにして，例えば，伝統芸である能一家に生まれた場合は，血筋の意味でも教育を受けて，やはり能を継承していくことになり，実存は本質に先立つことになる。私のドメインの場合も，誰に＝メインターゲットは九州北部の 18 歳学生で，何を＝マーケティング・マネジメントを，どのように＝わかりやすく提供することでマーケティングを普及するという，私のドメインがある。このように個人のドメインも形成されていく段階で，個人の意思決定があり，実存は本質に先立つということが成り立つのである。

第 5 節　まとめにかえて

　マーケティングは経営であるという立場でみると，哲学を始めとする諸思想が当然かかわっているとともに，考え方に強く影響を及ぼしていると考えられる。今回，取り上げたマーケティング 4.0 や製品コンセプトはその例である。哲学，広く思想という意味にとらえると，膨大な哲学の範囲があり，今回の論文はそのごく一部にすぎない。哲学はあらゆる分野にかかわっているとともに，その考え方を対象としているので，どの学問の基礎，根幹にあるものとして重要である。今回，諸思想としたのは，哲学のみならず，言語学や記号論など多様な範囲に及ぶからである。

<学術的インプリケーション>

　哲学をはじめとする諸思想も時代とともに，受け入れられるコンセプトがあるので，その動向にも注視してゆく必要がある。また，哲学自体にもパラダイ

ム・シフトが起きれば，物事の捉え方も大きく変化していくのは当然であるとともに，マーケティングにも，大きな影響があることになる。

　また，マーケティング研究の在り方に諸思想は影響を与えることから，研究方法や社会及び物の捉え方などにかかわる重要な視点を提示してくれることを忘れてはいけない。

＜実務的インプリケーション＞

　マーケティングがかかわっている経営診断を実施するにあたり，考え方の根幹や基底に哲学をはじめとする諸思想があることを理解しておくことが重要である。製品企画者や経営者との意思決定に関する内容では諸思想への造形の深さが，発想や言語になってあらわれてくるのである。それは企業の在り方に影響を与えることになる。

　今回は，マーケティング4.0という最近のスタイルやマーケティング・ミックスでのプロダクツとドメインに焦点を当てて論じた。残された課題として，マーケティング・ミックスの他の部分がある。また，個人的限界はあるものの，哲学を始めとする諸思想に触れていく必要がある。

注

1)　ロバート・バーテルズ著，山中豊国訳『マーケティング学説の発展』ミネルヴァ書房，1997年の第2章と第14章に詳しい。

2)　片山富弘『差異としてのマーケティング』五絃舎，2014年に3つの差異として，認識的差異，空間的差異，時間的差異を提示している。

3)　鳥山正博監訳，大野和基訳『コトラー　マーケティングの未来と日本〜時代に先回りする戦略をどう創るか〜』KADOKAWA，2017年，「第3章マーケティング4.0とは何か〜デジタル革命時代のアプローチ〜」に詳しい。

4)　Thomas Kuhn, *The Structure of Scientific Revolutions*, the University of Chicago Press, 1970. 中村茂訳『科学革命の構造』みすず書房，1971年をもとに書かれた中山元『思考の用語辞典』筑摩書房，2000年の「パラダイム」324-327頁を参照した。

5)　田中正人『哲学用語図鑑』プレジデント社，2015年，308-311頁を引用した。

6)　同上，322-323頁を一部引用した。

7)　片山富弘『差異としてのマーケティング』五絃舎，2014年，22-23頁に詳しい。

8)　田中正人『哲学用語図鑑』プレジデント社，2015年，310-311頁を引用した。

9)　フィリップ・コトラー著，村田昭治監修，三村優美子他訳『マーケティング・マネジメント（第7版）』プレジデント社，1999年，412-413頁では5次元でとらえているが，同著の第4版の305-307頁で示されている3次元のほうがわかりやすい。。

10)　上原征彦『マーケティング戦略論』有斐閣，1999年，128-140頁。

11)　Philip Kotler, *A Framework for Marketing Management*, Prentice-Hall, 2001.（恩蔵直人監修，月谷真紀訳『コトラーのマーケティング・マネジメント』ピアソン・エデュケーション，2002年，226-227頁）

12)　田中正人『哲学用語図鑑』プレジデント社，2015年，288頁を引用した。

13)　恩蔵直人監修，月谷真紀訳『コトラーのマーケティング・マネジメント』ピアソン・エデュケーション，2004年，218頁。

14)　白取春彦『哲学は図でよくわかる』青春出版社，2008年，102-109頁。

参考文献

・石井淳蔵『マーケティング思考の可能性』岩波書店，2012年。
・伊藤邦武『物語　哲学の歴史』中公新書，2014年。
・上田克徳『マーケティング学の生誕へ向けて』同文館出版，2003年。
・江尻弘『マーケティング思想論』中央経済社，1997年。
・小阪修平『そうだったのか現代思想』講談社＋α文庫，2006年。
・片山富弘『差異としてのマーケティング（第3版）』五絃舎，2018年。
・坂本賢三『「分ける」こと「わかる」こと』講談社学術文庫，2006年。
・清水滋『マーケティング機能論（改訂版）』税務経理協会，1997年。
・白取春彦『哲学は図でよくわかる』青春出版社，2008年。
・田中正人『哲学用語図鑑』プレジデント社，2015年。
・鳥山正博監訳，大野和基訳『コトラー　マーケティングの未来と日本〜時代に先回りする戦略をどう創るか〜』株式会社KADOKAWA，2017年。
・中村茂訳『科学革命の構造』みすず書房，1971年。
・中山元『思考のトポス』新曜社，2006年。
・中山元『思考の用語辞典』筑摩書房，2000年。
・マーケティング理論研究会『マーケティング研究の新展開』千倉書房，1979年。
・村田昭二『マーケティング・フィロソフィー』国元書房，1996年。
・山口周『武器になる哲学』株式会社KADOKAWA，2018年。
・フェルディナン・ド・ソシュール著，小林英夫訳『一般言語学講義』岩波書店，2012年。
・J・ボードリヤール著，竹原あき子訳『シミュラークルとシミュレーション』法政大学出版局，2018年。
・ロバート・バーテルズ著，山中豊国訳『マーケティング学説の発展』ミネルヴァ書房，1997年。

補論 1　差異の原点

　この補論では，各章に点在する私の差異の原点を思考する材料をみておくことにする。

　1）フェルディナン・ド・ソシュール著，小林英夫訳『一般言語学講義』と岡本裕一朗『本当にわかる現代思想』の中からソシュールに関する内容が，私の思考形成プロセスにかかわっている。

　まず，ソシュールの第3章静態言語学と進化言語学の「第1節価値を扱うすべての科学の内的二面性」のなかに，次のよう説明がある[1]。

　あらゆる科学は，その取り扱う事物が位置を占める軸を，より慎重に表示することが望ましいにちがいない。どのばあいでも，次の図にしたがって区別することが必要であろう。

　1）同時性の軸（AB）。これは共存する事物の間の関係にかかわる。この上では時間の干渉はみじんもない。2）継起性の軸（CD）。この上では同時に1つ以上の物を考察することは決してできない。だだし，第1軸の事物はことごとく変化しつつこの上に位置する。

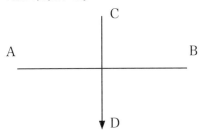

同時性から空間について，継起性から時間についての視座の大切さを理解した。

次に，岡本裕一朗『本当にわかる現代思想』の中からソシュールに関する内容を引用させて頂いた[2]。

キーワードとして，重要な概念である「シニフィアン(意味するもの)」と「シニフィエ(意味されるもの)」で，「能記」と「所記」と訳されており，最近では「記号表現」と「記号内容」と訳されている。ソシュール言語学の第一の原理となるのは，シニフィアンとシニフィエの関係が恣意的であるということ。実際，＜イヌ＞という音声とイメージされる犬の間に必然的な関係はない。音声とイメージの結びつきは，社会的な習慣によって形成されたものであって，他の習慣があれば別の結びつきが生まれるであろう。

また，この恣意性の原理から2つの帰結が生じてくる。第1はラングが差異性の体系であるということ。それぞれの単語は，他の単語と差異を示すためにのみ，音声が決まったり，意味が決まったりするのだ。

ここから，差異のなかでも，認識的差異という考えが浮かんだ。そして，次の文に続く。

第2の帰結は共時的研究と通時的研究という区別である。シニフィアンとシニフィエの間に必然的な結びつきがないならば，それぞれ時間ともに変化するだろう。昔から使われていた音声でも，現在の意味は変わってしまう。そこで，言語をこうした時間の変化にしたがって理解するのが通時的研究だ。それに対して，言語を特定の時間で切り取って，その内部の体系性を捉えるのが共時的研究だ。

　ここから，通時的研究は時間的差異に，共時的研究は空間的差異という概念に繋がった。

　世界には，あらかじめ決まった意味があるわけではない。むしろ，言語による切り分け方の違いによって，異なる世界が現れるのだ。つまり，意識や知識の形成に対して，言語が深く関与しているわけである。言語は単に伝達のための道具ではなく，世界を理解するための本質的な契機となる。

　このことから，差異としてのマーケティングの世界があるのではないかと考えるようになった。

　2）ジル・ドゥルーズ著，平井啓之訳『差異について』の中から，私の差異の概念に影響する文面を抜粋した。私には難解な文章であったが，差異を考える刺激になった。

　同じ類に属する個別相互の間に本性の差異があるとすれば，実際にわれわれは，差異そのものがたんに空間的＝時間的なものではなく，また種的ものでも類的なものでもなく，つまり，差異とはその事物に対して外在的なものでも上位的なものでもないことをみとめざるを得ないだろう[3]。

　概念は事物そのものと同一的であり，それはそれに関係づけられるいくつかの対象物相互間の差異であって，それらの類似ではない。差異の概念となった概念，これこそ内的差異である[4]。

　差異のなかにも程度があればこそ，分化できるのであった。いまやまとめ直す必要があるのは次の4つの状態，つまり，本性の差異，内的差異，分化（差異化），および差異の程度である[5]。

　3）坂本賢三『「分ける」こと「わかる」こと』と三中信宏『系統樹思考の世界〜すべてはツリーとともに〜』も差異の思考形成に役立ったので，以下に

示しておく。

　わかるためには，分けなければならない[6]。
　分類は認識や行動のために人間がつくった枠組みであって，存在そのものの区別ではない。同じ対象 (群) であっても，分類の仕方は限りなくあって多種多様である。われわれはそのなかで，当面の目的のために適したものを選ぶのであって，たった 1 種類だけの分類で処理したり認識したりしていない[7]。

　分類は絶対的なものではなく，ある採用された分類基準 (類似性の尺度) にしたがってグループ分けをしているにすぎません。もちろん，得られた分類体系が私たちにとって認知的に役に立つかどうかという実用性のフィルターを通して，分類の善し悪しは判定されます。(文略) 分類基準を変えれば，分類体系はどのようにでも変わる，この単純な理屈はいつでも有効です[8]。

　分類することの中にある区分は，同時的であり空間的差異であるということ，樹形図や系統樹という切り口から時間的差異を確認した。また，同じものを分類するにも，認識が異なれば，描かれる系統樹も異なることで，認識的差異を確信した。そして，分類の選定は市場セグメンテーション基準の選定にもかかわることを再度，確認することに繋がった。
　その他の差異に関する著書も取り上げ切れないが，以上，私の差異の概念に影響を与えた主要な文献を取り上げた。

注

1) フェルディナン・ド・ソシュール著, 小林英夫訳『一般言語学講義』岩波書店, 2012 年, 112-115 頁。
2) 岡本裕一朗『本当にわかる現代思想』日本実業出版社, 2012 年, 32-35 頁を引用。現代思想をコンパクトにまとめられている。
3) ジル・ドゥルーズ著, 平井啓之訳『差異について』青土社, 2004 年, 11 頁を引用。
4) 同上, 77-78 頁。

5)　同上，95 頁。

6)　坂本賢三『「分ける」こと「わかる」こと』講談社，2006 年，56 頁。

7)　同上，206 頁。

8)　三中信宏『系統樹思考の世界〜すべてはツリーとともに〜』講談社現代新書，2006 年，86-87 頁。

補論2 モンドセレクションへの
マーケティング・インサイト

1. はじめに

　モンドセレクションといえば，一般に日清製菓のバターココナッツでなじみ
が深いのであるが，現在，さらにモンドセレクションが目につくようになって
きている。サントリーのプレミアム・モルツに代表されるように TV コマーシ
ャルや商品パッケージに記載されているなどモンドセレクションの存在が大き
くなってきている。しかし，最近では，バターココナッツやプレミアム・モル
ツはモンドセレクションを出していない。そこで，今回は，モンドセレクショ
ンの実態を探り，そのマーケティング・インサイトを論じることにある。

2. モンドセレクションとは

　モンドセレクションとは，ベルギーのブリュッセルに本部を置く国際的な品
評機関である [1]。世界各地にある優れた市販商品の評価，品質向上を目的とし
て 1961 年にベルギー王国経済省と EC（当時：欧州共同体）が共同で創設した
ものである。「食のオリンピック」「食のノーベル賞」に例えられるように，商
品の品質に関するコンクールとして歴史のある，最も代表的なものであるとい
われている。

　審査は毎年行われ，一般に市販されている商品を対象に，自身で参加した商
品に限られる。審査料は基本的に，1 商品ごとに 1,100 ユーロで，3 商品目以上
は 1 商品ごとに 1,000 ユーロになる。審査項目は，「味覚」「衛生」「原材料」「パ
ッケージ」などの項目ごとに，それぞれの分野で活躍する確かな専門的知識と

その高い能力を認められたスペシャリストが行う。採点の詳細は非公開であるが，審査によって得られた総合得点の平均点に応じて，90点以上で最高金賞，80点以上で金賞，70点以上で銀賞，60点以上で銅賞が授与される。つまり，同一分野で1商品というわけでなく，評価基準を満たせば複数の商品でも受賞することが可能となる。

　また，モンドセレクションの効果は，いくつかある。売上高の増加（豆腐ようのJCC），取引先の反応の変化（大庄屋），高付加価値化に成功（ラムネの木村飲料）などである。そして，2008年の主なモンドセレクションの最高金賞の受賞商品は，次のとおりである[2]。からだにうるおうアルカリ天然水（セブンイレブン・ジャパン），本竹皮包み羊羹（紅葉屋本舗），燻製屋　熟成ウインナー（丸大食品），明治十勝カマンベールチーズ（明治乳業），いわし甘露煮（平松食品），帆立しゅうまい（函館タナベ食品），きざみうなぎの蒲焼（川口水産），特選なめたけ茶漬け（ナガノトマト），いなにわ手綾うどん（寛文五年堂），フルーツ梅干（深見梅店），一味唐がらし（ハウス食品），秘伝のみそだれ（ひびき）である。地方の中小企業のメーカーに多くみられる。

3. マーケティングの視点

　マーケティングの視点からモンドセレクションの意味合いを考える。

(1) 商品コンセプト

　マーケティングにおける商品コンセプトはコアベネフィット，商品実態，付随的サービスの3次元から成り立っており，商品を捉える視点である[3]。モンドセレクションのマークは食品において，商品パッケージに記載されていることで，商品実態の一部になっている。例えば，ロッテの「雪見だいふく」のパッケージに2008金賞受賞と記載されている。商品パッケージで消費者に対し，目立たせることで企業側からは商品差異化戦略の1つとなっている。

(2) 消費者の商品選択の簡便化

　消費者情報処理アプローチからすると，同じカテゴリーのなかで，商品選択の際にモンドセレクションは1つの情報として受け取られている。また，

商品選択の際に，モンドセレクションのマークがあるものと無いものとで，購買基準になっている可能性が大きい。商品差異化の程度が低い分野では，商品を選択する基準の目安として，また，現在のような食品における安全・安心が叫ばれている状況においては，その可能性が高いといえる。

　しかし，注意しなければならない点は，モンドセレクションにおける商品の評価基準が絶対評価であり，相対評価ではないことである。つまり，商品そのものに対する評価であることで，ライバル商品との比較がなされていないことが，消費者には認知されていない可能性がある。

(3) パッケージ

　パッケージは一般的に包装を意味しているが，消費者との接点であり，コミュニケーションをとっている役割を果たしている。パッケージに印刷されたモンドセレクション受賞の意味合いは大きい。単なる包装だけの意味合いとしてのパッケージではなく，同じカテゴリーのなかで，選ばれた商品であることの情報を消費者に提供していることになる。

(4) ブランド要素の1つ

　ブランドを構成する要素はいくつも存在するが，モンドセレクションという水準にある商品はブランドの構成要素の1つである。それだけに商品における付加価値がつくことになる。

(5) プロモーション

　モンドセレクション受賞企業はTV広告や新聞や雑誌などのメディアを使って，自社の商品のPRに努めている。ライバル商品との差異化を消費者に認知させているのである。

(6) 日本の消費文化

　日本人は権威に比較的弱いといわれる。お墨付きに流れる風潮がある。例えば，天皇家ご用達にかかわっている商品であるなら，というような判断基準に頼ることになる。

4. まとめにかえて

　モンドセレクション受賞企業が増加してきたら，その効果は当然薄れることになる。また，消費者側がモンドセレクションの実態を認知してきたら，その効果は下がることが予想される。現在は，商品における情報過多の時代であり，消費者も商品選択においてじっくりと商品を選択できる行動を取っていない。その中にあって，モンドセレクション受賞のマークが商品に示されると，消費者の商品選択における情報処理が早くなることはいうまでもない。企業においてはモンドセレクション受賞の効果を見極めながら，受賞活動やその後のプロモーション活動展開がなされることになろう。

注

1) 「モンドセレクション」って何だ？の箇所を参照した。2008 年 2 月 4 日付。
　 http://trendy.nikkeibp.co.jp/article/special/20080131/1006634/
2) 　日経 MJ「モンドの輝き度」2008 年 11 月 14 日。
3) 　フィリップ・コトラーは商品コンセプトを 3 次元から 5 次元に展開しているが，
　 3 次元でとらえるほうが理解しやすい。

あとがき

　差異の概念に関する書籍は数多く出版されている。書店の棚に並んでいるどれもが差異を同時的空間のなかで共有している。かつ，大抵はそのいずれもが時間的差異のなかに同時的に存在しているのである。そして，歴史的な変遷の流れをもっている。マーケティングの分野も例外ではない。

　今回，マーケティング・ミックスのなかでプロダクツ，つまり，製品や商品を中心に書いたが，その他のマーケティング・ミックスの項目について論じていないことである。しかし，その他のマーケティング・ミックスに関する差異については推してはかるべからず，である。また，今回は触れることが出来なかった内容として，時間的差異に関係するマーケティング学説史分野，空間的差異に関係する比較マーケティングや国際化適応のマーケティングなどである。これらのいずれもが，範囲が広く奥深い分野でもある。それらを同時に取り組むには一研究者の限界でもある。本著の構想はずいぶんと早くからあったのだが，当時流通科学部の学部長という要職に就きながらの執筆であったが故に，時間を要した。マーケティングは誤解を恐れずに大胆にいえば，商売の学問でもあり，視点を変えれば，「倖せ」の追求でもあると考えている。その「倖せ」の文字を分解すると，「人」・「土」・「¥」である。「土」は固定資産，すなわち，土地や家などの建物であり，「¥」は日本では現金，キャッシュである。この２つを合わせて「幸」，つまり，幸福の「幸」である。そして，「人」のある「倖せ」がより大切であると思っている。「人」は善き伴侶，家族であり，善き友人，先輩・後輩などである。文字バランスのとれた「倖せ」にマーケティングが貢献できるように，より一層の研究・教育に励みたい。

片山 富弘

索　引

片山 富弘 （かたやま とみひろ）
中村学園大学・流通科学部教授
学術博士・税理士・中小企業診断士
学部・大学院にてマーケティング・マネジメント論担当

1960年兵庫県生まれ。関西大学経済学部卒業後，慶応義塾大学大学院経営管理研究科修了（MBA）。大手メーカーにて商品企画，経営企画，経理部を経て，関係会社に出向。この間，横浜市立大学大学院商学部経済学研究科修了（経済学修士）。また，佐賀大学大学院工学研究科修了（博士（学術））。
2011年に中村学園大学・流通科学部・学部長，
2016年から2020年まで，同上大学院流通科学研究科長を経て，
2021年より社会連携推進センター長。

（著書）

単著『マネジリアル・マーケティングの考え方と実際』（日本消費経済学会奨励賞受賞）（五絃舎），『顧客満足対応のマーケティング戦略』（日本産業科学学会賞受賞）（五絃舎），編著・共著として，『地域活性化への試論 - 地域ブランドの視点 -』（五絃舎），『現代流通の基礎理論』（五絃舎），『流通国際化研究の現段階』（同友館），『1からの戦略論』（中央経済社），『データで知る流通の科学』（成山堂），『現代商学』（税務経理協会），『流通と消費者』（慶応義塾大学出版会），『市場創造』（学文社），『マーケティングと小売商業』（五絃舎），『九州観光マスター検定試験公式テキスト1・2・3級』（福岡商工会議所）に監修及び執筆，その他多数。

差異としてのマーケティング（第5版）

2014 年　 3 月 3 日　 第 1 刷発行
2015 年　 12 月 3 日　 増補改訂版発行
2018 年　 3 月 3 日　 第 3 版発行
2021 年　 3 月 3 日　 第 4 版発行
2023 年　 9 月 15 日　 第 5 版発行

著　者：片山 富弘
発行者：長谷 雅春
発行所：株式会社五絃舎
　　　　〒 173-0025　 東京都板橋区熊野町 46-7-402
　　　　Tel & Fax：03-3957-5587
　　　　e-mail：gogensya@db3.so-net.ne.jp
組　版：Office Five Strings
印　刷：モリモト印刷
ISBN978-4-86434-172-1